北方民族大学双一流建设经费资助

北方民族大学文史学院文库

从"他者"到"自我"
——甘肃省东乡族生态移民社会适应研究

李 军 ◎ 著

中国社会科学出版社

图书在版编目(CIP)数据

从"他者"到"自我":甘肃省东乡族生态移民社会适应研究/李军著.
—北京:中国社会科学出版社,2018.8(2020.10重印)
(北方民族大学文史学院文库)
ISBN 978-7-5203-2806-7

Ⅰ.①从… Ⅱ.①李… Ⅲ.①东乡族(古族名)—移民安置—研究—甘肃 Ⅳ.①D632.4

中国版本图书馆 CIP 数据核字(2018)第 154699 号

出 版 人	赵剑英
责任编辑	任　明
责任校对	郝阳洋
责任印制	李寡寡

出　　版	中国社会科学出版社
社　　址	北京鼓楼西大街甲 158 号
邮　　编	100720
网　　址	http://www.csspw.cn
发 行 部	010-84083685
门 市 部	010-84029450
经　　销	新华书店及其他书店

印刷装订	北京君升印刷有限公司
版　　次	2018 年 8 月第 1 版
印　　次	2020 年 10 月第 2 次印刷

开　本	710×1000　1/16
印　张	17.5
插　页	2
字　数	287 千字
定　价	75.00 元

凡购买中国社会科学出版社图书,如有质量问题请与本社营销中心联系调换
电话:010-84083683
版权所有　侵权必究

目　　录

绪论 …………………………………………………………………… (1)
 一　选题缘起与研究意义 ………………………………………… (1)
 二　相关研究成果述评 …………………………………………… (4)
 三　研究设计 ……………………………………………………… (20)
 四　基本概念的界定 ……………………………………………… (25)

第一章　东乡族生态移民的"故乡"与"新家" ………………… (28)
 第一节　东乡族生态移民的"故乡" ……………………………… (28)
  一　地理环境恶劣、自然资源匮乏 ……………………………… (28)
  二　生产方式原始，经济发展水平、群众生活水平低 ………… (31)
  三　基础设施薄弱，社会发育水平、文化素质偏低 …………… (32)
  四　浓厚的伊斯兰文化 …………………………………………… (34)
  五　历史上的东乡族移民 ………………………………………… (35)
 第二节　东乡族生态移民的"新家" ……………………………… (37)
  一　"新家"的资源 ………………………………………………… (37)
  二　"新家"的人文社会环境 ……………………………………… (40)
  三　"新家"的行政划分 …………………………………………… (42)
 第三节　国家"话语"下的东乡族生态移民 ……………………… (43)
  一　东乡族生态移民的背景 ……………………………………… (43)
  二　东乡族生态移民安置的指导思想 …………………………… (45)
  三　东乡族生态移民的建设原则 ………………………………… (45)
  四　东乡族生态移民的安置方式及相关政策 …………………… (46)
  五　甘肃省东乡族生态移民搬迁的过程 ………………………… (49)
 第四节　东乡族生态移民搬迁的动因及影响 ……………………… (54)
  一　东乡族生态移民搬迁的动因 ………………………………… (55)
  二　东乡族生态移民搬迁的影响 ………………………………… (60)

第二章　经济生活适应 (65)

第一节　土地的开发 (65)
第二节　产业结构的变化和调整 (68)
　　一　农业生产结构的调整 (68)
　　二　第二、三产业的发展 (74)
第三节　家庭经济生活适应的透视 (77)
　　一　收入来源多元化 (77)
　　二　生活消费丰富化 (78)
第四节　东乡族剩余劳动力转移 (85)
　　一　东乡族移民转移劳动力的行业分布 (86)
　　二　东乡族移民转移劳动力的基本特征 (86)
　　三　东乡族移民劳动力的转移模式 (87)
　　四　影响东乡族移民劳动力转移的因素 (87)
　　五　东乡族移民劳动力转移过程中出现的主要问题 (88)
　　本章小结 (91)

第三章　政治生活适应 (94)

第一节　民族乡背景下的政治组织结构的重构 (94)
　　一　民族乡成立之前的政治组织 (94)
　　二　民族乡的建立及其特征 (96)
　　三　村级政治组织的建立 (98)
第二节　移民新区东乡族民族干部的培养和选拔 (101)
　　一　东乡族民族干部的培养 (101)
　　二　移民新区东乡族民族干部的选拔 (107)
第三节　移民政治参与 (108)
　　一　政治认知能力与政治态度分析 (109)
　　二　政治信息的获得与政治参与技能 (111)
　　三　政治参与 (112)

第四章　文化生活适应 (117)

第一节　语言文化变迁与适应 (117)
　　一　东乡族移民语言使用的变化 (118)
　　二　东乡族移民语言变化的原因 (119)
第二节　教育的调适与适应 (121)

一　"神"（安拉）的世界：东乡族移民教育的记忆 ……… (121)
　　二　博弈与选择：东乡族移民教育的调适 …………………… (124)
　第三节　民俗文化变迁与适应 ……………………………………… (133)
　　一　取名习惯的演变 ………………………………………………… (133)
　　二　东乡花儿消亡 …………………………………………………… (134)
　　三　婚育的调适 ……………………………………………………… (136)
　第四节　心理适应 …………………………………………………… (141)
　　一　困惑迷茫阶段 …………………………………………………… (142)
　　二　排斥博弈阶段 …………………………………………………… (143)
　　三　适应接纳阶段 …………………………………………………… (143)
　　本章小结 ……………………………………………………………… (144)

第五章　宗教生活适应 ………………………………………………… (147)
　第一节　甘肃东乡族生态移民中的"宗教派际适应与重组" …… (147)
　　一　移民前多元教派门宦并存的东乡族宗教信仰格局 ………… (147)
　　二　移民新区宗教派际间的冲突与矛盾 ………………………… (150)
　　三　移民新区宗教派际间的适应与重组 ………………………… (165)
　第二节　移民宗教生活的新变化 ………………………………… (166)
　　一　移民宗教观念的变迁 ………………………………………… (166)
　　二　移民宗教生活的调适 ………………………………………… (169)
　第三节　经堂教育的变化 ………………………………………… (174)
　　本章小结 …………………………………………………………… (177)

第六章　社会交往与日常生活适应 ………………………………… (179)
　第一节　对迁入地生态环境的适应 ……………………………… (179)
　　一　移民前后生态环境的差异 …………………………………… (179)
　　二　移民对迁入地生态环境的适应 ……………………………… (180)
　第二节　甘肃东乡族生态移民社区社会关系网络的重构 ……… (183)
　　一　社区空间与人口 ……………………………………………… (183)
　　二　社区基础设施建设 …………………………………………… (185)
　　三　东乡族移民社区社会关系的重构 …………………………… (187)
　第三节　移民生活方式的变迁与适应 …………………………… (191)
　　一　居住方式的适应 ……………………………………………… (191)
　　二　饮食的适应 …………………………………………………… (193)

  三　服饰的适应 …………………………………………………（195）
  四　休闲娱乐生活的适应 ……………………………………（197）
 第四节　民族关系 …………………………………………………（198）
  一　移民新区民族关系的特点 ………………………………（198）
  二　影响移民区民族关系的因素分析 ………………………（201）
  本章小结 …………………………………………………………（204）
第七章　总结与思考 …………………………………………………（206）
  一　有关生态移民社会适应的几点思考 ……………………（206）
  二　促进东乡族生态移民社会适应的策略 …………………（213）
附录Ⅰ　调查问卷 ……………………………………………………（220）
附录Ⅱ　东乡自治县历史上的自然灾害 ……………………………（230）
附录Ⅲ　相关文件 1 …………………………………………………（234）
附录Ⅲ　相关文件 2 …………………………………………………（235）
附录Ⅲ　相关文件 3 …………………………………………………（236）
附录Ⅳ　移民申请书 …………………………………………………（238）
附录Ⅴ　甘肃省酒泉市移民安置区位置 ……………………………（239）
附录Ⅵ　瓜州县腰站子乡集镇建设规划 ……………………………（240）
附录Ⅶ　小金湾东乡族乡村庄、集镇管理办法 ……………………（241）
附录Ⅷ　古浪县东乡族移民区民族关系调查与研究 ………………（243）
附录Ⅸ　东乡族移民东乡语使用变化及其成因
    ——以甘肃省古浪县东乡移民为个案 ………………（252）
参考文献 ………………………………………………………………（257）

绪　　论

一　选题缘起与研究意义

（一）选题缘起

1. 全球生态环境问题凸显，保护地球家园成为口号

工业革命以来，伴随"人类中心主义"思想的不断蔓延、人类物欲的持续扩张、科学技术的不断进步、人类经济活动领域和深度强度的扩大，人类和生态环境的关系发生变化，地球生态环境发生剧变，生态问题乃至灾难不断发生，对人类自身生存以及可持续发展形成威胁和挑战。生态危机出现，沙尘暴疯狂肆虐，雾霾蔓延不散，沙漠化加速……这些问题的出现，不仅是由于"现代化"发展带来的环境污染、气候异常，更多的是由于人为的原因，盲目开垦荒地、乱砍滥伐、乱采滥挖、不适当地兴修水利、不合理灌溉等引起的水土流失等等，这些问题严重威胁着生态系统的平衡。如果继续任其发展，其后果往往是灾难性的，不仅会破坏生态环境，还将给人类带来巨大损失。人类只有一个地球！人类已经到了最危险的时刻！保护环境、珍爱地球，建设美好家园，已经成为全球性议题，生态文明建设和绿色发展成为全球性议题，更成为学术界、政界和社会关注的焦点。

2. 西北边疆生态压力增大，生态文明建设势在必行

我国作为世界上最大的发展中国家，自1978年实施改革开放战略后，经济建设日新月异，经济发展速度令世所瞩目，但令人遗憾的是，我们高速发展背后存在巨大的环境隐患，三十多年的持续快速发展同时也带来环境遭到破坏，生态遭到毁坏。尤其是我国西北边疆多民族地区，生态环境原本就特别脆弱，属于典型生态敏感区，但追赶型发展模式却在发展中过度追求经济利益、过度关注经济总量扩张，忽视生态的特殊性和重要性，导致目前生态问题更加严峻，人地矛盾更加突出——水源断流，水质变

坏，沙漠面积增多，草地退化，等等。不合理的发展模式对生态系统良性运行造成的直接破坏，后果非常恶劣，破坏非常巨大。再不制止盲目的破坏行为和过度开发行为，西北多民族地区将面临生态灾难，地区安全和国家安全将直接受到挑战！

3. 生态移民现象各地出现，双重目标成为美好远景

马克思主义认为，世界是物质的，物质之间是互相联系的。西北民族地区的生态环境问题也是如此，它的出现不是偶发的，也不是孤立形成的，它和区域居民行为有直接关系。一方面，脆弱生态环境无法容纳超负荷的生态破坏行为，也无法为过量的人口提供生活保障。另一方面，迁移人口，减少生态载荷，恢复生态，既可以对生态起到保护作用，也可以缓解居民人地关系和人人关系压力，有助于和谐可持续发展模式的建设。因此，生态移民是双赢之举。事实也是如此，全世界许多国家都采取了生态移民发展策略，以保护生态环境和使贫困人口增收致富。"使原居地变绿，使移民区变富"，就是对移民模式效应的通俗解读和描述。

4. 东乡族群异地移民搬迁，适应问题急需得到解决

甘肃，地处丝绸之路黄金路段，自古以来就是我国典型多民族地区，也是待发展区域。目前，甘肃有三个特有民族（裕固族、东乡族、保安族），这些民族由于历史的、文化的、自然的多重原因，居住地经济发展滞后，生态环境不好，人口生存压力很大。因此，甘肃省积极探索生态文明建设和人口发展之路，大胆实施移民战略，先后对东乡族做了多次移民。在我国经济社会发生深刻转型（计划经济转型为市场经济，封闭经济转型为开发经济，传统社会转型为现代社会）的大背景下，这些地区生态移民离开故土，踏上新的移民区，不但要适应新的地理环境，也要适应新的社会和文化环境，更要适应社会潮流和大的时代趋势。但是，毋庸讳言，适应自是痛苦的，天已经不是原来的天，地也不是原来的地，人也不是原来的人，故乡已经远去，新的未来在前方，理想梦想在路上，而地理环境变化、经济压力增大、文化模式不同，都将给他们带来巨大影响，有的甚至出现不适应，适应问题凸显，幸福感受到影响。这样，生态移民的不得不面临如下问题：

（1）脱贫问题。生态移民目的是给居民带来较好的生活环境，更好的生活质量，但许多移民却面临生活的压力和经济上的煎熬，有的因为疾病生活艰难，有的因为缺少技能收入很低，有的因为缺少资本无法得到大

发展，有的由于年龄问题带来新的负担。和国家以及移民自身期望相反，移民搬迁带来的是风险和不稳定性的增加，个别家庭直接成为弱势家庭，有的成为弱势群体。如何移民致富增收？如何在经济上取得发展？是移民和政府以及学者不得不关注的问题。

（2）社会适应问题。移民不但面临经济问题，也面临巨大的社会文化适应性问题。环境的大变迁、社会的大转型，使他们的心理发生巨变，有的内心焦虑，有的存在失落，有的感到无所适从，有的感到迷茫，有的留恋原来的环境和生活方式，有的甚至"返乡"。如何使这些离开故土的人尽快适应新环境，融入新生活，是迫切需要得到解决的难题。

（3）社会安全和稳定问题。社会发生巨大转型背景下，社会稳定问题凸显。作为移民区，社会的安全稳定问题更加不容忽视。外来人口的增多，人口结构成分的复杂化，人口流动速度和频率的加快，原本的超稳定结构被打破，个别移民由于心理适应问题和经济利益问题，发生一些过激行为，有的直接有演变为群体性冲突的危险。因此，化解社会风险，降低突发事件的可能性，维护移民区稳定，是另外一个棘手的问题。

正是由于如此，甘肃东乡族生态移民在"嵌入"新的"大社会"过程之中，以上所述问题迫切需要得到解决。因此，本书选择移民的核心问题——社会适应问题，以甘肃东乡族为例，通过田野调查等方法，对此问题做深入分析，以为移民和国家提供参照。

（二）研究意义

人类社会是一个包括政治、经济、文化和社会生活的有机系统，同时又是一个开放的系统，是不断地与自然界进行能量交换，内部结构不断调整以适应环境变化的动态系统。这与和谐社会构建的要求——社会的经济、政治、文化、生态的各个领域和部分都紧密联系，互相协调，整个社会才能始终保持有序和谐的状态不谋而合。

人口迁移是古往今来人类社会客观存在的一种社会现象，正是通过持续的人口流动，实现了各民族文化的交流与社会经济的繁荣。在新时期，生态移民伴随着移民搬迁、冲击、适应、认同、融入这一漫长的过程，融入当地社会是"插花式"生态移民适应当地社会的有效方式和最终目标。但无论从移民社会的客观，还是从移民自身主观来看，也有一部分生态移民并没有把自己视为当地人，或者在很多方面不能很快完全适应新的社会，在某种程度，仍以"来客"自居，表现出很强的不稳定性。这就造成移民新区生态移民发展的"内卷化"特征比较明显,进而也就没有达到"搬得出、稳得住"的移民搬迁目标。社会适应涉及移民的生产、生活、价值观念、社会心理等方面的转变过程,在一定制度前提下,文化因素在其中起着重大的作用。因为生态移民的实施,不仅仅是他们在空间上的改变,也是现代化意义上的"文化移民",更是传统向现代的转变过程。从这个意义上说,对生态移民,特别是对有自身传统文化的少数民族生态移民及其社会适应研究,具有非常重要的理论和实践意义。

本书的理论意义主要在于对少数民族生态移民的社会适应进行研究可以探索社会适应的研究方法和构建有关体系,探索具有操作化的概念及理论。另外,本书力图以已有的相关理论为基础,结合不同的研究视角,对社会适应进行较为系统化的研究,期望可以丰富我国有关少数民族生态移民社会发展的理论和实证研究。

本书的现实意义主要有两点:一是从个体层面上看,社会适应研究有助于发现少数民族移民个体社会适应的方式以及在社会适应过程中存在的问题,从而思考促进其积极社会适应的措施。理想的社会适应是个体获得和谐关系,即社会"整合"。因此通过东乡族生态移民社会适应研究可以了解我国少数民族生态移民个体社会适应现状,有助于少数民族生态移民个体的良好发展。二是从社会层面上看,本书通过大量的社会实证调查研究,总结西北地区少数民族生态移民社会适应的成功经验,挖掘其中存在的特殊社会问题,提出相应的解决措施,为其他地区的生态移民提供借鉴和参照,也为政府制定少数民族生态移民政策提供依据。

二 相关研究成果述评

(一) 国外生态移民研究

从笔者能查阅的相关文献看,国外有关生态移民的研究最早可以追溯到美国植物生态学家考尔斯(Henry C. Cowles)。1896 年,Cowles 以论文《密歇根湖沙丘的植被演替》取得了芝加哥大学博士学位。在此论文中,研究了密执安湖周围不同时期沙丘的变化,提出了植被演替之序列,并将"生物群落迁移"(biological community migration)概念引入生态学,从而奠定了群落演替(环境与生物群落相互作用导致群落之间的彼此替代)

的理论基础。① 到 1916 年，美国的生态学家克莱门特（Frederic E. Clements）将群落演替（community succession）划分为六大步骤，即裸露—迁移—定居—竞争—反应—稳定，最终达到顶极群落（climax community）②。作为植物生态学家，克莱门特和考尔斯并没有明确提出"生态移民"的概念，但他们已经意识到，在群落演替这一过程中，作为某区域生态系统中的"人"，有一天意识到如果继续在原地居住可能会对当地生态环境产生重大破坏，就有可能进行人口迁移。

20 世纪 70 年代后期以来，随着全球气候和环境的变化，引发了大量人口迁移，国外学术界开始大量开展深入研究，这意味着国外生态移民研究真正开始了。过去三四十年间，国外学界对相关生态移民的概念及相关问题的研究经历了从最初的"生态难民/环境难民"到"环境移民"，再到当下的"生态移民"的漫长过程。

"环境难民"，或者称为"生态难民"，是于 1976 年由世界观察研究所的研究员布朗（Lester Brown）等人首次使用。1985 年，埃及学者埃尔欣纳维（Essam El-Hinnawi）（当时为联合国环境规划署（UNEP）研究员）对环境难民的概念进行了较系统的描述，将"环境难民"定义为："由于环境破坏（自然的或人为引起的），威胁到人们的生存或严重影响到其生活质量，而被迫临时或永久离开其家园的人们。"之后，英国生态学家、牛津大学教授迈尔斯（Norman Myers）、苏塞克斯大学移民研究和国际发展中心教授布莱克（Richard Black）等都对环境难民进行了不断的研究和概括。直到 1996 年，瑞典乌普萨拉大学和平与冲突研究系教授斯维因（environmental migration）首先使用了"环境移民"一词，此后，政府部门和学界逐渐开始转用"环境移民"。到 20 世纪末，人们开始使用"生态移民"这一概念。Justin Lyle 给其下了一个定义，生态移民（ecological migrant, ecological resettlement）是一种特殊移民类型，有广、狭义之分。从广义而言，指由于生态环境与其他因素共同作用从而出现的人口迁移；就狭义来说，特指为了保护、修复具有价值的生态区域或生态

---

① Henry Chandler Cowles, "The Ecological Relations of the Vegetation of the Sand Dunes of Lake Michigan", *Botanical Gazette*, Vol. 27, No. 2, 1889.

② Frederic E. Clements, *Plant succession: An Analysis of the Development of Vegetation*, Washington D. C.: Carnegie Institution of Washington, 1996.

系统的移民。①

20世纪80年代以来，国外有关生态移民研究主要集中在以下四个方面：一是生态移民合法性的反思，二是生态移民的后续生计，三是生态移民的土地和环境问题，四是生态移民的文化变迁和冲突。②

国外学者对中国的生态移民也较为关注，并依托中国学术办开展了一些合作研究。他们主要以社会学和人类学为主要学科背景，与中国学界进行合作研究。国外学者对中国生态移民的研究，主要集中于移民的能动性、移民后的文化变迁、后续生计、移民冲突、移民前的评估与环境治理等方面。

（二）国内相关研究

1. 有关生态移民的研究

关于移民古已有之，它是指跨越一定空间距离的移居人群。生态移民的概念是20世纪末才出现的，由于生态环境问题而实行的移民，被称作生态移民。而我国真正的生态移民实践，仅有二三十年的历史。伴随生态移民的出现，有关生态移民的研究开始兴起。国内外专家学者对生态移民相关的理论与实践进行了各个方面的初步探讨，认为生态移民有别于其他类型的移民，关乎一个地区、一个国家甚至世界的生态安全和安定团结。根本之策是将其接纳并融入当地主流社会，配套相应政策措施，提高其主体地位及国民待遇。

（1）关于生态移民的定义

"生态移民"（Ecological-migration）一词最早出现在1993年的一篇对三峡移民的研究文献中③。随着生态移民工程的实施，这一概念不断出现于学术论文和专著中，但至今尚无一个权威性的界定。

最早给"生态移民"进行定义的是王培先，他认为生态移民就是将生态环境脆弱地区的居民转移出来，缓解人口对脆弱生态环境的压力，并将生态移民与小城镇建设联系起来。④ 之后，有更多的专家学者对其进行

---

① Justin Lyle, Resettlement of Ecological Migrants in Georgia: Recent Developments and Trends in Policy, Implementation, and Perceptions, Flensburg: The European Centre for Minority Issues (ECMI) Working Paper, No. 53, 2012.
② 杜发春：《国外生态移民研究评述》，《民族研究》2014年第2期。
③ 任耀武：《试论三峡库区生态移民》，《农业现代化研究》1993年第1期。
④ 王培先：《生态移民：小城镇建设与西部发展》，《国土经济》2000年第6期。

了概念界定。葛根高娃和乌云巴图认为，伴随着生态环境的日益恶化，真正意义上的新时期生态移民现象作为一种经济行为而出现，但是其内涵与外延不仅仅局限于经济行为，生态移民的实质是人与环境的关系调整问题。① 池永明认为，所谓生态移民是指在生态系统中，人类为了生存而主动调整其与资源、环境之间的关系，保持生态系统内部诸要素的相对平衡所进行的人口迁移。② 李笑春和陈智从动因层面和目的层面进行定义：动因层面认为，移民的动因是自然环境的恶化，人口数量超过生态环境的承载容量；目的层面指导移民的目的是保护和改善生态环境，提高牧民们整体的生产生活水平。③ 方兵也指出了生态脆弱地区的人口超载问题，认为生态移民有助于卸载这些地区的人口压力。④ 李宁和龚世俊认为，自然环境的恶化和自然资源的枯竭是由多种原因造成的，而生态移民是保持生态系统内部诸要素的相对平衡进行的人口迁移。⑤ 另外，皮海峰等将相关生态治理政策与生态移民结合起来，认为生态移民是指把那些生态条件不适合人类生存或因人类存在会对生态环境造成严重破坏的地区的人群进行迁移、异地安置，将那些地区保护起来，实行退耕还林、退耕还草、退耕还湿和退耕还水，以达到保护和恢复自然生态系统的目的。⑥

总体来说，关于生态移民的含义主要包括两个方面：一是指生态移民这一行为，即将生态环境脆弱地区分散的居民转移出来，使他们集中居住于新的村镇，以保护和恢复生态环境、促进经济发展的实践活动；二是指移民的主体，即那些在生态移民实践中被转移出来的农牧民。学者们主要从移民行为这一角度来定义生态移民。

（2）关于生态移民的必要性

在生态移民政策和工程项目实施之初，就有很多学者对生态移民必要

---

① 葛根高娃、乌云巴图：《内蒙古牧区生态移民的概念、问题与对策》，《内蒙古社会科学》2003年第2期。
② 池永明：《生态移民是西部地区生态环境建设的根本》，《经济论坛》2004年第16期。
③ 李笑春、陈智：《对生态移民的理性思考——以浑善达克沙地为例》，《内蒙古大学学报》2004年第5期。
④ 方兵：《加大生态移民力度 切实保护西部生态环境》，《广西经济管理干部学院学报》2001年第4期。
⑤ 李宁、龚世俊：《论宁夏地区生态移民》，《哈尔滨工业大学学报》2003年第1期。
⑥ 皮海峰：《小康社会与生态移民》，《中国农村经济》2002年第4期。

性进行了分析，学者们主要从以下几个方面展开：一是环境承载力和人口压力；二是国家的财政实力和生态移民的效益分析；三是生态移民对生产、生活以及思想观念的影响。①

其中，方兵认为，当前建设和保护好西部生态环境已被列为西部大开发的重要内容。全社会都认识到西部生态环境恶化的严峻态势，都在为保护和建设好西部地区的生态环境献计献策，已为实施生态移民战略扫除了许多思想阻力。同时，加大生态移民力度的人力、物力、财力条件也已具备。②刘学敏认为，从生态移民的效果来看，首先，生态移民使生态脆弱地区的生态环境得到改善；其次，移民以后，农牧民的生存条件也大为改善；最后，生态移民提高了农地利用效率，促进了移民地区的产业结构调整。③

（3）关于生态移民的可行性和有效性

生态移民的必要性已经为大多数人所接受，但是对于实施生态移民是否具有可行性，学者们的观点并不一致。李笑春和陈智等认为，生态移民涉及生态、生产、生活、稳定、资源和持续发展等问题，这些问题不是孤立的，而是处于复杂的相互作用之中，可能牵一发而动全身，做到总体上全面认识并非易事，并且任何一方都不能忽视，因此不宜草率行事。④徐红罡认为，实施生态移民有可能产生意想不到的、甚至更为严重的生态破坏；生态移民措施减缓草原生态压力的有效性是很短暂和很有限的；生态移民政策实施的结果，使原来对草场资源的过度利用转变为对水资源的过度使用；如果还继续采用生态移民政策，应该保证那些会引起负面效益的因素都在受控制的情况下，很谨慎、很缓慢地实施；生态移民政策只能是辅助措施，并且不能把它放在战略的高度。⑤

---

① 包智明、任国英：《内蒙古生态移民研究》，中央民族大学出版社2011年版，第10—11页。

② 方兵：《加大生态移民力度 切实保护西部生态环境》，《广西经济管理干部学院学报》2001年第4期。

③ 刘学敏：《西北地区生态移民的效果与问题探讨》，《中国农村经济》2002年第4期。

④ 李笑春、陈智：《对生态移民的理性思考——以浑善达克沙地为例》，《内蒙古大学学报》2004年第5期。

⑤ 徐红罡：《"生态移民"政策对缓解草原生态压力的有效性分析》，《国土与自然资源研究》2001年第4期。

总体而言，由于不同地区的土壤、气候、水文、植被等条件存在较大差异，因而对生态移民的可行性和有效性不能一概而论。

（4）关于生态移民的方式

目前国内关于生态移民方式的研究成果也很丰硕，许德祥、李宁、龚世俊、葛根高娃、乌云巴图、文冰、宋缓等都曾在这方面做了相关研究。

许德祥将移民按迁移地域分为两类：就地迁移和易地迁移。就地迁移，即本乡本土就地安置；易地迁移就是离开本乡本土，到其他地方定居。[1] 李宁和龚世俊认为，生态移民包括三个层面：在生态环境变迁作用挤压下的被动人口迁移；在一定区域内单纯为保护生态资源的主动人口迁移；在一定区域内为促使生态系统诸要素协调发展的主动人口迁移。这是按迁移的主要动因，相对于经济、社会、政治、战争、文化等因素变迁推动人口迁移而提出的概念。虽然因生态环境变迁导致的人口迁移，伴随着人类迁徙的产生而出现，但是"生态移民"这一名称的明确提出，却是在当代生态问题引起人们极大关注的情况下应运而生的。[2] 葛根高娃和乌云巴图认为，目前生态移民一般是由政府出面组织，国家、地区和民众共同出资实施的，所以往往称作某某"工程"，建设地点选择在便于"五通"（通路、通水、通电、通话、通广播电视）、毗邻城镇的地区，各地的称呼、实施方案和建设规模也不尽相同。[3] 黄俊芳和王让会等认为，在以往的移民搬迁中，可以借鉴的移民方式主要有三种：集中搬迁，插花式搬迁，结合牧民定居、半定居工作实施的移民搬迁。[4] 文冰与宋缓等认为，生态移民的迁移形式有自发性移民搬迁、政府组织移民搬迁和企业参与移民搬迁三种不同形式。三种搬迁形式各有优势。[5] 阿布力孜·玉素甫根据国内外和新疆生态移民所采取的方式，从途径上分为计划性生态移民与非计划性生态移民；从内容上分为无土安置和有土安置两大类；从形式

---

[1] 许德祥：《水库移民系统与行政管理》，新华出版社1998年版，第38页。

[2] 李宁、龚世俊：《论宁夏地区生态移民》，《哈尔滨工业大学学报》2003年第1期。

[3] 葛根高娃、乌云巴图：《内蒙古牧区生态移民的概念、问题与对策》，《内蒙古社会科学》2003年第2期。

[4] 黄俊芳、王让会等：《塔里木河中下游生态移民的意义及模式探讨》，《新疆环境保护》2004年增刊。

[5] 文冰、宋缓：《生态移民的搬迁形式研究——云南永善县马楠乡案例分析》，《前沿论坛》2005年第1期。

上分为集中安置和分散安置等若干种类。①

(5) 关于生态移民中存在的问题

生态移民存在的问题，学者们主要是通过对研究区域产生的问题而进行阐述的，概括起来主要有：(1) 人们对生态移民的认识不足，生态移民的实施缺乏科学的，系统的理论指导，总体认识仍停留在一般的异地农业安置和进程安置，出台的一些政策和措施较短视或粗糙，缺乏实践的检验。(2) 国家和地方政府缺乏全面的、统筹兼顾的科学规划。生态移民的可行性研究不足，缺乏资源、利益和统筹协调的整体规划，搬迁安置移民的配套设施不完善，出现重复建设，资源浪费，移民安置不稳等问题。(3) 政策措施不健全，生态移民设计许多社会和法律问题，目前国家未有专门的生态移民法规，使生态移民缺乏有力的法律后盾；生态移民经济补偿政策没有统一和明确，容易造成移民资金不足；移民生机恢复和政策考虑不够，部分移民家庭生计恢复和发展困难。(4) 资金投入不足，特别表现在移民生活安置资金投入不足，移民生活补助普遍偏低，移民安置资金短缺，移民生产生活必需的基础设施建设及建房投入普遍不足，移民安置难度加大，直接影响了移民的定居和生产生活。(5) 移民自身的缺陷，移民自身的社会适应能力低，劳动就业困难，择业改行空间小，造成移民畏难情绪和恋乡情结严重，使搬迁的思想工作难度大，移民的满意度低。(6) 移民的后续扶持和发展的产业生产程度低，造成移民后人们生产生活困难。(7) 民族影响问题，生态移民多发生在少数民族地区，由于语言环境，生活方式，宗教信仰，人际关系等发生突然变化，使得少数民族很难适应新的生活环境，容易造成移民回流和民族之间的矛盾问题。②

针对生态移民中出现的诸多问题，学者们从不同方面提出了对策建议。③

侯东民提出"以输入生态资源，转移、输出人力资源"为导向安排综合治理战略，在草原地区逐步从外地输入部分口粮与畜牧业饲料等，以

---

① 阿布力孜·玉素甫：《新疆生态移民研究》，中国经济出版社 2009 年版，第 85 页。
② 廖双双：《生态移民研究综述》，《农村经济与科技》2012 年第 4 期。
③ 参见孟琳琳、包智明《生态移民研究综述》，《中央民族大学学报》（哲学社会科学版）2004 年第 6 期。

支持当地农牧业人口增长与农牧业经济发展，提高农牧民生产、生活水平；除加大移民工作力度外，还应该用其他社会经济政策积极促进当地第二、三产业发展及农牧业劳动力流动、转移。① 刘学敏认为，针对在移民中出现的具体问题，当前亟须做的是：首先，要继续深化经济体制和地方政府管理体制的改革，确立以市场为导向的生态移民过程，提高政府的运行效率，降低政府的协调成本；其次，在变更农牧民土地承包关系时必须要有法律的介入，通过法律来调整由此形成的经济利益关系。同时，要加大科技力量的支撑，改革科技管理体制，把科技服务作为一种产业来发展；再次，要大力发展社会中介组织尤其是市场中介组织，通过中介组织协调好各市场主体之间的关系，促进移民过程中和整个经济运行中经济活动的有序运作；最后，政府在制定各种政策时要注意政策的配套和衔接，政府在分配政策资源时，要充分地考虑到社会公平。②

葛根高娃、乌云巴图认为，要把生态移民工作与全面建设小康社会目标结合起来，树立生态大区域观念，运用生态经济学的基本原理重新认识生态移民建设，加强宣传力度，提高民众的生态保护与建设意识；提高对草原的整体认识，谨慎确定退耕还草区、轮牧区和禁牧区的界限；政府应出面规划，统一开发建设，切忌以小农经济意识规划建设生态移民村；把生态移民工程的规划、建设、验收纳入法制化轨道；解决好移民村畜产品的加工和销路问题。③

值得一提的是，河海大学于1992年9月成立了中国移民研究中心，即水利部水库移民经济研究中心，在研究工程移民、环境移民、灾害移民，特别是在生态移民方面进行了大量开拓性、基础性和应用性研究，推出了一系列有重要影响的政策、理论与应用成果。

2. 有关社会适应的研究

"适应"这一术语来自生物学，适应在生物学上是指有机体对其生存环境的改造与环境使有机体发生的变化的相互影响关系。适应是自然界生

---

① 侯东民：《草原人口生态压力持续增长态势与解决方法——经济诱导式生态移民工程的可行性分析》，《中国人口科学》2002年第4期。

② 刘学敏：《西北地区生态移民的效果与问题探讨》，《中国农村经济》2002年第4期。

③ 葛根高娃、乌云巴图：《内蒙古牧区生态移民的概念、问题与对策》，《内蒙古社会科学》2003年第3期。

命过程的一部分，一切生物体都置身于特定的自然环境中，当环境条件发生变化，生物体需要在生理和行为上进行不断调整，以取得与环境的重新适应。在西方，对于适应的研究主要是从进化论和生态学两个方面展开的。进化论的研究旨在弄清楚作为自然选择的其他进化力量作用下某一物种变化的主要原因；生态学的研究则通过分析某一特定环境中生物体之间关系的总和来观察适应过程的结果。进化—生态的研究将二者结合起来，把生物体置于他们总体环境中来研究，以发现他们是如何适应的，即他们形成的特征和求生的手段是如何帮助他们在那种环境中活下来的。这一研究方法后来被应用到作为一个特殊物种的人类群体的研究。人类在面临环境压力时，会通过各种反应形式，以自身有利的变化来应对这种压力，表现出很强的适应能力。人类适应性研究经历了人类从面对不同的自然环境，如高原、寒冷、酷热等的生理反应和遗传适应，到不同社会文化环境下的行为变化的发展。而对人群在不同社会文化环境中的适应的研究正是文化人类学的主旨。[1]

社会适应的研究首先是从心理学领域开始。心理学在研究个体走向社会的过程中，发现了主体的内在心理结构、知识结构和外在的社会结构环境等对于个体的限制作用，同时也认识到行为者主体力图调整自身的结构来适应外在的环境，以达到个体与社会环境的一致。[2] 陈建文从心理学的视角指出，社会适应就是个体在与社会环境的交互作用过程中，旨在追求与社会环境达成维持和谐平衡关系状态的过程，并指出社会适应包括认知适应和人格适应两个基本过程，并从人格的视角系统地探讨了人们的社会适应问题，以大学生作为研究被试，开展了社会适应心理的实证调查与分析，从理论与实证两个角度把握了社会适应的规律和特点。[3]

文化人类学主要从人类的社会制度、文化传统、价值观、经济状态等角度探讨人类群体在面对特定的环境压力时的行为适应性改变，尤其注重从涵化（acculturation）的角度，探讨一个群体由于与另一个群体接触而

---

[1] 叶继红：《生存与适应——南京城郊失地农民生活考察》，中国经济出版社2008年版，第25—26页。

[2] 白友涛、尤佳等：《熟悉的陌生人：大城市流动穆斯林社会适应研究》，宁夏人民出版社2011年版，第12页。

[3] 陈建文：《人格与社会适应》，安徽教育出版社2009年版，第45页。

接受其习俗、传统和价值观等文化特征的过程，这其实就是文化适应的过程。文化适应考察的是具有不同文化的各群体在连续接触过程中所导致的双方或一方原有文化模式的变迁。这对移民群体的研究尤为合适，由于移民从原居住地迁移至新住地是一个突变的过程，必将导致移民居住的自然环境与社会环境发生改变，从而要求在语言、风俗习惯、人际关系、生活和生产方式等方面进行相应的调整和适应。

  目前国内社会学界对于人类适应性的研究主要表现在两类群体上：一类是对移民群体的适应研究，一类是对进城务工流动人口的城市适应研究，包括对失地农民的城市适应性的研究。

  近年来，随着城市化进程的加快，农民工的城市适应问题研究倍受学者们的关注，这方面的研究成果非常多。周大鸣较早地注意到进城农民工的文化适应问题[1]；田凯较早地从经济、社会和心理三个层面概括了农民工的城市适应问题，即由职业和经济收入构成最基础的经济层面，由此形成的生活方式构成中间的社会层面[2]。江立华认为农民工进入城市后，会不断调整自己的行为方式的社会过程中，来选择改变自我，融入城市社会和在城市重建乡村的生活环境和文化两种模式[3]。再如李江涛从流动人口的语言、人际交往、对广州的关心程度和在广州生活工作的心理感受等方面研究了流动者的适应程度[4]；王永顺、杜玉从年龄、职业、职务和健康的角度研究了沈阳城市居民的健康状况的社会环境的关系[5]；白友涛、尤佳、季芳桐、白莉等从经济生活适应、社会生活适应、文化（宗教）生活适应和心理认同的适应等方面对大城市流动穆斯林的社会适应进行了研究[6]；向德平和王志丹从社会适应的内容、特点、过程及目标进行了分析[7]；邹立君和段兴华探讨了新生代农民工在社会适应过程中的现状和特

---

[1] 周大鸣：《都市人类学三题》，《中山大学学报》（社会科学版）1991年第4期。
[2] 田凯：《关于农民工城市适应性的调查与思考》，《人口学刊》2006年第4期。
[3] 江立华：《城市性与农民工的城市适应》，《社会科学研究》2003年第5期。
[4] 李江涛：《流动人口对广州社会的适应程度调查》，《岭南学刊》1999年第3期。
[5] 王永顺、杜玉：《沈阳市城市居民社会适应状况研究》，《中国健康教育》2002年第8期。
[6] 白友涛、尤佳、季芳桐、白莉：《熟悉的陌生人：大城市流动穆斯林社会适应研究》，宁夏人民出版社2011年版，第18—19页。
[7] 向德平、王志丹：《社会化视角下失地农民的社会适应》，《河北学刊》2012年第2期。

点，从经济生活适应、人际交往适应和心理适应三个方面进行了分析，并对面临的困境提出几点建议①；马凤鸣指出人力资本中的教育程度、语言能力和打工地生活时间对农民工的城市社会适应都有显著的正向影响②，等等。此外，少数民族农民工的文化适应也受到了一定的关注。如张继焦认为，城市中少数民族迁移者并不只是被动地适应城市，他们在就业和创业过程中也给城市做出了巨大的贡献。③ 2004；王亚鹏、李慧分析了在西部大开发背景下，少数民族文化适应的阶段及其分化模式。④

21世纪以来，随着城镇化建设步伐的加快，越来越多的农民失去土地，沦为失地农民，运用社会（或文化）适应的有关理论对其进行研究也是近年来的一个新领域。管在高分析了城市文化不同于乡村文化的五个特征开放性和流动性强、非人情性社会关系、社区认同和社会参与意识、法律意识、竞争意识。⑤张海波、童星通过分析，指出失地农民在经济上生存于城市边缘，社会交往兼具农村与城市、传统与现代的双重特点，大部分失地农民仍认为自己是农民，且认同适应不良，并提出了改善就业、提高收入、将失地农民纳入社会保障体系的政策性建议。⑥

国内专家学者们对于社会适应问题的研究，主要从心理学、教育学、社会学、民族学等不同学科，从学习、就业、工作、生活等不同角度，对不同人群进行了研究。随着生态移民工程的实施，近年来已有不少学者从社会适应的角度开始研究生态移民。

3. 有关生态移民社会适应研究

全国范围的移民的规模几乎每天都在发生着变化，而每种类型的移

---

① 邹立君、段兴华：《市场经济条件下新生代农民工社会适应问题探讨》，《内蒙古农业大学学报》（社会科学版）2012年第4期。
② 马凤鸣：《农民工城市社会适应的影响因素——基于重庆和珠三角的比较研究》，《西南大学学报》（社会科学版）2012年第2期。
③ 张继焦：《城市民族的多样化——以少数民族人口迁移对城市的影响为例》，《思想战线》2004年第3期。
④ 王亚鹏、李慧：《少数民族的文化适应及其研究》，《集美大学学报》2004年第1期。
⑤ 管在高：《从城市文化特征角度分析失地农民的文化适应》，《四川行政学院学报》2005年第6期。
⑥ 张海波、童星：《我国城市化进程中失地农民的社会适应》，《社会科学研究》2006年第1期。

民，其发生原因、移民模式、安置方式、后续发展等方面都存在很大差异，但对任何性质的移民来说，移民后的社会适应问题是其生存发展的基础。国内关于移民社会适应的研究，主要集中在两大群体，一是乡城迁移者的适应（含农民工的适应、大学毕业生的适应等），二是工程移民的适应，其中成果最多的是对三峡移民社会适应的研究。本书选取目前研究比较成熟和比较典型的三峡、内蒙古、宁夏及三江源生态移民社会适应研究，对研究他们的已有研究成果作一梳理，以期能给本书带来启发。

（1）三峡移民社会适应研究

该移民是为了三峡工程的实施而把相关库区的居民迁移到其他地方的生态移民，始于20世纪80年代。国内对三峡移民的社会适应的研究开始于20世纪90年代，相关论文约十多篇，他们基本上都是华中理工大学社会学系的师生根据1997年实地调查的数据所发表的成果，这些成果对三峡农村移民社会适应的不同方面进行了初步描述和分析，对帮助人们认识和了解三峡移民社会适应的状况具有一定的作用。苗艳梅、雷洪从生活环境、经济与生产劳动以及人际关系等方面，对三峡移民的社会文化适应进行了探讨；[1] 雷洪、孙龙从社会学角度入手，分析了三峡农村移民的生产劳动适应[2]；杜健梅和风笑天对三峡农村移民在进入新区后的人际关系适应状况进行了分析[3]；刘成斌、雷洪从社会学的角度指出，移民在社会适应的过程中对移民角色的认知及感情产生了偏差，从而产生了一系列矛盾、冲突和困难，影响了社会适应的进程[4]；郑丹丹、雷洪主要从移民适应新环境的主观能力性角度研究了移民的需求和社会环境之间的矛盾关系[5]；风笑天等人将上述研究成果汇编为《落地生根：三峡农村移民的社会适应》一书。郝玉章和风笑天通过实证调查资料对三峡外迁移民的

---

[1] 苗艳梅、雷洪：《对三峡移民社区环境适应性状况的考察》，《华中科技大学学报》（社会科学版）2001年第1期。

[2] 雷洪、孙龙：《三峡农村移民生产劳动的适应性》，《人口研究》2000年第6期。

[3] 杜健梅、风笑天：《人际关系的适应性：三峡农村移民的研究》，《社会》2000年第8期。

[4] 刘成斌、雷洪：《三峡移民的角色行为障碍》，《社会》2001年第8期。

[5] 郑丹丹、雷洪：《三峡移民社会适应中的主观能动性》，《华中科技大学学报》（社会科学版）2002年第3期。

社会适应状况作了描述，对影响其社会适应性的因素进行了分析[①]；程瑜通过村长的选举透视了移民村内部的权力结构，以及移民为争得补助资金而与当地政府博弈的过程，展示了移民村在经济活动方面的调适与适应[②]。

（2）内蒙古移民社会适应研究

从2001年开始，内蒙古自治区在全区范围内对荒漠化、草原退化和水土流失严重的生态环境脆弱地区实施生态移民。继而，对于该地区生态移民的社会适应研究也开始了。陶格斯研究了镶黄旗生态移民在呼和浩特市郊区的社会适应性，认为内蒙古生态移民生产方式和饮食结构发生了很大变化，但总体上还属于生存型移民，其特点就是谋求温饱，满足基本的生存需求即可[③]；焦克源、王瑞娟和苏利那从文化变迁视角考察了生态移民的适应问题[④]；徐宏伟、许晓彬和刘丽莉探讨了生态移民的城镇化建设问题[⑤]；李杰、苏娅、雅如和侯友探讨了社会适应与心理健康水平之间的关系[⑥]；包智明、孟琳琳分析了生态移民对牧民生产生活方式的影响[⑦]；宋佳从移民心理健康与社会适应角度对内蒙古呼伦贝尔地区生态移民进行了研究[⑧]，等等。

（3）宁夏生态移民社会适应研究

随着宁夏历史上最大的民生工程——西海固吊庄生态移民工程的实

[①] 郝玉章、风笑天：《三峡外迁移民的社会适应及其影响因素研究》，《市场与人口分析》2005年第6期。

[②] 程瑜：《白村生活》，民族出版社2006年版，第48—73页。

[③] 陶格斯：《浅谈镶黄旗生态移民在呼和浩特市郊区的社会适应性》，《华北农学报》2006年第6期。

[④] 焦克源、王瑞娟、苏利那：《蒙古族生态移民的文化变迁考察——基于对内蒙古孪井滩的调查》，《前沿》2008年第21期。

[⑤] 徐宏伟、许晓彬、刘丽莉：《内蒙古农牧区生态移民与小城镇建设探析》，《中国科技信息》2007年第20期。

[⑥] 李杰、苏娅、雅如、侯友：《草原生态移民社会适应状况、心理健康水平调查报告——以内蒙古阿拉善盟孪井滩为例》，《内蒙古师范大学学报》（哲学社会科学版）第2期。

[⑦] 包智明、孟琳琳：《生态移民对牧民生产生活方式的影响——以内蒙古正蓝旗敖力克嘎查为例》，《西北民族研究》2005年第2期。

[⑧] 宋佳：《内蒙古呼伦贝尔地区生态移民心理健康与社会适应调查分析》，《语文学刊》2013年第5期。

施，关于宁夏生态移民的学术研究也越来越多，如李培林、王晓毅[①]、李宁、龚世俊[②]、孙燕一、王振洲[③]等多名学者对宁夏生态移民进行了不同层面、视角的研究，但就生态移民社会适应方面的成果还不多。马伟华和胡鸿保以宁夏泾源县搬迁到银川市"芦草洼"地区的回族移民为例，采用人类学的相关理论与方法，探讨了自愿性移民在日常宗教信仰以及伊斯兰教教派等方面的适应状况，指出吊庄里的几个教派之间在宗教认同上的差异变得越来越小，与移民来到吊庄之初的状况相比，已经发生了根本变化[④]；东梅对比分析了宁夏最大的扶贫开发移民区—红寺堡移民开发区搬迁农户在其搬迁前后生产、生活水平的变化，指出生态移民能够明显提高农户的收入水平，但从长远看，单纯依靠农业收入不可能大幅度改善其生活水平，这需要从其他角度（例如通过外出务工）着眼来提高其总体收入水平[⑤]。马伟华在《生态移民与文化调适：西北回族地区吊庄移民的社会文化适应研究》一书对宁夏吊庄生态移民的社会适应问题进行了较为深入的研究，从生产适应、生活适应、观念调适、宗教文化调适等方面进行分析，指出了吊庄移民在社会文化适应过程中出现的问题，并提出相应的对策建议。此外，束锡红[⑥]、闫丽娟、张俊明[⑦]、王丽霞、曾祥岚[⑧]就宁夏生态移民的社会文化适应做了相关研究。值得一提的是，近年来，越来越多的年轻学者也加入到宁夏生态移民的研究行列中，这为该地区

[①] 李培林、王晓毅：《移民、扶贫与生态文明建设——宁夏生态移民调研报告》，《宁夏社会科学》2013年第5期。

[②] 李宁、龚世俊：《论宁夏地区生态移民》，《哈尔滨工业大学学报》（社会科学版）2003年第1期。

[③] 孙燕一、王振洲、刘懿、崔丽、韩瑾：《政府主导型生态移民的实效、问题与对策——宁夏西海固山区生态移民调查分析》，《西部论坛》2013年第2期。

[④] 马伟华、胡鸿保：《宁夏生态移民中的宗教文化调适——以"芦草洼"吊庄移民为例》，《宁夏社会科学》2007年第5期。

[⑤] 东梅：《生态移民与农民收入——基于宁夏红寺堡移民开发区的实证分析》，《中国农村经济》2006年第3期。

[⑥] 束锡红：《宁夏南部山区回族聚居区生态移民的社会适应研究》，《北方民族大学学报》（哲学社会科学版）2015年第4期。

[⑦] 闫丽娟、张俊明：《少数民族生态移民异地搬迁后的心理适应问题研究——以宁夏中宁县太阳梁移民新村为例》，《中南民族大学学报》（人文社会科学版）2013年第5期。

[⑧] 王丽霞、曾祥岚：《宁夏生态移民社会适应与心理健康现状调查——以杨显村等10个移民点为例》，《宁夏社会科学》2015年第3期。

的相关研究注入新的活力，如宁夏大学研究生周霞、马妍、马金涛等分别选取不同的田野点或人群对宁夏生态移民的社会适应做了初步的调查研究。①

（4）三江源生态移民社会适应研究

"三江源"是我国最重要的、影响最大的生态调节区，源区的生态环境变化直接关系到区域乃至全国的生态安全。随着20世纪末三江源生态移民工程大规模实施，已有很多学者对此给予了高度关注，成果颇多。就生态移民社会适应问题成果，主要是兰州大学西北少数民族研究中心的师生，在这方面做了很多工作，如解彩霞通过对环境和生理适应、日常生活适应、生产适应、人际和风俗习惯适应和心里适应等方面的描述，分析了影响移民社会适应的因素；②并对社会适应与回迁愿望关系及原因进行了分析③；石德生通过急促城市化过程中三江源生态移民生活状态和社会适应的分析，讨论了制度性急促城市化带给生态移民观念的影响与变迁。鲁顺元在《三江源区生态移民社会适应问题的调查与思考》④一文中分析了三江源区生态移民群体中所凸显的不适应问题，并提出了相应的对策思路⑤；桑才让在实地调研的基础上，分析了三江源生态移民文化不适应的客观必然性以及表现，提出了文化适应的具体策略⑥；张凯和孙饶斌以三江源地区为例，分析了我国生态移民基本社会保障效益的现状，研究了生态移民社会保障的经济、社会和生态效益⑦；韦仁忠通过调查指出，三江源生态移民的社会融入水平偏低，并有针对性地提出了促进移民社会融合

---

① 周霞：《人类学视野下宁夏回族生态移民社会文化适应研究》，博士学位论文，宁夏大学，2014年；马妍：《宁夏回族生态移民社会适应问题研究》，博士学位论文，宁夏大学，2015年；马金涛：《宁夏女性生态移民社会适应性研究》，博士学位论文，宁夏大学，2015年。

② 解彩霞：《三江源生态移民的社会适应研究——基于格尔木市两个移民点的调查》，《青海统计》2009年第5期。

③ 解彩霞：《三江源生态移民社会适应与回迁愿望分析》，《攀登》2010年第6期。

④ 《青海师范大学学报》（哲学社会科学版）2009年第5期。

⑤ 石德生：《三江源生态移民的生活状况与社会适应——以格尔木市长江源生态移民点为例》，《西藏研究》2008年第4期。

⑥ 桑才让：《对三江源生态移民文化适应性问题的调查与思考》，《攀登》2011年第6期。

⑦ 张凯、孙饶斌：《生态移民基本社会保障效益分析——以三江源地区为例》，《安徽农业科学》2012年第16期。

的具体对策①；杨萍、张海峰等从三江源生态移民适应面临的问题入手，采用实证分析方法提出了加快移民适应的一些对策②；冯雪红运用国外"边缘人"理论分析三江源生态移民在搬迁后的"边缘人"处境③；祁进玉指出，三江源生态移民跨县甚至跨州城镇化异地安置的做法，在一定程度上留有诸多社会文化等方面的不适应问题④；韦仁忠、唐任伍通过分析三江源生态移民从游"牧散居"到"城镇定居"的社会变迁所引起了牧民的文化不适，指出发挥社会资本的功能性作用，使牧民的文化失调在信任、恩惠互动的社会网络关系中逐步修补，有利于牧民的文化适应和社会和谐⑤；王平、牛慧丽通过对近年来国内学界对三江源生态移民研究的梳理，指出适应新的现实需求，发挥多学科优势，整合不同研究资源，创新研究思路与方法，拓展研究视野和领域，不断克服以往研究中存在的不足和缺陷，对三江源生态移民社会的健康可持续发展具有重大意义⑥。

4. 简评

近些年来学术界在少数民族生态移民的含义、战略意义、必要性、效益、政策法规、安置方式、文化适应与变迁、可持续发展、存在问题和对策建议等方面进行了较为翔实的研究，取得了丰硕的研究成果。但随着我国经济社会发展实际、全面建成小康社会新要求的提出、少数民族生态移民工程强度的加大和相关研究的深入，现有的研究还存在一定的不足之处：

一是对于有民族传统文化的少数民族生态移民群体的社会适应研究是近十多年才逐渐被学者们关注，研究成果从数量和质量上均有欠缺，研究不够全面、深入；二是对不同地域、不同民族、不同文化背景的少数民族

---

① 韦仁忠：《藏族生态移民的社会融合路径探究——以三江源生态移民为例》，《中国藏学年》2013年第1期。

② 杨萍、张海峰、高丽文、赵青林：《三江源区生态移民适应问题研究》，《青海环境》2013年第2期。

③ 冯雪红：《三江源生态移民的"边缘人"处境》，《广西民族研究》2015年第4期。

④ 祁进玉：《三江源地区生态移民的社会适应与社区文化重建研究》，《中央民族大学学报》（哲学社会科学版）2015年第3期。

⑤ 韦仁忠、唐任伍：《社会资本与移民适应：三江源生态移民的文化失调与修补》，《北方民族大学学报》（哲学社会科学版）2015年第4期。

⑥ 王平、牛慧丽：《适应、整合、创新与发展：三江源自然保护区生态移民研究的分析和思考》，《广西师范学院学报》（哲学社会科学版）2016年第2期。

生态移民社会适应的特殊性研究不够突出，既有对汉族移民研究模式化的刻板，也有问题仅停留于简单陈述而缺乏专题性的深入研究；三是对于东乡族生态移民这样一个特殊群体社会适应的研究，涉足的学者不多，研究还很薄弱。

生态移民不仅仅是对生态环境、经济和社会等方面发生作用，更重要的是对生态移民社区和移民个体或家庭的具体影响，在"决不能让任何一个群众穷在深山无人知、困在家中无人问"的全面小康社会建设的背景下，其意思非常重大。在生态移民社区构建中，移民个体适应生产生活方式变迁的程度和意愿对"迁得出、稳得住、能致富"的生态移民工程目标具有关键的意义。因此，对生态移民，特别是有着自己实质性传统文化的少数民族生态移民的相关研究，有必要加强对其自身迁徙之后的社会适应这样一个人类学、社会学视角的考察。通过对少数民族生态移民社区进行实地调查研究，进而总结少数民族生态移民社会适应的成功经验，挖掘其中存在的特殊社会问题，提出相应解决措施的研究比较少见。这也是本书选题希望能够为这方面的后续研究起到抛砖引玉的作用。

三　研究设计

（一）研究思路

本书将沿着背景分析→专题研究→理论思考的逻辑顺序展开。首先是背景分析。我们用民族学、社会学、历史学等多学科视角，对甘肃东乡族生态移民搬迁前后的自然生态环境、社会历史与文化在纵向和横向的发展做深入的比较和分析，从宏观的视角出发来审视东乡族生态移民的社会适应，为专题分析提供历史参照；其次是展开专题研究。在宏观视角的映照下，有针对性地对东乡族生态移民中存在的社会适应问题，选择具有代表性的东乡族生态移民点为个案，以田野调查为方法，深入移民乡村中，从经济生态适应、社会生活适应、文化生活适应、宗教生活适应（鉴于宗教在东乡族移民中的特殊地位和存在和特殊问题，宗教生活从文化生活中提出来另立成章）、政治生活适应五个方面进行专题性的分析和研究，深描其社会适应过程及移民的地方性知识策略；最后是理论概括，运用民族学和社会学的相关理论，对生态移民及其社会适应的理论进行思考。

（二）研究方法

本书采用实地调查与文献研究相结合、定量和定性研究相结合的方

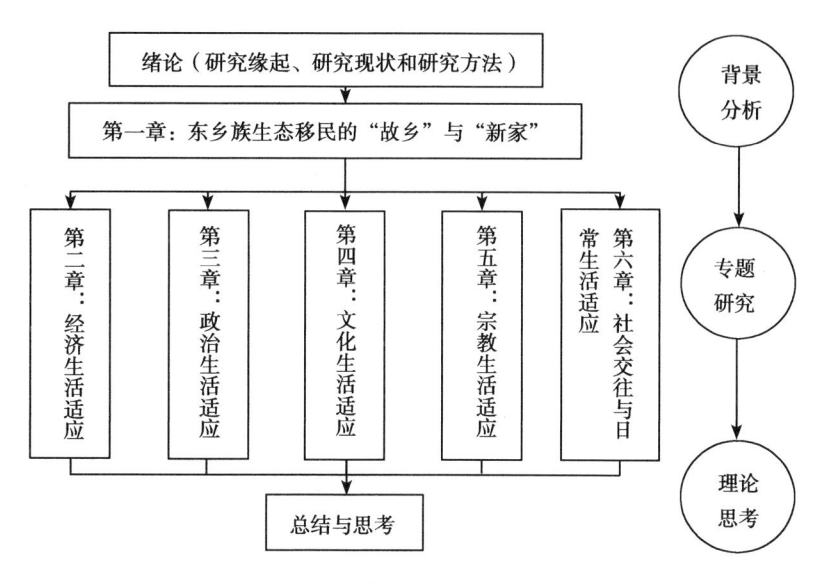

图 0-1 本书的研究思路与框架

法。具体采用文献法、访谈法、问卷法和参与观察法等具体的社会调查方法，分析不同主题下的生态移民社会适应问题，综合起来完整地呈现出甘肃省东乡族生态移民的性质、过程与社会适应状况，并做出可持续发展、少数民族社会文化适应、国家与地方社会关系等重大议题的理论回应。

1. 文献资料搜集法

查阅和搜集近年来国内外关于生态移民和移民的适应性相关的研究成果，了解目前的研究现状，为该论文研究的开展做好准备；收集有关移民工程的政策文件，以及相关各地的史志文献，对甘肃东乡族生态移民搬迁前的社会历史与文化做深入的分析，为专题分析和比较提供参照。

2. 田野调查法

主要采取参与观察、问卷和访谈的形式收集第一手资料。

田野调查是本书采用的最主要方法。本书的田野点主要分布在甘肃省河西地区的玉门市、瓜州县和古浪县。之所以选择这些点，一方面是因为河西地区是东乡族生态移民的主要去向地，另一方面是以上三个点的东乡族生态移民相对集中，问题也相对突出，具有一定的挖根性和典型性。人类学家相信，从一定区域范围内选择若干小型社区进行详细调查，就可以很好地观察和了解社区的文化和社会结构。

田野调查获得的资料主要包括以下几个方面：

（1）访谈

对东乡族生态移民的实地调查中，笔者通过访谈获得了大量的一手资料。多次连续性的深入访谈，从参与发展的角度讲，不仅仅是东乡族生态移民本身从移民过程中获利或者是受害的问题，通过深入访谈还可以了解这些群体的看法和主观看法，这对于移民社会适应的研究也是至关重要的。根据研究的需要，笔者从移民生存与适应两个方面进行了访谈，如以下几个重要问题：

①你来自哪儿？是什么时候，通过什么方式搬迁来的？

②现在生活得怎么样？

③搬迁后与原来的生活有什么区别？

④你现在适应这里的生活了吗？如何适应的？如果不适应，原因是什么？

⑤你的正常的宗教生活是否能正常进行？

⑥你与临近的汉族村民是否有往来？关系如何？

图 0-2　笔者在田野

（2）参与观察资料

对于东乡族生态移民来说，只有通过参与式的观察，我们才能真正体会移民在日常生活中的种种困难和难以言表的哀愁；只有通过深入的观察，我们才能了解移民种种行为背后深刻的社会文化驱动力；只有通过参与观察，我们才能多方位、多角度地转换我们在研究中"主位"和"客位"的角色，从而真正了解移民们在新区建设过程中"地方性知识"的形成过程。

（3）问卷调查

问卷调查在社会学、民族学研究中是一个非常富有效率的方法。问卷调查的定量研究，来了解东乡族生态移民搬迁前后的经济、社会关系网络、日常生活各方面的变化和适应情况，对于整个研究不可或缺。

3. 比较研究

生态移民搬迁前后两地迥然不同的自然环境条件，是影响东乡族生态移民社会适应的重要因素；两种的文化碰撞，是影响移民社会适应的另一重要因素。对两地之间、不同移民点之间各方面的异同进行比较研究，有助于我们了解和发现移民适应的特点和模式。

（三）田野点与样本分布

1. 总体情况

按照总体设计，本书选择了具有代表性的甘肃河西地区东乡族移民聚居区，主要分布在河西地区武威市古浪县、酒泉市玉门市、瓜州县。本书对以上三个市县的三个移民点六个东乡族移民聚居区展开了田野调研。

2. 田野点情况

东乡族是我国一个古老的民族，主要聚居于甘肃河州（临夏）东乡地区。笔者从东乡族自治县移民办了解到，目前东乡族在甘肃境内的生态移民主要分布在玉门小金湾、古浪灌区、引大灌区、疏勒河项目扎花营和疏勒河项目独山子五地，呈现出与回族居住模式"大分散，小聚居"相似的特征，但各地又呈现出环境、社会、文化，以及移民本身数量、来源等不同的特点。本书根据以上各因素，从移民点中选取玉门市小金湾东乡族乡（属"两西"移民，东乡族占全乡总人口的98%）、古浪县直滩东乡族移民村（属景电黄河提灌二期工程移民，占全乡总人口的12.6%）、瓜州县腰站子东乡族乡（属"疏勒河"工程移民，占全乡总人口的35.8%）三个田野点。选择这些田野点的出发点是，从不同移民类型、数量、代表不同迁出地特征和移民政策、处于甘肃省不同人文地理环境的移民聚集地来进行调查，以便做出更全面、客观、系统的研究。

并在以上三个点上，选择6个具有代表性的东乡族移民村为调查对象。

小金湾东乡族乡：1990年经省"两西"建设指挥部批准并负责实施的少数民族移民基地，1998年正式挂牌成立乡人民政府并移交玉门市管理，全乡现辖五个行政村，1359户5285人，行政区域面积22.4平方公

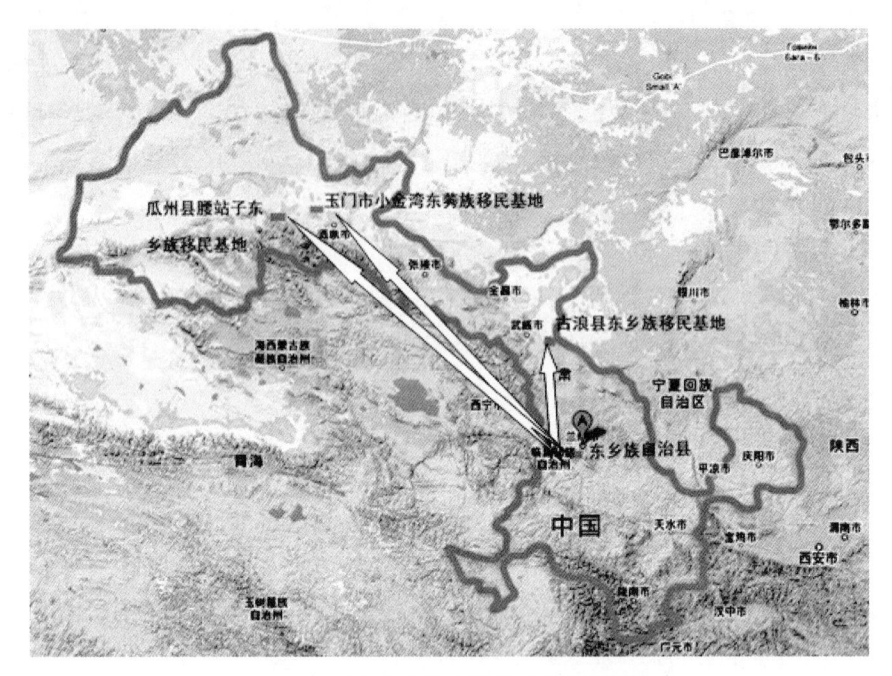

图0-3　甘肃省东乡族生态移民搬迁示意

里，耕地面积21000亩。全乡移民群众均来自临夏州东乡县，除乡机关、民族学校、卫生院有部分汉族工作人员外，移民群众97%以上为东乡族，普遍信仰伊斯兰教，修建清真寺12所。

腰站子东乡族乡：1996年建成的东乡族移民基地，位于瓜州县城东104公里处，地处疏勒河中上游，东邻三道沟镇，西至沙河乡、布隆吉乡，北与河东乡接壤，是典型的"两西"移民与疏勒河移民项目移民整建制安置的移民乡镇。2006年正式挂牌成立乡人民政府并移交瓜州县管理，全乡辖区面积51.37平方公里，耕地面积28851亩。辖六村一场，41个村民小组，累计安置永靖、东乡、积石山、庄浪、通渭、定西待8个干旱县移民群众1742户、8209人。居住着汉、东乡、回、藏等四个民族。其中疏勒河项目移民东乡族群众共有543户3075人，占全乡总人口的38%，占全乡少数民族人口的98%以上，修建清真寺8处。

古浪县直滩乡移民点：景电二期工程规划移民安置点，位于武威市古浪县直滩乡、大靖镇、海子滩镇等乡镇（现当地政府准备建置直滩乡少数民族移民村），地处古浪县东北部，北靠腾格里大沙漠，东邻景泰县，移民点辖五个移民自然村，且各村所处位置较远，与当地汉族群众呈插花状。1990年以来先后。219户1235口原东乡县、广河县东乡族人移居该地，开发土地3600亩，开垦荒地8815亩。建成或正在修建的清真寺5所。

表 0-1　　　　　　　　　调查样本详细情况

调研点		玉门小金湾东乡族乡富源村二组	玉门小金湾东乡族乡龙兴村三组	瓜州县腰站子东乡族乡扎花营村	瓜州县腰站子东乡族乡马家泉村	古浪县直滩乡民族移民村二咀子组	古浪县直滩乡民族移民村西分支组	小计
涉及的总户数（户）		271	285	261	217	81	25	1140
涉及的总人口（人）		1098	1248	1429	1197	380	150	5502
分布的民族		东乡族	东乡族、回族	东乡族、回族	东乡族、回族	东乡族	东乡族、回族	—
东乡族所占比例（%）		100%	97%	98%	98%	100%	84%	—
样本	户数（户）	122	140	135	125	60	20	602
	人口（人）	495	620	708	716	287	120	2946

3. 样本选取说明

研究对象"总体"：甘肃省地域范围内，从临夏地区（根据笔者调查，样本中来自东乡自治县的东乡族占95%，其他来自广河、和政、临潭等县）由政府组织的具有一定规模的永久性东乡族移民。本书研究对象中不包括东乡人20世纪50、60年代迁出的移民。

四　基本概念的界定

（一）生态移民

学者们关于生态移民的定义已在前面做了梳理。通过笔者长期对东乡族生态移民的调查与思考，有以下两个观点：

其一，生态移民是国家制度安排的结果，并不是某个人或某几个人认为自身所处环境恶化而采取移民搬迁；而且生态移民是学术话语下的概念，学术界把生态移民作为研究对象，应该考虑到研究的可操作性方面，也就是要考虑到国家在场的生态移民，即政府政策性生态移民。

其二，生态环境问题从来都不是孤立的。它的成因与后果都与人类的行为与社会组织方式密切联系在一起。笔者认为，生态问题一方面是由于全球性的环境气候原因，更重要的是人为因素，如人口过快增长等，形成了"贫困—人口增长—环境退化"恶性循环的结果。因此，生态移民的目标不仅是解决环境问题，更直观的是解决人口贫困和发展问题。

鉴于以上两个观点，结合学术界相关研究成果，本书认为，生态移民是由政府主导和相关政策扶持下，将生态环境脆弱地区的居民转移出来，以缓解人口对脆弱生态环境的压力，并使他们社会经济文化得到一定的发展。

事实上，在国家关于生态建设的政策法规中，并没对生态移民进行具体的规定，而只是纳入扶贫开发工程。根据笔者对"生态移民"的定义，显然东乡族移民属于该范畴，因此，笔者将以生态移民的视角对其进行分析和研究。

（二）社会适应

这一概念在社会研究中已有很多人使用。陈建文从心理学对社会适应进行了概念界定，认为社会适应（social adaptation）就是个体在与社会环境的交互作用过程中，旨在追求与社会环境达成各维持和谐平衡关系状态的过程，并指出社会适应包括认知适应和人格适应两个基本过程。[①] 白友涛和尤佳等认为，社会适应是指行动者面对已经变化了的社会环境力图调整自身的心理和知识结构，采取一定的行动去适应客观社会环境的过程[②]，它主要包括四个层次：经济生活的适应、社会生活的适应、文化（宗教）生活的适应，以及心理认同的适应。

美国社会学家格斯柴德（G. Goldscheidere, 1983）认为，移民的适应可以界定为移民对变化了的政治、经济和社会环境做出反应的一个过程，而且这是一个贯穿人的一生的过程。也意味着两种不同文化群体接触后，相对适应的过程；适应又呈现出不同的形态，如同化、多元化等形态。

到目前为止，关于社会适应的概念界定还没有形成理论体系，也没有进行概念的操作化，是尚待进一步完善的理论概念。社会适应概念为我们

---

① 陈建文：《人格与社会适应》，安徽教育出版社2009年版，第45页。
② 白友涛等：《熟悉的陌生人——大城市流动穆斯林社会适应研究》，宁夏人民出版社2011年版，第13页。

研究有着自己实质性传统文化（宗教信仰）的少数民族生态移民群体提供了一个研究视角。

毫无疑问，社会适应是一个具有文化内涵的概念。因此，本书的移民社会适应也不仅仅是一俱单向的移民适应新的社会环境的过程，也包含当地社会和居民逐渐适应和调整自己的态度、行为或政策的过程。也就是说，移民社会适应是一个移民与新的社会环境相互适应的过程。但是从移民研究的视角而言，我们可以将移民社会适应界定为移民搬迁后对新的社会环境做出反应和调适，是再社会化过程，它贯穿移民搬迁后的整个生活。就动态而言，主要指移民搬迁后，面对新环境的生产生活方式等进行不断调整与适应的过程；就截面而言，它也呈现出一定的样态或者程度，即适应性。[①]

本书认同白友涛等的有关定义，强调"适应"是一个再社会化的动态过程。同时本书在操作时在白友涛等的研究体系上增加了政治生活适应的层面，这也是比较深层次的适应层面。因此，本书将生态移民社会适应性操作化为经济生活适应、社会生活适应、文化生活适应（由于本书对象群体的特殊性，本书将宗教生态适应单个列章讨论），以及政治生活适应。

生态移民社会适应具有重要地位。对于生态移民来说，寻求在安置地的生存与发展是他们迁移的目的，而能否达到此目的可能离不开移民的适应、融入。移民适应新的社会环境、融入新的社会结构是移民实现其迁移目的的重要条件。移民的适应水平影响着其在迁入地的生存和发展状况以及移民目的的实现程度，由此影响到移民在迁入地是否继续生活下去，即影响到他们是否发生继发性迁移（含返迁）。

[①] 罗遐：《流动与定居——定居农民工城市适应研究》，社会科学文献出版社2011年版，第9页。

第一章　东乡族生态移民的"故乡"与"新家"

东乡族的先民生活于河州东乡地区（今甘肃临夏回族自治州境内洮河以西，大夏河以东和黄河以南山麓地带）已有六七百年的历史了，在这片贫瘠而又具有浓厚乡土气息的热土上，撒下了一代一代东乡人辛勤的汗水，也给他们留下了难以忘怀的历史记忆。在当代社会转型加快发展时期，许多东乡族人毅然决然地离开故土而远去他乡，那么，是什么让他们如此义无反顾？本章运用"推拉理论"及中间障碍因素等理论来分析其中的动因，并描述东乡人移民搬迁的历程。

第一节　东乡族生态移民的"故乡"

人类的生存方式是受其生存环境制约的。在东乡地区，各少数民族长期生活在条件十分艰苦的自然环境中，逐渐形成了一种与其生存环境相适应的特有生存方式。当生存环境发生变化后，生产方式也随之发生变化。但原有的生存方式的改变，是一个十分艰难、漫长和痛苦的过程。"生态移民是否能适应移民搬迁带来的新生产方式，适应新的生存环境的过程有多长，这都取决于生态移民对参与生态移民的民族成员带来多大变化。确切地说，适应的难度与该民族原居地的生产方式、生活方式和文化背景及到迁入地以后其发生变化的程度有密切关系。"[①]

一　地理环境恶劣、自然资源匮乏

对任何一个民族来说，特定的自然空间是其生存的基础。"任何一个民族所处生存环境的所有自然要素在维系本民族的发展延续过程中，都是

---

① 阿布力孜·玉素甫：《新疆生态移民研究》，中国经济出版社2009年版，第73页。

经由该文化进行了系统的组合,这样的自然环境在其文化的作用下对其自然要素进行了不同的组合,这种经由文化组合了的生存环境就是该民族的自然生境。"①

甘肃省东乡族移民原居地东乡县位于甘肃省中部西南面,临夏回族自治州东面,东面与洮河与临洮县毗邻,西面与大夏河与临夏市、临夏县为邻,南面与广河、和政两县接壤,北面与黄河刘家峡水库与永靖县隔水相望,地处青藏高原与黄土高原衔接地带。县境内在地形上呈方圆形,四面环水,中间高凸,全县总面积1510平方公里。境内山大沟深,绵延叠嶂。山脉多以县政府所在地锁南坝为中心伞状分布,有较大的山梁175条,大小山沟3083条,总长约5220公里,沟壑密度为每平方公里298条,主要有大山梁夹6条山沟,这些大梁、大沟又分出无数条支岭、支沟,向四周延伸,逶迤曲折,处处悬崖绝壁。山坡坡度一般在30度以上,有些地方达到70度以上。山坡深度大于宽度,深度一般在30—50米,呈V形。以致当地人民中间流传着"吓死麻雀,滚死蛇"的谚语。民谚曰:隔沟能说话,握手走一天。黄土山地沟壑地貌占到了全县总面积的94%,河谷川地仅占6%。② 由于长年受风沙侵蚀和雨水冲刷,加之人类活动的影响,自治县土壤表层腐殖质积累变少,土质贫瘠,保肥、保水能力差,抗旱性能弱,绝大多数土壤的有机质含量在0.91%以下,总体来说是氮缺磷不足,钾有余,属微碱性,土壤水分含量偏低,干旱严重。所谓"山高和尚头,沟深无水流;无风三尺土,下雨满沟泥"正是东乡黄土、干旱、缺少植被的自然景观的真实写照。东乡县属大陆副热带气候,四季不分明,冬长夏短,春秋相连;冬无严寒,夏无酷暑;无霜期短,年平均气温4.9℃,夏季平均气温只有15℃左右,绝对最高气温为28.8℃,极端最低气温为零下22℃。全县日照丰富;降水稀少,分布不均。③ 东乡县自然灾害严重,据《东乡自治县志》记载,早期有记载的主要是地震,从清代开始有记载的主要有冰雹、干旱、暴雨、涝洪、冻害、瘟疫、山体滑坡、

---

① 罗康隆:《文化适应与文化制衡——基于人类学文化生态的思考》,民族出版社2007年版,第83页。
② 东乡族自治县地方史志编纂委员会:《东乡族自治县志》,甘肃文化出版社1998年版,第61页。
③ 《东乡自治县概况》编写组、《东乡自治县概况》修订本编写组:《东乡自治县概况》,民族出版社2008年版,第1—2页。

虫灾等（见附录Ⅰ）。全县过境水总量289.6亿立方米，由于地势高，水面低，限制了过境水资源的开发利用，造成干旱缺水，植被稀少，土地支离破碎，自然条件极为严酷。

图1-1 东乡老家一隅

从历史上看东乡县的自然灾害状况，正印证了"三年一小灾、五年一大灾、十年一特灾""陇中苦脊甲天下，东乡苦脊甲陇中"之说，也可以看出东乡人之坚忍与勤苦。随着近现代经济建设步伐的加快，人口的过快增长，环境越来越差，一方水土养活不了一方人，"走出去"成了他们的必然选择。

康熙年间河州知州王全臣有一首诗描写当时河州地区人民的情况说："我是河州新使君，停车不忍见鸠群。行来竟日无烟火，到处逢人哭野坟。部落千郊惊旱魃，山川一望尽妖云。"① 这首诗虽不是具体指东乡，但既然整个河州地区都是"行来竟日无烟火，到处逢人哭野坟"的景况，其实东乡县比他所说的情况更悲惨。他还有一首诗，虽未说明是指东乡，但从其内容来看，显然是东乡的情况："西行及乡北，忽如适异国。浮沙被冈陵，顽石遍沟洫。乱石多破碎，崄巇经逼仄。秋风草色黄，历乱疏如植。明明日中天，惨淡光若蚀。俗复杂羌番，衣冠各为则。牛羊共寝处，

---

① 《河州志》卷六《初入河境》。

畜牧代耕织。地脊苦民贫,气寒艰稼穑。况经理胥惰,凋瘵其昌克。"①这首诗对当时东乡地区干旱险恶的地理条件,贫困落后的生活状况,畜牧耕织并重的生产水平,都做出了很形象的描述,对当时情况做了生动描述。

二 生产方式原始,经济发展水平、群众生活水平低

东乡县主要以农业为主,辅之以林、牧、副业等多种经济成分。农业人口占总人口的90%以上,农业在其经济生活中占有相当大的比例。全县总耕地面积36.76万亩,以山旱地为主,由于受自然条件的影响,生产力低下,农业生产以"二牛抬杠"为主。另外,虽然也有从事畜牧业生产、经商者,且数量较多,但效益并不大,主要原因是东乡人大多是在农闲时才从事小本的经商活动,范围主要限于贩羊毛皮,收购旧家具等领域。东乡族1990年从事第二产业的人口比重仅为0.69%,2000年上升为0.87%,仅相当于全国从事第二产业的少数民族平均水平的11%。② 东乡族从事第三产业的人口比重正逐年增加,据统计,1990年甘肃东乡族人口从事第三产业的比重为0.74%,2000年从事第三产业的比重为1.73%。据估计,从事第三产业的人数远远不止这个,其中有相当大的一部分人没有专门从事第三产业,而是在农闲时外出,农忙时回家,是一种兼业性质的第三产业。另有一部分人,从事专门的第三产业,一般集中在饮食、商业、建筑业等方面。③

原始的生计方式,边远的地理位置,严重的自然灾害,使东乡族无力改变落后的经济现状。由表1-1数据可知,东乡县的人均收入在1991—2000年间,均属于全省民族地区最后一名而且差距非常大。

表1-1　　　　　　　　1991—2000年农民人均纯收入（元）

"八五"期间	1991年	1992年	1993年	1994年	1995年	递增率（%）
全省	446	489	551	723	880	90
民族地区	331	396	453	664	715	80

① 《河州志》卷六《初入河境》。
② 马正亮:《甘肃少数民族人口》,甘肃科学技术出版社2004年版,第49页。
③ 张利洁:《东乡族贫困与反贫困问题研究》,民族出版社2007年版,第75页。

续表

"八五"期间	1991年	1992年	1993年	1994年	1995年	递增率（%）
东乡县	234	257	282	389	443	42
"九五"期间	1996年	1997年	1998年	1999年	2000年	递增率（%）
全省	1101	1210	1393	1413	1429	110
民族地区	780	830	989	1014	1110	79
东乡县	605	610	706	777	779	67

资料来源：根据甘肃省民族事务委员会编《民族经济资料汇编》（1991—2000）数据整理。

笔者于2011年暑假在东乡县春台乡某村做了调查。笔者与东乡自治县统战部干部开车花了四个小时才来到这里，一路上几乎所有的山坡都已从沟底垦殖到了山顶，这便是"山有多高，田有多高"吧。这里没有矿藏，没有森林，没有河流，更没有繁华的街市，有的只是黄土。当进入村落时，首先映入眼帘的是低矮的土坯房和家家户户都有的窑洞，还有没有大门的用黄土垒起来的低矮的院墙。到处乱跑的穿着破旧衣服的孩童，屋子里几乎没有任何家具，尽管被褥叠得整整齐齐，依然遮掩不了原本的破旧。他们因贫困而节衣缩食，以最低的生活成本换取了在这里活下来的可能性。

三 基础设施薄弱，社会发育水平、文化素质偏低

东乡族居住地属高山，山高坡陡，开门见山，出门爬山，道路大都在山顶上，且纵坡大、半径小、边坡高，许多农村道路无路面铺装，抗洪抗灾能力低，遇上洪灾造成路基塌方、路面毁坏而使交通中断，或是晴通雨阻，基础设施非常薄弱。离集市、学校远，因此好多东乡人过着自给而不自足的生活，许多孩子也无法接受国民教育，社会发育水平、文化素质偏低

东乡族的教育发展一直比较落后，特别是成人教育方面。根据"四普""五普"统计资料显示，均为全国倒数第一。1990年，全国成人文盲率为22.21%，而东乡族达82.63%；2000年人口普查时，全国成人文盲率为9.08%，而东乡族依然居全国之首，为62.88%；2010年人口普查时，全国6岁以上人口中，"未上过学"的人口占5%，而东乡族为17.65%，在上过学的人口中，小学人口占78.72%，如图1-2所示。

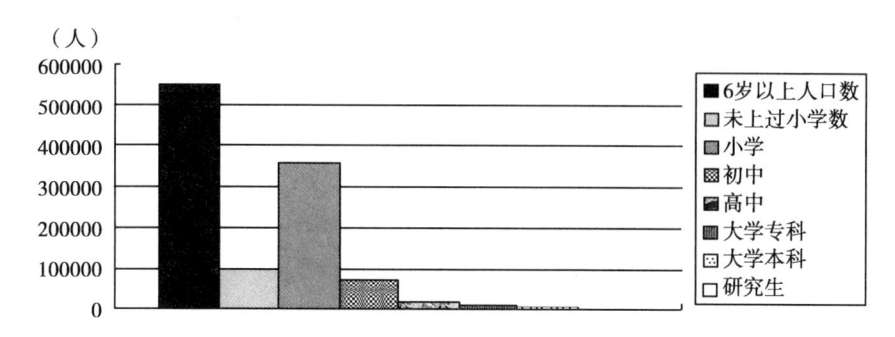

图 1-2　东乡族人口受教育状况

资料来源：2010 年全国人口普查数据。

可见，尽管在过去几十年里，东乡族的教育发展有了一定的进步，但仍然发展速度缓慢，高文盲率严重制约着东乡人发展能力的提升。中小学教育相比之下，较为乐观，但辍学现象十分普遍。在调查中一位老师这样说：

> 我们这里的孩子上学非常困难，学校离家远，而且路不好走。遇上雨天和雪天，大人都不放心，一般孩子上学的年龄都超大，有些人就不让孩子上学。上学也很辛苦，早上大人天不亮就喊起来，背上一天的干粮，中午也回不来吃饭。大都小学毕业后，辍学在家，家长也觉得能认得几个字就行了，关键是没法念书了。（LYX，东乡族，50岁，教师，LYX 家）

通过以上表述，我们可以看到，东乡自治县的主要特征为地处边远山区、基础设施落后、交通不便、信息闭塞；自然资源贫乏、生态环境恶劣；经济水平低，劳动力就业不充分；社会服务欠发达、文教卫生事业落后；群众的思想观念较为保守，正所谓的"一苦二穷三差四缺五难"[①]。这些特征限制了当地经济社会的发展，也成为东乡族群众脱贫致富的最大

---

① "一苦二穷三差四缺五难"：一苦即环境苦；二穷即县穷、民穷；三差即自然条件差、基础设施差、文化素质差；四缺即技能缺、资源缺、资金缺、土地缺；五难即吃粮难、吃水难、就医难、上学难、住房难。

瓶颈。针对这种现象，我们用"PPE 怪圈"（见图 1-3）① 理论来解释东乡族"故乡"贫困落后的现状。东乡族人口所处环境恶劣的自然资源环境，致使人口贫困；人口的贫困是产生高生育率的主要成因，致使东乡族人口大幅度增长；自然环境在过量的人口承载力作用下，表现出不断退化和恶化。这样在一定历史时期表现为"贫困—人口增长—环境退化"的恶性循环。

四　浓厚的伊斯兰文化

东乡族世居于被称为"小麦加"的河州（今临夏市）境内"东乡"②。东乡自治县境内在地形上呈方圆形，四面环水（洮河、大夏河、黄河刘家峡水库），中间高凸（以锁南镇为中心，周围有六条较大的山梁和大沟依次相间，向四周辐射状分布延伸），全县总面积 1510 平方公里。特殊的地理环境使之长期与外界相对隔绝，也使宗教自身在这里得到了发展。

东乡族是一个信仰伊斯兰教的民族，它的形成、发展都与伊斯兰教有着密切的联系。东乡自治县境内现有千座清真寺，拱北过百。中国伊斯兰教中库布忍耶大湾头门宦、北庄门宦、胡门门宦、高山门宦和伊赫瓦尼派都开创并始传于此。③ 随着社会的发展，东乡族始终存在浓厚的伊斯兰文化特色。如此，"东乡"已不是一个纯粹的自然地理概念，更是一种经受了文化塑造、迥异他者并诱人眼目的文化现象，是一个抵抗物欲侵蚀纯洁心灵的精神家园，这一切源自东乡族穆斯林持守千年本色不变的伊斯兰教信仰，是东乡族穆斯林心中永恒坚信的"伊玛尼"（信仰）。伊斯兰教渗透到了东乡族政治、经济、文化、心理、价值取向等各个方面，体现在了东乡族穆斯林的一言一行中。

---

① 黄承伟：《中国农村扶贫自愿移民搬迁的理论与实践》，中国财政经济出版社 2004 年版，第 67 页。

② 清康熙时，因河州在行政建制上推行"会社"制，划东南西北四乡，其地在河州之东故称"东乡"。

③ 杨德亮：《东乡宗教与宗族的互动与裂变——记忆与话语中的哈木则》，《北方民族大学学报》（哲学社会科学版）2012 年第 4 期。

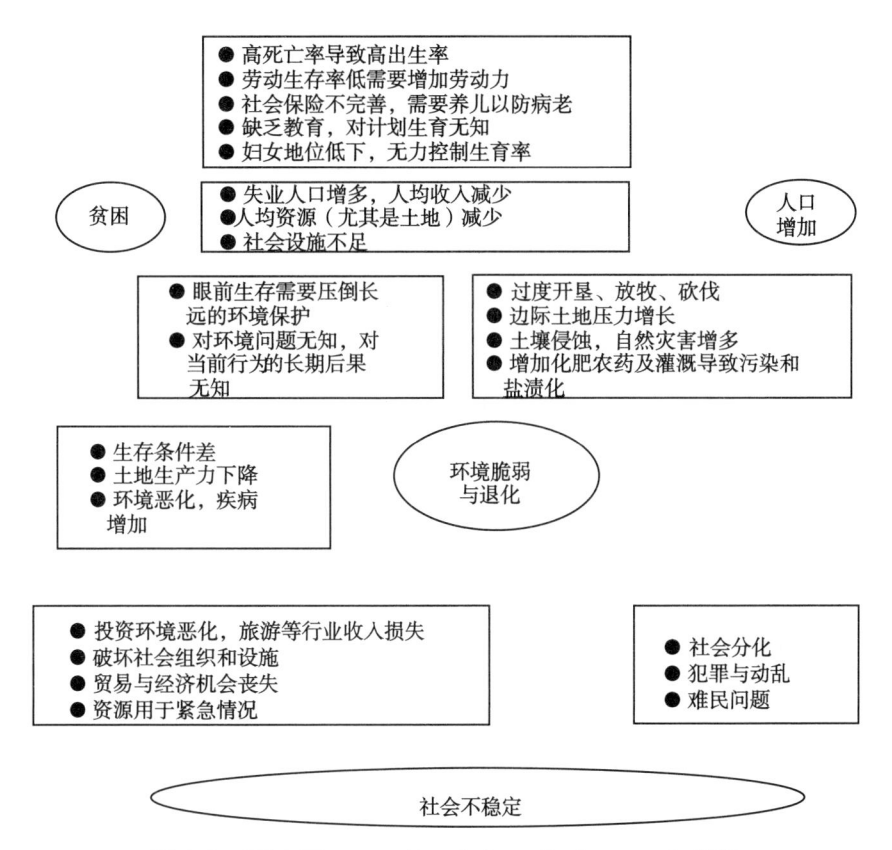

第一章 东乡族生态移民的"故乡"与"新家"

```
                ● 高死亡率导致高出生率
                ● 劳动生存率低需要增加劳动力
                ● 社会保险不完善，需要养儿以防病老
                ● 缺乏教育，对计划生育无知
                ● 妇女地位低下，无力控制生育率

     ╭────╮   ● 失业人口增多，人均收入减少      ╭────╮
     │贫困│   ● 人均资源（尤其是土地）减少      │人口│
     ╰────╯   ● 社会设施不足                    │增加│
                                                ╰────╯

        ● 眼前生存需要压倒长    ● 过度开垦、放牧、砍伐
          远的环境保护          ● 边际土地压力增长
        ● 对环境问题无知，对    ● 土壤侵蚀，自然灾害增多
          当前行为的长期后果    ● 增加化肥农药及灌溉导致污染和
          无知                    盐渍化

        ● 生存条件差
        ● 土地生产力下降        ╭──────╮
        ● 环境恶化，疾病        │环境脆弱│
          增加                  │与退化 │
                                ╰──────╯

        ● 投资环境恶化，旅游等行业收入损失    ● 社会分化
        ● 破坏社会组织和设施                  ● 犯罪与动乱
        ● 贸易与经济机会丧失                  ● 难民问题
        ● 资源用于紧急情况

                        ╭────────────╮
                        │ 社会不稳定 │
                        ╰────────────╯
```

图 1-3　PPE（Poverty—Population—Environment）怪圈

五　历史上的东乡族移民

迁徙是原始民族躲避灾难与侵害，寻找最佳栖息地的唯一途径。"树挪死，人挪活"等浅显的话语却是迁徙运动留给我们祖先的智慧结晶，迁徙曾经是古代先民求得进步与发展的上佳选择。天大地大，海阔天空，何愁找不到容身之处？于是，从"中国"到"四夷（裔）"，自西徂东，从北到南，中华民族的发展中正是在先民们的匆匆脚步中展开了。[①] 移民是人类社会永恒的旋律，它与人类文明的进步相随相伴，移民不仅促进了人类在地域上的合理分布，也加快了不同族群文化的相互融合与经济的共

---

① 葛剑雄：《民族大迁徙》，江苏人民出版社 2011 年版，第 2—3 页。

同发展。从这种意义上说，人类发展史也是一部移民史。①

东乡族先民也不例外，在"行行重行行"中度过了漫长的历史岁月。他们的最早先民"撒尔塔人"就是从他地迁徙而来，逐渐形成东乡族。由于特殊的自然环境和气候等条件，东乡族居住地东乡县是一个多灾多难之地，因此，很多东乡族选择了移民之路，不断地向外迁徙，如今，新疆伊犁、宁夏海原、甘肃的河西走廊一带都有大量的东乡族人。

据《东乡自治县志》记载，清代乾隆、嘉庆、同治、光绪年间到民国时期，由于灾荒、避难等原因，部分东乡族人从今东乡族自治县的锁南、汪集、达板、考勒、龙泉、东塬等地区，迁居今积石山县胡林家、吹马滩，在关家川、寨子沟、郭干、中咀岭、居集、乩藏、铺川和小关乡等地区。

另据《东乡自治县志》记载，胡门门宦创始人马伏海，原为东乡红泥滩人，清乾隆年间为传教徙居广河，现在其后裔在广河已超过 200 户以上；清同治十一年（1872），河州镇将东乡汪集 600 余户，强行迁往南乡（今和政县）撒拉崖、何家崖一带②；据《东乡族简史》大事记记载，清光绪十八年（1892），"大旱灾，田禾晒死，饿殍载道，东乡族部分人向西海固一带逃荒"，二十二年（1896），"大旱，田禾全被晒死，贫苦农民以树皮野草充饥，部分人向渭源、官堡一带逃荒"。修纂于光绪三十三年（1907）的《光绪海城县志》中记载："近来河州游民潜来占荒，每至滋事""加以河回纷至沓来，不安本分。"这些纷至沓来的"河回"，其中很多就是东乡族人。据《海原县志》记，民国九年（1920）海原县发生了震惊世界的 8 级大地震，当地土著回、汉和东乡族人口损失较多，由此，此地也出现大片空荒闲地。一些甘肃东乡族人为躲避兵荒，投靠亲友，从甘肃的东乡、临夏、河政、广河、康乐等地陆续迁入海原县，既有举家迁徙，也有举族迁徙而来的。民国二十一年（1932），东乡人向宁定回庄迁徙 403 户、2193 人，或举家迁移而来，或举族迁移而至。

20 世纪 50 年代，东乡族群众主要因为生活困难，再加之不同时期造

---

① 张宝欣：《开发性移民理论与实践》，中国三峡出版社 1999 年版。
② 东乡族自治县地方史志编纂委员会：《东乡族自治县》，甘肃文化出版社 1996 年版，第 98 页。

成的冤、假错案和自然灾荒，自发地向新疆迁徙，主要汇集在伊犁地区。据第五次人口普查，新疆东乡族人口为 55841 人，人口总数在新疆各民族中位居第七位。[①]

中华人民共和国成立以来，根据救灾和经济建设的需要，国家对生活在这一区域的东乡族也有政策的迁移和安置，如 1954 年，东乡县干旱地方移民 71 户 376 口，安置在和政卡给滩；1967 年，刘家峡水库建成，地处淹没区的河滩、唐汪、董岭、红崖、河东五个乡 17 个村、73 个社的群众分别进行了移民、安置，到 1985 年，共安置 2781 户、11199 人，主要安置在本县的河滩、唐汪、东塬、考勒 4 个乡。

从以上资料可以看出，历史上东乡族先民迁徙的原因主要有两类：一类是"天灾"，因灾害导致人民生计困难，逃荒外出；另一类是"人祸"，由于战争战乱，东乡人被迫外迁。总之，历史上东乡族移民可以说是灾害性移民。

第二节 东乡族生态移民的"新家"

东乡族移民新区作为移民的"新家"，不论在生态环境，还是人文化环境方面，都远远优越于他们的"故乡"。这些优越的先决条件，决定了东乡族在这些移民新区定居、生存和发展。在改变他们自身的同时，又带来了当地经济社会的全面发展。

一 "新家"的资源

东乡族生态移民主要分布于酒泉瓜州、玉门、武威古浪、兰州永登等地，本书主要选取瓜州、玉门、古浪三个移民点为田野调查点和研究样本，这些田野点均处在甘肃河西民族走廊，所以这里重点介绍河西走廊的自然社会环境。

1. 文化资源

河西走廊（如图 1-4 所示）位于甘肃省西部，地处西北内陆干旱区，在甘肃、西北及至全国具有重要地位。它是联系中原地区与新疆、青海、

[①] 陈文祥：《分化、调适与整合——新疆多民族杂居区东乡族移民文化变迁研究》，民族出版社 2011 年版，第 5 页。

西藏的通道，是古丝绸之路的枢纽和必经之地，也是当今亚欧大陆桥的主动脉通过地段；是古老的华夏文明与两河流域文明、古印度文明、地中海文明的汇流之区。① 其"河西四郡"等历史文化名城串联着丰富的历史遗存（尤以敦煌莫高窟为典型代表），如举世闻名的莫高窟、嘉峪关、张掖大佛寺、武威天梯山石窟、安西万佛峡等省级以上重点保护名胜古迹数十处，具有很大的文化价值；它的文化价值，吸引了省内外大量游客的文化旅游，并带动当地旅游业发展。

图 1-4 河西走廊

2. 农业资源

河西走廊自南而北，依次出现南山北麓坡积带、洪积带、洪积冲积带、冲积带和北山南麓坡积带，有石羊河、疏勒河、黑河三大流域，沿河冲积平原形成武威、张掖、酒泉等大片绿洲。耕地主要分布在这些绿洲平原上。这些地区土质较细，组成物质以亚砂土、亚黏土为主，适应耕种，也是开耕的主要区域，在长期耕作灌溉条件下形成厚达1米、有机质含量高、土壤肥力高的土层，为发展农业提供了优越的条件。相对于东乡自治县而言，河西地区具有显明的农业劳作优势：地广人稀，有广阔的土地资源，且地势平坦，水资源丰富，发展农、林、牧业的条件非常优越，农产品商品率高。

---

① 李并成：《敦煌学教程》，商务印书馆2007年版，第7—8页。

3. 商业资源

由于优越的自然环境条件，河西走廊成为甘肃省的一个农业主产区。首先，这里出产大量特色优质农作物，包括大量的商品粮，如小麦、马铃薯、谷类、油料作物胡麻等；经济作物，如棉花、甜菜、油料、啤酒大麦；蔬菜瓜果，如西瓜、籽瓜、白兰瓜和枣、梨、苹果等农业产品。河西是甘肃省最重要的商业性农业生产区，也是全国商品性农产品供给基地之一。其次，河西走廊是一个交通要道，历来商贾云集，加快了当地商品的流通速度，进而推动了当地商业的繁荣和发展。最后，河西走廊一带又是一个多种经济文化类型交汇之地，尤其传统的畜牧业和农业之间互补，促进了两大经济的互动与交流，加上近年来工业的发展，不断丰富了当地商业资源，为当地的经济发展奠定了坚实基础。

4. 矿产资源

河西走廊不仅是一个文化"富矿"走廊，它同时还拥有我国最主要的镍钴金属生产基地（金昌）、西北最大的钢铁工业基地（酒钢）、玉门石油以及潜力巨大的风能资源，在西部能源矿产开发加工和区域经济发展中具有重要的地域分工职能。目前河西地区工业反哺农业、城市带动农村的条件已成熟。同时，河西地区基础设施建设良好，交通相对发达，为移民的生产生活提供了便利的条件。

总之，东乡族"新家"所在地区，充足的水资源，优越的农、林、牧业，丰富的矿产资源等条件，为发展食品加工业、轻纺工业提供充裕的原料，工业发展迅速，剩余劳动力就业渠道多，工业反哺农业优势明显；加上基础设施良好，交通发达，河西地处西北咽喉，古丝绸之路的要道，在历史上形成了一条影响深远的经济走廊、文化走廊、民族走廊，对整个西北地区具有极大的辐射力和吸引力。

根据河西地区独特的地理优势和资源丰富等特点，从 20 世纪末开始，甘肃省各级政府积极调整产业结构，加快资源开发，将资源优势转变成商品优势和经济优势，以城镇集体企业和乡镇企业建设成致富的突破口，第一、二、三产业综合全面发展，努力将河西地区建设成为甘肃省商品生产基地和经济繁荣区。但是，要完全实现这一宏伟目标，光靠河西现有劳动力还远远不够，需要引进大批劳动力和建设人才。为此，甘肃省积极出台移民政策与规划，从中南部贫困山区向河西地区移民，希望通过移民发展河西经济、带动中南部山区贫困群众脱贫致富和改善

图 1-5　平坦的东乡族移民新区马路

生态环境。

二　"新家"的人文社会环境

1. 多民族汇聚之地

河西地区历史上是民族交流融合不断、民族参与众多的一个特异地区。除了汉武帝以后陆续从内地迁入的汉族外，塞种、月氏、乌孙、氐羌、匈奴、吐谷浑、鲜卑、突厥、吐蕃、回鹘、党项、蒙古族及后来的回族、满族、藏族等，都曾在河西扮演过重要角色。至今还有40多个少数民族在这里杂居共处。正如费孝通先生所说："西北地区还有一条走廊，从甘肃沿'丝绸之路'到新疆。在这条走廊里，分布着土族、撒拉族、东乡族、保安族、裕固族等等，他们是夹在汉族、藏族、蒙古族、回族中间。有的信喇嘛教，有的信伊斯兰教，有的讲藏语、有的讲蒙古语、有的讲突厥语，也是很复杂的，不容易处理。"①

2. 多元文化融合之地

历史上，不同族群、民族之间的文化交流与融合是一种社会常态，特别是民族交错居住分布地区。河西走廊自古以来就是多民族多文化分

---

① 李绍明：《费孝通论藏彝走廊》，《西藏民族学院学报》2006年第1期。

图1-6　东乡族移民社区

布地区，也是我国古代与西方世界交往的重要通道，独特的历史人文区位使河西走廊成为不同质文化发生代际演替的典型地区，时至今日民族文化的交流与整合依然在该地域范围之内持续发生。[①] 可以说，河西走廊是中外文化交流中最庞杂、最集中又最开放的一条走廊。根据切排教授的研究，"世界四大古文化在河西走廊的文化盆地中向心聚合，形成了由波斯文化、阿拉伯文化、中国中原汉文化和其他文化因子融合而成的伊斯兰文化圈；由中国中原文化、印度佛教文化、雪域高原的本教文化和其他文化因子融合而成的青藏藏文化圈；由中国中原文化汇合西域其他文化因子融合而成的儒道释文化圈；还有草原游牧文化和藏传佛教相结合并融合其他文化因子的西夏文化圈"[②]。河西走廊文化从不同的分类方法看，多重文化并存。从经济方面来看，有游牧经济文化、农业

[①] 张力仁：《历史时期河西走廊多民族文化的交流与整合》，《中国历史地理论丛》2006年第3期。

[②] 切排：《河西走廊多民族和平杂居与发展态势研究》，民族出版社2009年版，第15页。

经济文化、工业经济文化和商业经济文化；从民族方面来看，有汉文化、回族文化、藏文化、蒙古文化等多重民族文化；从宗教方面来看，有伊斯兰文化、藏传佛教文化、基督教文化等。因此，河西走廊不仅是一个文化传播必经之地，而且也是一个文化融合的多民族地区。如今在各民族群众的共同努力下，建构了一个民族文化特色鲜明的多民族共居、多元文化融合的地区，也形塑了一个开放、包容、和谐的民族地区，为生态移民创造了良好的社会人文环境。

三 "新家"的行政划分

在中国传统的城乡格局中，"城—镇—村"是其基本的特征。这一格局包含两重意义，其一是表明行政归属的层级关系，由村、乡、镇到城依次递增；其二是表明城市化程度的基本秩序，是城市到镇、乡、村依次递增。[1] 由于东乡族生态移民属"农迁农"移民模式，加之移民人口数量相对于原有居民较小，所以移民新区的行政划分仍然以"乡—村"为标准。下面是几个田野点的行政划分情况。

小金湾东乡族移民基地于1998年移交玉门市管理，设小金湾东乡族乡，全乡为纯东乡族移民，下设龙泉村、富源村、金柳村、马家峪村、东兴村五个行政村。

扎花营东乡族移民基地于2006年移交瓜州县管理，设腰站子东乡族乡，有扎花营村和马家泉村两个行政村。

古浪县直滩乡东乡族移民基地在笔者2012年年底调查时，正在筹办移交工作，准备成立直滩乡少数民族移民村。

在当前我国现代化建设进程中，城市是发展的中心，存在着"核心—边缘"的梯度发展模式。中心的作用随着城市的大小递减，形成不同的辐射和管理层级。乡是这个格局的边缘，村庄作为主体的能力作用虽然存在，但主要是接受辐射和作用的受体。由于村庄的落后和弱小，村庄一端对这种"中心—边缘"关系的影响是极其微弱的。东乡族生态移民新村亦是如此。

---

[1] 折晓叶、陈婴婴：《社会的实践："超级村庄"的发展历程》，浙江人民出版社2000年版，第356页。

第三节 国家"话语"下的东乡族生态移民

生态问题不是一个现代问题，历史上本就存在，因生态环境恶化而无法在原居地自给自足的移民史实也比较多见。生态问题显然也不是独立的，它的成因与后果也不无与人类的行为与社会组织方式密切相关。但这一问题直到 20 世纪后半叶才真正进入政府和学界的视野。

一 东乡族生态移民的背景

生态问题之所以在这一时期引起人们的关注，是因为它已经严重制约和影响到人类的发展。我国西部地区自 20 世纪 80 年代起，普遍出现了严重的生态问题，如草原退化、空气污染、土地盐碱化、沙尘暴大、干旱少雨等，为了解决这一地区的生态问题，以及因此而产生的这一地区的人口贫困与发展问题，政府开始了宏大的开发性移民工程。初期是在西部地区由地方政府主导组织实施的开发性移民行为，到 2000 年前后，中央及地方政府出台了大量生态环境建设的相关政策，生态移民便成为政府主导下的重要移民形式。

实际上，在国家关于生态建设的政策法规中，并未能对生态移民进行具体的规定，而只是纳入扶贫开发工程。从新闻媒体对相关负责人的下述访谈中，我们可以看出一些有关生态移民政策性的思路：

> 在全国的生态治理工程启动以后，2001 年春天我调到了国务院西部开发办，主管西部生态环境建设。为了了解生态治理工程进展的情况，我和李子彬副主任带队到各地进行调查。经过数次的调查研究后发现，有些地方生态环境很脆弱，却聚居着大量的人群，严重地破坏了当地的生态环境。比如西南有些陡坡山区，基本上没有生存条件，但两个三四十度的陡坡上却住满了人。他们在这里开垦农地，造成了严重的水土流失，但根本不打粮，所以居民也很穷。再比如位于京津风沙源的浑善达克沙地，那里还有个别的村落，村落里的人靠放牧为生，但那里草很少，树很少，多少亩地也养不了一只羊，生态恶化程度很严重。调研结果导致我们不得不思考一个问题——是不是可以将沙源地的居民迁出去，这样既可以使当地居民脱贫，又可以保护

生态环境。①

甘肃地处西北干旱区、青藏高原区和东部季风区三大自然区的交汇处，生态过渡带的独特地理区位，使甘肃的自然生态环境极其脆弱，水土流失严重，土地荒漠化日益扩展，植被、草场退化严重，特别是人口不断增长，使人水、人地矛盾日益突出，生态问题非常突出，同时也是人口贫困问题较为突出的地区。1983年，国务院为了从根本上解决"陇中苦瘠甲天下"的贫困问题，设立"三西"农业专项资金，甘肃省河西走廊地区和以定西为代表的中部20个干旱、半干旱县（区），被列入该专项资金扶持范围。甘肃省委、省政府根据"三西"农业建设目标和要求，提出"抓水—移民—扶贫"的农业建设方针，帮助"一方水土养活不了一方人"的贫困群众，走出山区，异地开发移民，解决温饱问题。

甘肃省依据相关政策，制定了"两西"移民工程，重点是中、南部干旱贫困地区向引黄灌区和河西地区移民。到20世纪90年代，甘肃省及时启动了疏勒河农业灌溉暨移民安置综合开发项目，利用世界银行贷款建设项目，实施集水利灌溉、移民安置、生态保护、农经开发等为一体的大型开发性项目，其中移民安置工程集中解决甘肃中、南部干旱地区贫困人口向疏勒河流域移民搬迁的问题。

东乡族贫困人口正是在这样的背景下，实施了大规模的生态移民工程。1989年10月，"东乡县移民办"成立，依据"有水走水路，无水走旱路，水旱路都不通另找出路"的工作思路，围绕"移得出、留得住、挖穷根、走富路"的工作主题，有计划、有组织地实施向外移民工作，采取了分散安置和集中安置相结合的办法，使东乡县移民工作从无到有，由小到大，走出了一条符合东乡实际的移民工作路子。先后建立了小金湾、古浪灌区、引大灌区、扎花、独山子5个移民基地，并以河西走廊为重点，在安西县（瓜州县）淮南乡九南九队、金塔县养井子湾、嘉峪关市新城关卜农场、酒泉市罗马镇黄良冬农场、张掖市明水河设立5个自发性移民点。

笔者在东乡自治县县志办了解到，到2005年年底，东乡县累计向外移

---

① 记者刘薇对国务院西部开发办副主任王志宝的专访：《防沙尘暴肆虐北京，京津地区将"生态移民"50万》，《京华时报》2005年3月11日。

民 8739 户，4.08 万人，开荒及田间配套 11.39 万亩。同时建成学校、医院、村委会等较为完善的社区服务机构，移民基本的生产生活得到保障。

东乡县的移民工程是在水路旱路都走不通的情况下国家采取的一种扶贫措施。自国家实施扶贫开发战略以来，累计建成小金湾、古浪、疏勒河、引大灌区 4 个移民基地，建成安西（瓜州）县腰站子、临泽县新华牛场等 19 个移民点，累计完成扶贫移民 7400 户、3.5 万人。开荒及田间配套 8.86 万亩，并建成学校、医院、村委会等完备的社区服务设施。

二 东乡族生态移民安置的指导思想

生态移民的根本目标是解决生态环境问题与人口发展问题。由于移民安置的指导思想必须为发展目标服务，因而生态移民的安置指导思想必然会以生态恢复与移民生存为原则。

甘肃省东乡族生态移民安置的指导思想是：坚持开发性移民方针，跟项目挂钩，筹措、利用移民投资，由政府组织，有计划、因地制宜地进行开发性移民；通过各种渠道，广开移民生产就业门路，建立稳定的移民自身"造血"机能，使移民在基本解决温饱问题的前提下建设移民新区，发展经济；达到"搬得出，安得往，能致富"的要求，安居乐业。同时，将移民安置与资源开发、安置区建设、环境保护与当地经济发展有机结合起来，努力使移民安置后其生产、生活达到或超过原有水平，而且能够可持续发展，达到长治久安。

东乡县委、县政府紧紧抓住"两西"建设机遇，根据中共甘肃省委、省人民政府确定的"三年停止破坏，五年解决温饱，两年巩固提高"的十年规划和"有水路走水路，无水路走旱路，水路旱路都走不通另找出路"的建设方针，从东乡实际出发，确定"强化基础、狠抓基地、开发劳务、控制人口、振兴教育、发展科技"的基本路子。目前，开发式生态移民工程已取得明显效果，基本实现了"一年搬迁，二年定居，三年解决温饱，四到五年稳定脱贫"的预定目标。

三 东乡族生态移民的建设原则

《甘肃省易地扶贫搬迁试点工程管理办法》明确规定，易地扶贫搬迁试点工程遵循"政府引导、群众自愿、政策协调、讲求实效"原则，严格按国家基本建设程序进行申报、审批、建设与管理。

生态移民工程是国家规划实施的一项系统性工程，生态移民工程的成败，关系到生态环境、人口发展、社会稳定等。不仅考虑到移民群众自身的利益，还要考虑到当地群众的利益。包智明、任国英认为："各地的'生态移民'虽然内容、形式各异，但却遵循了共同的政策逻辑。即：将生态退化地区的人口迁出，以减少当地生态承载量，解决当地的生态问题。在政府的扶持下，将移民安置在符合城镇化要求的移民区，改变传统的放牧方式，或从事第二、三产业，尽快脱贫致富，从而解决当地的'发展'问题。这就是所谓的'迁出区绿起来，迁入地富起来'。"[①]

甘肃省在东乡族生态移民安置的实际操作过程中，采取了以下几个原则：移民安置遵循开发性移民方针，以大农业安置为主的原则；新移民村的选址上，遵循"三靠近、两方便"的原则，即靠近集镇、靠近交通沿线、靠近生产用地，方便孩子就学、方便就医；新选的移民安置点一定要实行统一规划原则；移民安置要以集中安置为主、分散为辅的原则；移民建房要坚持自建为主、统建为辅、群众参与的原则；移民安置所有规划项目，必须遵循考虑对环境的影响因素，重视环境保护建设的原则；坚持充分尊重少数民族习俗的原则，在房屋建设、市场规划等方面要遵循少数民族文化习俗；坚持不影响原居地居民群众生产、生活的原则。

四　东乡族生态移民的安置方式及相关政策

1. 安置方式

甘肃在实施东乡族生态移民安置的过程中，针对东乡地区社会经济发展水平低、商品经济相对落后、人口密度不大、以农业生产为主的特点以及东乡群众特殊的文化传统和河西可利用的资源条件，积极探索并采取因地制宜的方式妥善安置移民。主要采取政府主导下的跨区域自愿性移民搬迁模式。

（1）以政府主导为主的跨区域移民。迁出地政府在整个迁移过程中，积极组织协调引导，与建设项目挂钩，从选点、移民基地建设、迁移对象的确定，到搬迁、生产管理与技能培训都起着主导作用，具有计划性、整体性，也有利于今后移民管理生产的顺利进行。

（2）以土为本，以农为主的大农业移民。"民以食为天，粮以土为本"，东乡群众在原居住地以农业为主，土地是人们赖以生存的最主要资

---

①　包智明、任国英：《内蒙古生态移民研究》，中央民族大学出版社2011年版，第4页。

源。通过调剂土地、开发荒地，创造灌溉条件、改善土地质量等手段，为移民提供集中连片的土地，保证每个移民拥有一份能够满足生存和发展的有效耕地。

（3）以财政投入为主体扶持移民。依托"两西"建设项目、疏勒河水利建设项目等项目，主要用于解决搬迁群众基本生产条件及必要的生活设施，包括：搬迁人口的住宅和必要的生活设施建设、农田建设、小型农田水利工程及人畜饮水工程建设、交通道路、农电线路建设、教育、卫生、基层政权建设等。这些财政投资建设，解决了移民搬迁的后顾之忧，降低了移民搬迁风险，保证了移民的基本生产生活条件。

（4）以"搬得出、稳得住、能致富"为目标的移民。生态移民的目的不仅是改善脆弱的生态环境，更主要的是要改善移民的生产、生活条件，"搬得出、稳得住、能发展"是其根本目标。

（5）以集中安置为主的移民。东乡族普遍信仰伊斯兰教，在生活中有许多有别于其他民族的传统和习俗，以集中的方式安置，采取建立村乡、村移民点，大分散，小集中，便于移民群体的生产生活。

这种模式在东乡族生态移民安置过程中产生了良好的效果，但也有它的局限性，如交接手续烦琐，建设管理费用太高，政府在信息传送和生产引导上存在严重的滞后性，容易给移民群众造成依赖心理等。另外，在移民后期，有很大一部分移民属投亲靠友，自选分散安置。

2. 相关政策

经济是移民社会发展的基础，移民既是社会经济发展的产物，又是社会经济发展的动力。而对于我国少数民族这一特殊的群体来说，移民将产生或诱发原有社会结构解体和经济基础瓦解的现象。那么，移入地的制度政策安排，以及对移入地的社会适应程度，都会影响到移民新区经济的发展和社会的稳定。所以，移民经济是移民过程必须考虑的首要因素，尤其在政策制定方面，都必然关照到移民的经济发展问题。

（1）国家相关政策

大体看来，我国移民安置的基本政策都与移民的经济收入联系紧密，主要包括：①节约建设用地，切实保护耕地；②工程建设要依法用地；③工程建设用地要兼顾国家、集体和移民三者利益；④移民安置实行国家补偿与移民自力更生相结合；⑤水库移民安置以农业安置为主；⑥国家提倡和支持开发性移民，采取前期补偿、补助与后期生产扶持相结合的办法；⑦妥善做好移民生产生活安置，做到不降低移民正常实际经济收入水平，并逐步有所改善。①

（2）甘肃省相关规定及优惠政策

为使移民工作顺利进行，取得预期效果，甘肃省先后制定了一系列办法、条例，如《甘肃省两西地区移民安置工作试行办法》《甘肃省易地扶贫搬迁试点工程管理办法》《中国甘肃省疏勒河流域农业灌溉和移民安置综合开发规划要点》《中部地区就地移民补助发放规定》《分散移民安置补助发放具体规定》以及《省外劳务移民安置补助经费使用管理办法》《甘肃省易地扶贫搬迁试点工程竣工验收办法（试行）》等移民安置及经费管理使用规定，使移民工作的动作有章可循。各级政府积极响应，做出移民规划与出台优惠政策。另外，甘肃省制定了以下具体优惠政策：

一是国家对移民搬迁和重建家园给予适当补助。二是对移民给倾斜政策。如新开发的农业用地，从有收入的第一年起，免征3—5年农业税和农林特产税。对移民生产所需资金优先贷款支持，生活困难优先救济照顾。三是要搞好移民区的公益设施建设，解决"上学难、就医难、买东西难"等问题。四是对移民安置地区的水利工程和农电等基本建设，资金上给予优先安排；人畜饮水、乡镇企业等项目，优先考虑移民区。同时，各移民迁出、迁入地也根据各自的情况，制定了一些具体扶持政策和规定。②

（3）地方优惠政策

瓜州移民政策：东乡族生态移民迁入地之一的瓜州县，于1984年制定了扶持移民政策：凡是甘肃中部地区18个干旱县自愿到安西（现更名为瓜州）安家落户，每人允许开地3亩，每亩补助50元；田间配套每亩补助22元；打井一眼补助10000元；修建住房每户补助300元；生产工具每户补助120元。1985年7月政府规定移民每年耕种承包地减免当年集体提留和农业税；划给和当地村民同行标准自留地、宅基地；粮食部门借给移民每月每人口粮25公斤，籽种每亩25公斤；民政部门将移民特困

---

① 刘新芳、解新芳、王鲜苹、王振刚：《中国移民政策与亚洲银行移民政策的比较研究》，《华北水利水电学院学报》（社会科学版）2002年第3期。

② 黄承伟：《中国农村扶贫自愿移民搬迁的理论与实践》，中国财政经济出版社2004年版，第159页。

户纳入全县社会救济范围，与当地困难群众一样对待。

玉门移民政策：对第一年迁来的移民免交当年应上缴的农业税和集体提留；当年免予摊派各项公益事业的集资、集材任务；新迁入移民进行开荒种地的，从荒地有收入之年起，免征五年农业税和农林特产税；从迁入之年起，四年内免缴定购粮和各种提留，并减免两年各种义务摊派工；免征宅基地占用税和土地管理费。这一系列的移民优惠政策不仅为移民提供了方便，而且也加强了移民迁移和定居下来的信心。

政策制度的制定，是移民工作顺利实施的基本保障。事实证明，这些政策制度的实施，在一定程度上保障了移民的权益。当然，由于移民工程是一个系统工程，涉及社会经济文化各方面的因素，在实际操作过程中，许多地方还远远不能满足移民生产生活的需要，还有待于进一步完善。

五　甘肃省东乡族生态移民搬迁的过程

1. 搬迁过程

东乡族移民办对移民的条件做了具体规定：①年人均收入 300 元以下者；②年人均粮食在 150 公斤以下者；③户主年龄在 18—50 周岁之间；④户主初识字（少数民族移民可适当放宽）；⑤户主身体健康，家庭成员中无严重患病者；⑥劳动者占农户人口的 60% 以上，至少有两个中青年劳动力。但在具体操作中，并非严格按照以上标准执行，主要原因是有关指标是没有办法核实的，如年人均收入、年人均粮食等。据笔者了解，在一般情况下，只要是自愿报名的，政府都能支持并使他们享受相关优惠政策。

那么，对于祖祖辈辈生活于东乡地区的东乡族人来说，移民搬迁是一个十分艰难的抉择。眼望生于斯长于斯的土地，想起自己的祖辈在这里生产生活的场景，很难做出移民搬迁的决定，但"一方水土养活不了一方人"的惨苦现实迫使他们不得不走上迁徙之路。

（1）移民搬迁的决策

人口迁移的过程理论认为，人们从渴望迁移到真正地采取迁移行动是个漫长和复杂的过程。只有 20% 具有迁移愿望的人口会采到迁移行动。人口迁移过程是发生在特定文化和经济条件中，人们关于迁移时间、迁移方向的决定受到文化环境因素和经济因素的影响。① 国家的移民政策和优惠条件,给东乡人一个改变命运的机会,但搬迁也是一种艰难的选择,因为是否搬迁将关系到东乡人几代人甚至子子孙孙的前途与命运。一般情况下,贫困人口要做出搬迁的决定受多个方面的影响,主要集中在:搬出去能否稳得下来,土地能否长期承包,是否受当地人的欺负,自己能否适应,小孩子上学能否解决,等等。那么,他们是怎样做出搬迁的决策呢?布迪厄的"场域"理论认为,任何一个场域始终都是个人的或集体的行动者运用其手握的各种资本进行相互比较、交换和竞争的一个斗争场所,是这些行动者相互间维持或改变其自身所具有的资本,并进行资本再分配的场所。"一个特殊的社会行动者,所掌握的社会资本的容量,决定于他实际上能动员起来的那个社会关系网络规模,也决定于他所联系的社会关系网络中每个成员所持有的各种资本(经济资本、文化资本或符号资本)的总容量。"② 社会资本赋予了一定场域中的每个行动者一种集体拥有的资本,它在社会行动中起着十分重要的作用。同样,移民搬迁的决策和行动,也依赖于个人所拥有的资本来支持,这些资本包括五个方面:

经济资本。政府的移民政策和优惠条件,并不能完全解决移民的一切问题,特别是对于本来就贫困的东乡人来说,政府的补助对于搬迁的巨大经济支出来说,只是杯水车薪。搬迁需要有一定的经济基础作为前提,"搬家如失火",这对本就贫困的东乡人来说,无形中增加了他们的家庭预算。笔者通过调研了解到,移民搬迁到移民新区的东乡族人大多是在原居地经济条件比较好,那么,与政府通过移民搬迁解决贫困人口发展问题的初衷不一致的是,搬迁的人口并不是那些最贫困、最需要搬迁的人。

社会资本。搬迁决策的做出同样需要有社会资本。在乡土社会中,血缘、地缘,特别是对于东乡这样一个普遍信仰伊斯兰教的民族而言,教缘(由于宗教、教派等构成的社会人际关系)构成了乡土社会的基本社会关系网络。从移民政策信息的获得、移民经费的来源、心理恐惧的解除等都

---

① 黄承伟:《中国农村扶贫自愿移民搬迁的理论与实践》,中国财政经济出版社2004年版,第32页。

② 高宣扬:《布迪厄的社会理论》,同济大学出版社2004年版,第148—150页。

离不开这些社会资本的力量。

政治资本。中央惠农政策和政府的现行体制和移民政策优惠条件是东乡人的政治资本，也是移民搬迁的重大的拉力之一。他们在异地他乡能得到原居地所没有的土地，与生产生活密切联系的户籍，等等。

文化资本。在现代社会中，文化资本同经济资本一样，在进行社会行动的过程中，扮演着非常重要的作用。1966年，埃弗雷特·李提出，迁移者并不是原居住地人口的一个随机样本，它与迁移者的年龄、性别、受教育程度和职业相关，是个具有选择性的样本。那些具有较高素质，如受教育程度高、身体状况较好并富有进取精神的人对迁入地的正向因素能做出积极反应，比迁出地的其他人口更趋向于迁移，且倾向于进行长距离的迁移。迁移的选择性对强制性迁移不起作用，如由政治和宗教问题引发的迁移。[1] 事实上，不管是敢于冒险的"生存心态"，不怕吃苦的"惯习"，还是有一定文化知识的"制度化"文化资本，都是移民决策过程中不可或缺的资本。笔者在东乡自治县未搬迁的居民中调查时，当问到"你当时为什么没有搬迁"时，有许多人的回答是："搬迁的人都是有文化的，我们没有头脑，也没有钱，所以就没有搬迁。"

象征性资本。马克斯·韦伯认为："现实世界的各种现象都是由人的各种行动构成，每一个行动者都赋予自己的行动以一定的意义，对于各种社会现象、社会关系和社会结构的研究，就建立在对行动者赋予其社会行动的意义的理解和解释的基础上。"[2] 对于普遍信仰伊斯兰教的东乡穆斯林而言，搬与不搬也是前定（主命），于是，很多人给移居他乡行为赋予了一种意义，一种新的象征意义被建构出来。

个案：穆圣也是个离乡人。

> 我们搬到这里，已经19年半了，是1993年元月份来哈（下）的，我们弟兄比较多，七个人，我们过来了三个，我是老末，是老七。到这不久后，我父亲去世在这里了，我下边（老家）的几位哥哥在做生意，条件都比较好，那（他）们就要把我父亲的"埋体"

---

[1] Everett Lee, *A Theory of Migration. Demography* 3, 1966: 47-57.
[2] 杨善华、谢立中：《西方社会学理论》（上卷），北京大学出版社2004年版，第180页。

(穆斯林用语，尸体的意思）往回运呢，我妈不同意，原因是遵循我父亲的遗言。我父亲认为，他跟随穆圣而来的，因为穆圣是个离乡人，也是个移民，父亲给母亲的原话是：我们的圣人都离乡，我也离乡哩，我"无常"（去世）后就埋在这里，在小金湾"睡土"呢。所以父亲的遗体就埋在这里了，我们也坚持住下来了。要不，1993年我们差一点打道回府了，这地方我们坐不成嘛，刚来条件都很差。(MGM，东乡族，33岁，教师，MGM家）

这种对自身行为意义和认知的重构，成为东乡人移民搬迁实践的重要因素之一，因为对于虔诚的穆斯林而言，不遵从"主命"会被视为一种"越轨"行为。因此，东乡人为移民搬迁赋予一种新的意义，使之符合宗教与文化传统，从而为自己的行为做出合乎传统宗教的诠释。

（2）搬迁过程

东乡族移民经过艰难的抉择，最终走上了搬迁之路，其过程漫长而又充满坎坷。笔者经过调查，将其搬迁过程分为三个阶段：

迁徙。移入地政府提前准备好简易的院落，开垦好土地，兴修了水渠，解决好了移民的日常生产生活等问题。在第一批移民中，大都是由政府组织集体搬迁，费用都由政府承担。调查中，扎花营村支书给笔者讲述了他的搬迁之路：

听说我们要搬去的地方，政府给我们盖好了房子，也有土地，一到的话，就可以生活。老家政府给我们提前通知了搬迁的日期，我们就准备搬迁，先把东西收拾好，牲口都卖掉，把能带走的东西，都收拾好，准备带走。离开老家的那天，县政府组织的大汽车专门拉我们的家当，还有县上的领导欢送我们呢。人们都很高兴，但是离开祖祖辈辈生活过的地方，有些人眼里含着眼泪。有些亲人没有搬迁，在送别时，都哭呢。坐上车，走了十几个小时，到了我们的"新家"。政府提前安排好了，组织人员就把我们领到各自的家里。(MYZ，东乡族，52岁，村支书，村委会办公室）

摆动。在此阶段，正如周大鸣研究进城务工的流动人口那样"钟摆理论"（指流动人口像钟摆一样在家乡与打工地之间流动）一样，移民家庭的主要劳动力在原居地与移民新区之间流动。

个案：移民初的试探心态

当初我不想来，觉得这里什么也没有，但实在没办法，老家没地种，全家六口人要吃饭哩。这么着我就想先试试，第一年我是和我弟弟两个人来的，我们是开春时节来的，来这里买了些籽种，那年除了种地之外，更多的时间是平地，我们的地大多数都没有种，不平整，到了秋后庄稼都收了，我们就回老家了。第二年开春我们又来了，第二年的收入情况比第一年就好多了。（WXF，东乡族，48岁，农民，WXF家）

定居。随着移民新区的不断变化，人们慢慢脱离了"钟摆"状态，逐渐定居下来。从流动到迁徙，再到定居一般需要3年左右的时间。

东乡族移民最初能"搬得出、稳得住"所依靠的社会资源最主要的不是来自政府和市场，而是乡土社会网络，在移民生活和交往的整个过程中，这种社会网络都起着重要的作用。东乡族移民搬迁最主要依靠这种原始性社会资本，使其在社会适应过程中依然在建构这种关系，即"差序格局"。[①]

2. 移民搬迁运行模式

东乡族生态移民搬迁是由政府组织实施的移民搬迁，移民对迁出地政府的依赖性较高，管理移民点的干部和教师都由迁出地政府部门和教育系统派出，他们的工资由迁出地财政统一调拨。一般要求有3—5年的过渡，5年后再验收，合格后才能移交迁入地政府。验收的标准也有一定的规定。整个运行过程如下图所示：

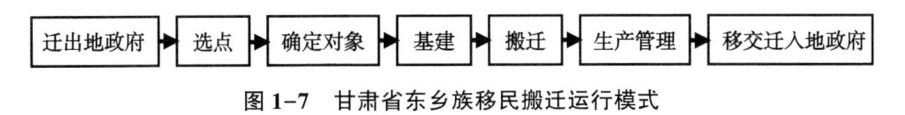

迁出地政府 → 选点 → 确定对象 → 基建 → 搬迁 → 生产管理 → 移交迁入地政府

图1-7 甘肃省东乡族移民搬迁运行模式

[①] 郭星华等：《漂泊与寻根：流动人口的社会认同研究》，中国人民大学出版社2011年版，第8页。

政府型移民，一般搬迁行为都是体现国家或政府行为，在形式上体现了政府的全局性、组织性、目的性和计划性等特征，"故乡"与"新家"之间的政府联系紧密，均在二者之间经过协调、沟通和规划之后，才能够按计划有序移民。在搬迁目的及效果方面，"政府组织搬迁移民，列入政府计划、可享受政府财政补助，在迁入地拥有耕地、住房、户籍制度保障等，生产生活所需的基础设施及教科文卫等社会事业发展设施相应有所配套，具备开发建设能力"①。

但是在具体移民实践过程中，有些移民新区由于管理跟不上，新移民区处于"四不管"地带，政府职能缺位，"公地"资源管理"真空"，导致许多后期移民在没有政府监管的情况下自发移民搬迁来此。这种搬迁运行模式，主要是移民前者和后者之间的拉拢与投靠所致，主要变现为亲戚联络亲戚，邻居联络邻居。

个案：亲戚之间的拉拢

> 我们刚来的时候，这里都是一片荒滩，我们老家生活很苦，后来一些亲戚来了，一个拉一个，慢慢地，来的人就多了起来。我是1991年来到这里的，是我大叔叫过来的，当时来的时候全是荒滩，周围看不到人家，远处只能看到"兰新铁路"。有好多大沙包，来的人就用架子车推拉平整沙包。（MGX，东乡族，39岁，农民，田地里）

第四节　东乡族生态移民搬迁的动因及影响

东乡族生态移民是多方面因素导致的结果，按照一般的移民搬迁动因看来，最基本的就是从"不好"的地方移入相对"较好"的地方。东乡族作为我国西北一个特有的少数民族，它的生态移民搬迁不仅给他们本民

---

① 张体伟：《西部民族地区自发移民迁入地聚居区建设社会主义新农村研究》，中国社会科学出版社2011年版，第9页。

族带来了较大影响，而且也给当地社会带来了不同的影响。

一 东乡族生态移民搬迁的动因

在一般人口迁移理论——"推拉理论"① 看来，人口迁移无非是迁出地的"推力"和迁入地"拉力"综合作用的结果。东乡族生态移民搬迁的动因表现出多方面，但是其中最主要的是移民前生存环境恶劣的"推力"和移民新区相对优越条件的"拉力"，而完成移民搬迁的主要"力量"属于两地政府以及本民族其他因素。

1. 移民前生存环境恶劣的"推力"因素

东乡族生态移民的重要动因，正是基于"推拉理论"之上。如前文所述，移民前的东乡社会，由于自然环境恶劣、交通不便、基础建设薄弱、社会发育不良等限制因素，再加上人口的过快增长和相对减少的土地之间的矛盾越来越明显，使得东乡地区"一方水土养活不了一方人"，主要原因有四：一是生存发展条件的缺乏与恶化。由于原居地自然条件的恶化，外部环境的生存发展能力弱化，突出表现在生存环境的恶劣、自然灾害频繁（如旱灾、冰雹、泥石流等）、生态脆弱，已不适于人类居住，也不适于生存与发展，在如此环境下生活的群众，为改变现状，毅然选择了"走为上"的移民搬迁之路。二是自然资源及发展条件匮乏。东乡地区因生态环境恶化，土地贫瘠，人地矛盾尖锐，劳动力"有力无处使""一方

---

① "推拉理论"（Push and pull theory）：是研究人口迁移行为发生原因的理论，认为迁移是迁出地的推力与迁入地的拉力共同作用的结果。推拉理论的思想较早见于雷文思坦(E. G. Ravenstein)"人口迁移法则"之中。赫伯拉（Herberla）等人于1938年正式提出了推拉理论，认为原住地的失业、就业不足、耕地不足、学校和医院等基本生活设施的缺乏、关系的疏远及紧张、自然灾害等构成了原住地的推力，这些因素促使人们向其他地区迁移；迁移目的地更好的就业机会、更高的工资、更好的教育和卫生设施等构成了目的地的拉力，这些拉力吸引人们前往此地；迁移就是原住地之推力与目的地之拉力相互作用的结果。博格在继承前述思想的基础上进一步分析了推力和拉力对迁移选择的影响。以上学者强调了外部因素在迁移中的作用，却忽视了个人的作用，不能较好地回答以下问题：当面临相同推力和拉力时，为什么有的人迁移而有的人不迁移？针对这种局限，李（L. S. Lee）把位于迁出地和迁入地两地中间的障碍因素及个人因素引入解释框架内，认为影响迁移的因素有四种：迁出地的因素、迁入地的因素、中间障碍因素、个人因素。迁出地和迁入地各自都有推和拉两种因素，人口迁移的发生就在于迁出地内推力总和大于拉力总和，而迁入地内拉力总和则大于推力总和。李的贡献在于完善了迁移的解释框架，对推力和拉力有了更进一步的认识。

水土养活不了一方人"；地处偏僻，居住分散，交通、信息闭塞，这样，他们自然会考虑通过移民搬迁的途径求生。三是为改变生计窘境和贫困状况迫使移民搬迁。东乡地区集"老、少、边、穷、山"于一体，移民在原居地一般生活在极端贫困的状态下，因病致贫，因环境致贫等多因素作用，使这一带贫困现象突出。为改变生计窘境，选择了移民搬迁。四是其他原因。笔者在调查中发现，在移民中，有人是因为在原居地超计划生育、犯罪等原因迁移外地。

这就迫使东乡族离开"故乡"，寻求异域的"新家"，建构易于生存的环境。在移民新区调查中，一位老人给笔者讲述了老家的一些故事：

> 看着周围地方的人，都比我们生活舒服、生产轻松，我们就开始思考我们老家东乡县的现状。我从小就开始劳动，一直到前几年，还是在劳动，但是劳动的收入，却让人很是心酸啊。我们农民人一年就盼着庄稼有个好的收成。可是如果天不下雨，就意味着我们的生活没有着落。老家那里一年种着半袋子，收着一袋子，有时候还是收着半袋子，有时候一颗也收不上。有的田地在山上顶上，有的在沟底下。即便成上的庄稼，往家里拿，也是很难得的事情，不是驴驼，就是人背。农用车到的田地非常少。一年就是为了吃饭问题，都在犯愁，再别想其他的发展问题。后来儿子们都成家了，家里的人口多了，可是到每个儿子家的田地也越来少了。最后，听说有移民搬迁，我们家里就报名参加，这里的环境好多了，现在想起老家，真是不适合人生存的地方，我也一直在想，我们的先人咋会到那个地方呢？（MX，东乡族，71岁，农民，清真寺）

这告诉笔者，生存环境的好坏，成为移民自身愿意搬迁的一个主要动力。东乡族移民新区的民众都是在这种原因的迫使下，自愿移民而来。生存的困难和艰苦，成为一种无形的力量，在促使他们迁移。部分东乡族为了选择相对较好的生存环境，自愿掏钱，在移民新区购买土地，而且有东乡族迁徙到千里之外的新疆伊犁。

2. 移民新区优越条件的"拉力"因素

通过移民新区的调查，笔者认为东乡族移民搬迁的又一动力，就是移民新区优越条件的吸引力。这种"拉力"在东乡族移民搬迁过程中起到了关键性的作用。其主要表现在以下几个方面：

一是经济收益刺激生态移民自愿搬迁。一部分常年在外地务工或租地务农的"领袖"考察移民新区时慧眼识金，看到了移民新区美好的发展前景和经济前途，首先举家搬迁到此。如二咀子村的村委老书记，扎花营村老书记，十分支队长。二是民族精英的号召、示范和政府动员。民族精英是人民心目中的英雄，他们的言行会对人们的认知产生巨大的作用和影响。在移民搬迁过程中，东乡族精英也同样起到了重要作用。通过他们的号召和示范，人们了解了搬迁的好处和各个环节，减轻了心理的惧怕和压力。三是血缘、亲缘、教缘及婚缘纽带关系促进移民搬迁。费孝通认为中国农民是乡土性的血缘、地缘关系在农民的行动逻辑里占着举足轻重的作用。生态移民自愿搬迁的诱因是多方面的，其中一个重要诱因是靠沾亲带故、亲朋好友的介绍或"现身说法"，通过血缘、亲缘关系、教缘关系，甚至通过婚亲嫁娶等社会裙带关系，促使移民搬迁过来。四是强烈的民族认同感。之所以能聚居在一起，一个重要原因是民族文化因素在起作用，民族认同感，包容或接纳生态移民在迁入地繁衍生息。五是"公地"资源的诱因等。由于管理跟不上，新移民区"四不管"地带，政府职能缺位，"公地"资源管理"真空"，导致许多后期移民在没有政府监管的情况下自发移民搬迁来此。

3. 政府因素

在我国生态移民中，不可或缺的因素是政府的政策制度因素。中国正处于剧烈的社会转型期，正处于从封闭社会迈向开放社会的变迁之中，制度变迁是社会转型中的一个重要方面，同时社会的这种变迁方向也离不开制度的相应变化。制度存在着一个体系，体系中各子制度（要素）在推拉因素影响人口迁移发生的过程中的控制作用方向，可能是同向的，也可能是逆向的。[①] 政府的优惠政策，是生态移民搬迁的重要措施。促使生态移民自愿搬迁的原因，同迁入地聚居区采取包容态度有关，同时，也是与当地政府政策分不开的，移民普遍认为，这些政策的出台，对促进移民搬迁起到了关键作用。

东乡族移民前的当地政府，在解决民众的生存生活问题上做了很多工

[①] 王茂福：《水库移民返迁——水库移民稳定问题研究》，华中科技大学出版社2008年版，第283—284页。

图 1-8　小金湾东乡族乡人民政府

作。首先，政府的动员消除了群众迁移将面临的诸多障碍，如耕地的承包、移民的合法地位、群众缺乏的生产技能以及一定的初始投资等等，尤其是政府在移民政策方面的优惠和鼓励，让移民积极"走出去、留得下"；其次，政府投资、农户在政策支持、市场信息和示范户的带动下，由村落内那些有组织能力和外部交往关系的移民"领袖"组织的自愿异地搬迁，相对于非自愿移民而言，效果好、返迁率低、搬迁户在迁入地基本能安心生产生活，也基本做到了"搬得出、稳得住"；再次，政府从文化上和归属感上，满足东乡族自身的文化要求，如政府也抓住东乡族的民族心理，有意形塑东乡族伊斯兰文化归属感，除了清真寺外，当地街村的楼宇风格，都是伊斯兰风格，特别是乡政府所在地的街道的建筑，大都是伊斯兰文化建筑模式。

4. 民族心理因素

从中国近年来的移民经验来看，政府主导下的生态移民都经历了边移民、边开发的历程，移民区一般都是人烟相对稀少或荒芜的待开发区，小金湾亦如此。移民之初，水、电、路三不通，生产生活条件十分艰苦。

东乡族移民最终能扎根于小金湾，重要的原因之一是受其民族心理因素的影响，主要表现在以下几个方面：首先，基于宗教人生观和世界观上的民族心理，即东乡族认为穆斯林迁徙是符合伊斯兰教教义教规的，《古兰经》中多次出现"出外奋斗"的人，也认为离开家乡外出谋生是深受真主喜爱的,并指出"谁为主道而迁移,谁在大地上发现许多出路和丰富的财源……真主必报酬谁"(4:100),而且"不要因困难、路遥和危险而灰心丧气,真主是喜爱坚忍者"(3:146)。同时,受伊斯兰文化的影响,东乡族是一个重视"两世吉庆"的民族,非常关注前世的生活,《古兰经》指出"当礼拜完毕后,你们当散布在地方上,寻求真主的恩惠"(62:10)。因此,东乡族人无论走到哪里,大都能扎根。其次,基于民族性格上的民族心理。民族性格是民族在历史长期发展中基于民族心理形成的社会产物。东乡族生活于条件相对艰苦的地区,那里的自然环境形塑了东乡族开拓进取、不怕吃苦的民族性格。正如一位老人所言:

> 我们东乡人可以说吃尽了天下的苦,为什么这样说呢,据我了解,中国可能没有地方比我们东乡族耕种的土地差,山大沟深,吃水困难,走路不便。天不下雨,我们就没有收成,真正的是靠天吃饭。但是,我们东乡人能够生存下来,可以说是从小娃娃时候起,就开始锻炼的。别的地方,就像城市里的娃娃,十岁左右根本不知道怎么干活,但是我们的娃娃,只要能拿起鞭子,就开始帮家里放羊放牛,只要能背起东西,夏天就帮家里人一捆一捆地往场上(打谷场的意思)背粮食。从小就开始干活,吃苦。所以,我们到这里再苦,也比不上老家那里,最起码这里的地是平的。(WGD,东乡族,67岁,农民,清真寺)

最后,基于"兼容并存"的传统观念上的民族心理。传统观念是民族代代相传的反映民族心理及思想意识的思维模式。东乡族作为中华民族的一部分,在历史的发展中,尊重其他民族文化,并吸收其他民族的有助于本民族发展的思想和文化;也尊重其他民族,并与他们和谐共处。小金湾东乡族,在与当地汉族共处中,能够民族团结,和谐共存,在保持伊斯兰文化传统的同时,能够吸收和借用其他民族文化,形成小金湾东乡族兼容并存的传统观念,加之经过异地搬迁,原有社会文化资本的部分流失,促使他们对当地社会文化进一步适应与"融合"。

5. 个人的理性选择

本次调查显示,东乡族生态移民搬迁目的是"解决温饱问题""能挣到更多的钱""为了孩子的发展"的比例是80%以上。关于东乡族生态移民搬迁的心理机制，最为重要的是基于理性的考虑，这种理性是一种"经济理性"或"生存理性"。"经济理性"是指移民搬迁的主要目的是谋求就业机会，为整个家庭获得一份收入。黄平提出了农民的"生存理性"，他指出："之所以叫生存理性，一方面是因为农民确如斯科特、黄宗智等所言，首先考虑的是安全第一的生存原则而不是追求利益最大化，另一方面也是因为农民正像舒尔茨、波博金等人所说的那样，的确在一分一厘地算计得失利弊。"① 这两种与经济关联的理性选择确实是东乡族人移民搬迁的主要动机。

综上所述，东乡族移民搬迁有诸多方面的成因。政府的移民政策为移民搬迁提供了可能的外部条件；原居地自然资源的匮乏和自然灾害等自然力为他们提供了推力因素；河西相对优越的条件、民族心理以及为寻求生存发展的个人理性选择，使许多东乡人走向了异地他乡。正如帕克等人所说，"人们投入行动，各有各的目的，而在这样做的过程中，他们却达到了一个共同的终极。他们的动机是隐秘的，行动却是公开的"②。在这里，共同的"终极"就是移民搬迁。

二 东乡族生态移民搬迁的影响

东乡族生态移民，一方面，作为政府扶持性移民过程，对东乡族的发展带来了很大的空间和影响，改变了本民族部分成员移民前的状态；另一方面，东乡族移民的到来，打破了移民新区原有居民的社会结构，给他们也带来了一定的影响。同时由于各种原因所致，在移民新区也存在一些因移民而带来的社会问题。

（一）生产生活方式的改变

移民前的东乡族，大都靠天吃饭，土地多为山地，且贫瘠。他们利用各种方式提高土地的粮食产量，如勤耕（有些人每年将土地用犁翻几次）、施肥等，想尽一切办法将土地养好，但是每年的收成并不理想。而移民新区，土地都是平川，且为灌溉用地，所以，当地的农业要发达得多。在调查中，东乡族都说，以前在老家是"人养地"，在移民新区是"地养人"，这种生产生活方式的改变，给他们的经济发展带来很大的影

---

① 黄平：《未完成的叙说》，四川人民出版社1997年版，第80页。
② 帕克等，1987：155。

响。谈起老家，一位中年人这样说：

> 老家的条件太艰苦了，不管你在田里下多大苦，每年都那么点收成，但身为农民，不种地又不行。附近也没有地方去打工挣钱，总之是太苦了，这些年许多人都跑到外面去了。这里条件要比那儿好得多，地里的收成也好，还能出外打工，连女人们都经常到大畅河农场去打工。老家是人养地，这里是地养人。（MZQ，男，东乡族，40岁，农民）

(二) 对教育的影响

移民前的东乡社会是"经堂教育"十分发达的地区，而"学校教育"与其他地区相比较则显得落后，教育教学质量不高。生态移民给移民新区的东乡族教育带来很大的影响。首先，教育观念发生很大的变化，改变了东乡族以往重视"经堂教育"而忽视"学校教育"的现状。其次，接受高等教育人才不断增多，以小金湾移民新区为例，1999年第一届初中毕业生至2012年，共毕业初中生219人，升入高中30人，中专80人，初中升学率为50%，而且升入高中的学生大多数都考取大学，获得专科或本科学历。据统计，小金湾已经培养出近20名大学生。调查时，一位东乡族教师这样对笔者说：

> 我们小金湾民族学校有两名东乡族女教师，是我和我的姐姐。我家姊妹三个，都是大学生，弟弟正在西安一所大学念书。这主要取决于我的父亲，因为他是高中毕业生，没有考上大学，比较遗憾，所以，一定要让我们几个考上大学呢。不管有多穷，父亲对我们上学的问题，从不放松，一个劲地支持。从来也不让我们干农活，寒暑假都督促我们看书学习。当时，我和姐姐上高中时，我们的亲戚和邻居都认为没有必要，特别是亲戚，有的很反对，给我的父母提意见，让回家不要上学了。有的邻居还在对我们家"说三道四"，都是一些不好听的话。比如，外面逛哈（下）的女娃，以后没人要（娶），女娃大了不能离开父母，没有父母看管，出去胡干（不做好事）呢，违反教门，等等。我的父母还是没有被他们影响，现在我们姊妹两个都工作了，在我们这个学校教书，并且结婚了，找的对象都是有工作的。

现在，有些亲戚和邻居开始羡慕我们家了，他们开始支持自己的子女上学了，对教育才开始重视起来了。(MXY，东乡族，26岁，教师，学校办公室)

(三) 对社会的影响

东乡族妇女成为东乡社会的"半边天"，摆脱了传统思想的束缚，在移民前，他们被"男权"社会所淹没。在传统思想中，东乡族妇女外出打工挣钱，是件很不光彩的事情，认为其丈夫没有"本事"，她们所从事的职业比较单一，以"相夫教子"为主。而移民新区的东乡妇女发生了巨大的变化，比如妇女打工，都是一种正常现象，这是生态移民影响的结果。妇女从"相夫教子"到"综合型"角色的转变，体现了移民社会勤劳努力的共同特点，也适应了时代的要求，充分发挥了"半边天"的作用。这从社会学的空间（space）研究理论，如"社会空间""第三空间""时空压缩""场域"[①] 等不同的表述来看，移民社会带给了东乡女人与传统社会相比更宽的社会空间。对东乡族社会影响比较大。

个案：妇女的转变

我们一家四口人，一个儿子，一个女儿。女儿小学毕业就不念书了，在家帮我干点活，儿子上初三。我们家掌柜的带工，带着五十多个我们这儿的人去新疆打工，在建筑上干。我们家种十来亩地，除了自家吃的小麦外，主要种玉米和一些经济作物。我比较忙，也有闲的时候，闲了我就去大畅河农场打工，一天也能挣一百多块钱吧，我一年能挣到四五千吧。原来我手头没几个钱的，现在好了，想买什么自己就能买上，不用问掌柜的要钱了，给娃娃们也能买些东西。不去打工也不行，日子过不到人前头，我们旁边的人家都准备买车了，我们周边汉族人家买下车的多得很，再说娃子上初中，明年上高中花钱多，如果考不上高中，还得想办法让他学个什么，要花好多钱哩。不苦不行啊。(MMM，东乡族，48岁，农民，商店里)

[①] 杨小柳：《建构新的家园空间：广西凌云县背陇瑶搬迁移民的社会文化变迁》，《民族研究》2012年第1期。

（四）"黑户"的困扰：户口带来的制约

在我国，以前严格的户籍管理制度，限制了人口的迁移，户口成为评判是否为"当地人"的唯一标准，也成为移民最大的心理安慰。没有户口，带给移民的将是内心的不稳定和归属感的缺失。因为不仅无法获得当地人的认可，也无法获得当地政府的接受，甚至处于一种非法地位。对自找出路、投亲靠友、自行搬迁的移民需要政府制定配套的优惠政策；自发移民无时不在进行，然而自发移民过程却是残缺不全，其合法性处于尴尬的位置，根本之策还是将其接纳和融入当地主流社会。[①]

在东乡族移民新区，户口问题成为当地移民的一个大问题，也给他们带来了很多麻烦和困扰。有相当一部分人至今还没有落户，有些人在原居住地户口被取消，而移民新区又无法落户。造成这种现象的原因有两种：其一，政府的不作为。有的移民新区，在移民交接和户籍迁转办理过程中，由于以前是手写档案记录，当时不知是何种原因，使得一部分移民没有户口可查，但是这部分人的户口，在原居住地户口管理单位查询，已经迁出。等到后来移民发现时，我国户口管理方式已发生了变化，由以前的手写本档案管理转向现在的电子管理模式，且全国联网，没有正规的手续，无法上户。于是，"在移民户籍没有办理转移的几年里甚至十几个里，移民区形成了'户口所在地无法管、迁入地不好管、聚居地无人管'的'三不管'状态，游离于政策体制之外，引发了种种矛盾和冲突，形成了当地社会治安等社会难点问题"[②]。其二，一些非政府行为的自愿移民，在当地落户比较困难，成为黑户。因为移民新区严格执行我国的户口管理制度，落户有严格的程序和要求。

国家社会管理的体制及机制不相吻合，原计划三年后实现迁出地和迁入地两地行政管理交接，但由于种种原因，最快的也是近十年才交接，在笔者 2012 年年底调查时，还有部分移民区才开始着手办理交接手续。交接不办理户口就不能落实在迁入地，没有户口，移民主体地位与主体身份面临"缺乏"的尴尬境地，使之成为国家体制之外人，也带了很多现实

[①] 王益谦：《治理西部贫困问题的思路》，《中国西部经济发展报告 2005》，社会科学文献出版社 2005 年版。

[②] 张体伟：《西部民族地区自发移民迁入地聚居区建设社会主义新农村研究》，中国社会科学出版社 2011 年版，第 26 页。

问题，如当地金融机构无法贷款、政府无法实施社会保障，子女上学就业被限制、婚姻问题，等等。

个案：户口成为婚姻的门槛

  瓜州移民新区的小马，今年已经28了，按照东乡族的婚姻习俗，早已结婚了，可是结婚前由于没有户口，当地及周围的东乡族没有人愿意将女儿嫁给他。想在老家找一个，但是没有户口也无法办理结婚手续尤其是结婚证的领取。因为没有户口他很苦恼，直到去年才结婚，但是依然没有办理结婚手续，只是按照伊斯兰教的要求，举办了婚礼仪式。婚后育有一子，至今孩子快一岁了，依然没有户口。据当地人说，以前谈婚论嫁时，双方家里的教门和经济，以及为人是主要的考察条件，但是现在户口成为当地青年恋人能否成为眷属的一个很重要的门槛。因为户口问题，影响婚姻的事例，在当地已司空见惯了。

  从政府组织的有计划的移民，到后期的自发移民，其过程是残缺不全的，其合法性处于尴尬的地位。固然，没有任何部门直接声称其合法性，但现行的户口制度（在农村还有土地制度，在城市则还有住房制度、子女入学制度等）以及人事档案制度，却分明与之站在对立面上。身份上的束缚更是令他们步履维艰，"黑户"被排斥于当地社会之外。但是，恰恰需要指出的是，哪怕是在种种不利的条件下，自发移民仍保持并不断增强着旺盛的生命力。这是令人深思的。经济规律和市场的自发力量，势不可挡，哪怕是以扭曲的形式发挥着作用。所以，我们需要的并非从政府的角度推动或限制移民，当务之急和长远之计在于给予事实上不断发生的移民合法化。换言之，关键是确立其国民待遇的问题，根本之策还是将他们接纳和融入当地主流社会。

第二章 经济生活适应

移民搬迁是一种发生在移民身上的社会—文化—经济再社会化过程。居住地的改变，使东乡族移民长期形成的传统生产方式和经济生活也随之发生巨大变化。因此，面对生态环境的改变，如何适应新居地的自然环境，并对自身原有生产行为做出及时调整，也就成为东乡族移民的首要任务。移民对经济生活的调整与适应，是一个再社会化的过程。在东乡族生态移民搬迁后的社会适应中，经济生活的适应占据着非常重要的地位，特别是对于来自山区的移民而言，搬迁后经济生活的适应是移民后适应新社会环境的重要环节，也是否能"稳得住"的首要问题。经济生活的变迁，是社会适应过程中一个重要的方面，而东乡族移民经济生活的转变，则是他们适应迁入地社会环境的必然结果。

第一节 土地的开发

土地是人类赖以生存最基本的物质基础。甘肃省东乡族生态移民都属于"农迁农"的方式。所谓"农迁农"就是指，"移民自己能够依赖土地安置下来以获得发展经济的机会——可以从事农业或成为农村的手工业者等等。主要措施包括：土地开垦，发展灌溉，农业的精耕细作，经济林开发、渔业、商业或者林业"[1]。中国农民对于土地有着特殊的感情，费孝通说"从基层上看去，中国社会是乡土性的"。"我记得我的老师史禄国先生也告诉过我，远在西伯利亚，中国人住下来了，不管天气如何，还是要下些种子，试试看能不能种地。——这样说来，我们的民族确是和泥土

---

[1] ［美］迈克尔·M. 塞尼：《移民与发展——世界银行移民政策与经验研究》，水库移民经济研究中心编译，河海大学出版社1996年版，第125页。

分不开了。"① 正是因为土地是农民最关键的生产资料,才有着农民对土地的深深依恋。

在三峡移民工程中,土地一般由原居民划拨一部分土地给移民,但东乡族生态移民的土地是由政府之间通过协调划拨的待开发荒地,其中一部分由迁出地政府依托"二西"移民工程和疏勒河移民工程项目在移民搬迁前开垦平整,然后按计划分配承包给移民;另一部分由移民搬迁后,随着经济能力的提升,在划拨的荒地上开垦而来。由于移民新开垦的土地,原属荒漠地,在移民工程前由当地政府和居民同意的情况下划拨的,这些土地和原居民没有太大的关系,另外,这些土地也是当地居民认为没有开垦价值,或者开垦成本过大,政府或东乡族生态移民对这些土地的开垦和种植,并没有给当地居民的土地资源造成损失,因此,东乡族生态移民与原居民之间很少有土地之争,这也是移民与当地居民关系相对和谐的根本原因之一。同时,虽然移民的土地质量相对原居民土地较差,但他们对此也并不存在抱怨。而在三峡移民工程中的移民中却存在类似的问题,程瑜、苏红、许小玲等人的研究都曾揭示"土地在移民社会文化适应中的重要性、复杂性。因为土地问题处理不好,也常常是移民与迁入地老住户之间产生矛盾的一个重要根源"②。

东乡族移民过程虽然是政府移民,但是由于财力限制,政府无法完全满足其要求,尤其在土地的开发方面。政府的做法是,均等地给每家每户开垦好若干亩土地,再指定一些荒地。这样一来,移民自己开发的土地,在移民新区数量比较多。移民初期,移民大都靠人力开垦,近年都变为机械开垦。在调查中,腰站子移民新区的支书告诉笔者:

我们刚来的时候,政府给我们已经平好了土地,每口人大约2亩地,尽管那几年土地的收入不好,一是因为是盐碱地,庄稼不好好长,二是因为是沙土地,盛不了水,而且用水多,还很快就干了,但比起老家来,就好多了,一方面毕竟是水地,二也是土地比老家多了。我们来了的第一年就主要是平地,用架子车推着平,也有的人家

---

① 费孝通:《乡土中国 生育制度》,北京大学出版社1998年版,第6页。
② 马伟华:《生态移民与文化调适——西北回族地区吊庄移民的社会文化适应研究》,民族出版社2011年版,第59页。

图 2-1 平整的移民新区农田

用三轮车。最近几年，土地比刚来时好多了，刚来时只能亩产 500 斤左右玉米，现在好的可能达到 2000 斤左右。前几年我们家又在地边上的一块荒地上平了三亩多地，周围还都有好多荒地呢，等我们以后经济好些了再开垦吧。(WTC，东乡族，56 岁，WTC 家)

东乡族移民过程也是一种"大农业"性质的移民工程，土地在该移民工程中显得尤为重要。对于东乡族移民新区荒地多、已耕地少的现状来说，该移民工程又具有"边移民，边开发"的性质，所以在移民过程中，移民自己开发荒地的过程是他们适应当地社会的首要过程。虽然，搬迁之初的移民新区，耕地少，多为尚待开发的荒地，移民依然是一穷二白，但与自然条件恶劣、灾害严重的移民前的生存环境相比，土地的开发带给他们更多的发展机会，因此，他们虽历经多重困难，但都特别珍惜来之不易的机会，用自己的双手，开发和利用移民新区现有的土地资源，改造生存环境，以此来建设一个全新的移民家园。

第二节 产业结构的变化和调整

历史上，东乡族从元末明初形成[①]到 20 世纪 60 年代期间，其经济结构一直处于不断调适与变迁的发展过程中，经历了一个从商业、畜牧业、手工业到商家并重的过程，在不同的历史阶段，其主体经济构成也不同。其历史过程，显示了东乡族在经济方面较强的社会适应能力。今天，移民新区的东乡族，在移民工程总体思想的指引下，其经济结构也在不断地变化和调整，即由单一的小农经济向农、林、牧、副多元化生产经营方式转变。

一 农业生产结构的调整

"农业调适是在社会和经济的变迁与农业中技术变迁相适应的过程，社会结构的变迁落后于技术的变迁便引起了失调。农业调适是社会调适于技术的变迁。"[②] 东乡族移民前的农业生产用地的先决条件，决定了"技术"难以改变当地的农业经济变化，而移民新区优越的自然环境，创造了"技术"变迁促使农业调适的空间，进而调整了移民新区东乡族的农业产业结构。

（一）种植业生产结构的调整

移民前的东乡族主要生活在东乡山区，以旱作农业为主，由于受气候、土质和水源等因素的制约，农作物主要有春小麦、洋芋、玉米、青稞、豆类、谷子、糜子等，各种作物每年的播种面积大体上是小麦占 45%，洋芋占 25%，玉米占 9%，其他农作物占 21%。农业在其经济生活中占有相当大的比例。[③]

[①] 杨建新认为，东乡族是 14 世纪后半叶，即元末清初居住于东乡地区的回回人、蒙古人、汉族及藏族人共同整合而成的。见杨建新《中国西北少数民族史》，民族出版社 2003 年版，第 620 页。

[②] ［美］埃弗里特·M. 罗吉斯、拉伯尔·J. 伯德格：《乡村社会变迁》，王晓毅、王地宁译，浙江人民出版社 1988 年版，第 57 页。

[③] 张利洁：《东乡族贫困与反贫困问题研究》，民族出版社 2007 年版，第 57 页。

第二章　经济生活适应　　69

图 2-2　秋收的东乡族老人

表 2-1　　　　　东乡县 1950—1985 年农作物播种面积比重表　　　单位：万亩

年份	总播种面积	其中			占总播种面积的比重（%）		
		粮食作物	经济作物	其他作物	粮食作物	经济作物	其他作物
1950	27.08	25.28	1.35	0.45	93.35	4.99	1.66
1955	41.30	38.28	1.10	1.92	92.69	2.66	4.65
1960	37.38	34.56	2.28	0.54	92.46	6.10	1.44
1965	37.05	35.31	0.89	0.85	95.30	2.40	2.29
1970	37.54	35.94	0.73	0.87	95.74	1.94	2.31
1975	37.07	35.06	1.15	0.86	94.58	3.10	2.23
1980	38.13	35.64	1.06	1.43	93.47	2.77	3.76
1985	42.61	36.64	1.55	4.43	86	3.64	10.4

资料来源：《东乡族自治县社会和国民经济统计资料》。

从表 2-1 我们可以看出，东乡族在中华人民共和国成立后的几十年里，农作物主要以粮食为主，经济作物所占比重非常小。但移民搬迁后，由于地貌、土壤、气候、水资源等条件的根本改变，他们做出了调适，使资源达到较好的配置和利用。

移民初期,许多土地尚未开发完善,农业基础设施也不健全,加之移民对灌溉农业的不适应,水浇地耕作技术掌握不够,致使当时农业生产层次低,作物品种单一,仍以种植小麦、土豆为主,发展思路和模式基本仍是"以粮为纲"。尽管这样,但他们的劳动生产率仍然是老家干旱山区"坡耕"农业的数倍(5—8倍),这样,原来经济基础薄弱的移民在搬迁之后一两年内就可以解决温饱问题,这也是他们能留下来的基本前提。

图 2-3 东乡族移民新区的籽瓜

在之后的几年里,受当地汉族居民的影响,他们逐渐开始调整种植结构,由单一的粮食作物向经济作物过渡。在种植技能方面,或通过移民指挥部简单培训,或通过咨询或参观当地居民劳作来提高,效果明显,但与当地居民相比,不管是农作物种植技能还是在农作物收入方面,都有一定的差距。小金湾移民新区是东乡族移民过程中目前发展最好的移民新区,即便如此,他们的种植技术尚不如周围汉族居民。在调查中,一位棉农这样说:

我们在老家的旱地里种习惯了,到这里种水地,当初很不适应。以前在老家,只要按照什么时候该种什么粮食的种粮食时间,把种子撒在地里,剩下的就没有办法管了,雨多就多收上点,雨少就少收,或者绝收。在这里就不一样了，浇水、除草、施肥都是必须做的。种小麦不挣钱，只够吃饭。看着周围的汉族村庄，人家都种棉花，说棉花卖的钱多。我就想种棉花，技术员给我们这里的人都培训经济作物的技术呢，但是由于文化水平的限制，每次培训的效果不好，我就到汉族种棉花的人地里去看，去问人家，向他们学习。虽然现在棉花比以前的小麦挣钱多了，但是与人家汉族人相比，我们的经济作物的产量一直没有人家好。(MWM，东乡族，农民，43岁，村头)

各个移民新区，立足当在自然资源和地理优势，积极调整、优化产业结构，现已基本形成了确保移民增收的种植业。如小金湾东乡族乡坚持市场导向，大力引导农户种植亩产收入在3000元以上的食用瓜果、食葵、籽瓜及孜然，间、套复种立体高效田，大力缩减粮食、棉花等低收入田种植面积，同时引进节水滴灌、物理杀虫等农业新技术，提高了土地产出率和资源利用率，促进了移民技术集约型生态农业的发展。小金湾东乡族乡在龙泉、富源、金柳、马家峪四个村建成了6个百亩以上枸杞连片示范点，累计栽植枸杞2200亩，基本实现了"人均一亩特色林果田"的目标。腰站子东乡族乡大力发展以甘草、红花等中药材为主的高效、特色产业。2009年至2012年，全乡以甘草、红花等为主的中药材种植达到21500亩，特色产业种植面积达到全乡耕地面积的75%，特色产业已经成为移民群众脱贫致富的支柱产业，为移民群众建设了稳固增收的产业基础。

移民新农业区产业结构的调整，是东乡族生态移民在农业生产方式方面的适应过程，也是引起社会变迁的重要因素。正如马克思、恩格斯曾指出："正是欧洲移民，使北美的农业生产能够大大发展，这种发展通过竞争震撼着欧洲大小土地所有制的根基。此外，这种移民还使美国能够以巨大的力量和规模开发其丰富的工业资源，以至于很快就会摧毁西欧的工业垄断地位。这两种情况反过来对美国本身也起着革命作用。"[①] 东乡族移民新区农业生产的巨大变化，推动了移民社区的总体发展水平，使移民的生活发生了翻天覆地的变化。但是，还存在一些问题，首先是服务体系还不完善，目前仅限于政策、资金和技术方面，在销售、信息方面的服务还

---

① 《马克思恩格斯选集》，人民出版社1995年版，第260—261页。

很欠缺；其次是河西走廊一带地形大致为南高北低，土壤多为壤土和沙壤土。水分上下运行通畅，年蒸发量大，又加上新开垦土地大量灌溉用水，尤其是一些经济作物用水量大，导致土壤蓄水能力极低，地下水位低，造成新的生态环境问题。

(二) 家庭养殖业比重的增减

养殖牛羊是东乡人的传统产业。东乡族传统的畜牧业依附于农业，与农业相存相依，也是东乡族经济生产的支柱之一。畜牧业可分为两类：一是为农产而饲养的大牲畜，如牛、马、驴、骡等，主要供农业生产上劳役使用，也是驮运和乘骑的工具；另一类是广泛牧养的绵羊和家禽，主要供人们食用或交易。养羊在东乡地区极为普遍，其作用有四：一是剪毛，用于擀毡或织褐子，有余则出售；二是集粪，每只羊每年可积一分地的粪；三是出售；四是食用。东乡大部分地区采用合群放牧，一群一百只左右。东乡族的家禽主要是鸡，除了一般的公鸡、母鸡外，东乡族还养一种玄鸡（被阉割的公鸡）。此外，东乡族还养狗、猫、兔子、鸭等家畜家禽。

图 2-4 东乡族移民新区的枸杞

20世纪90年代的移民初期，由于当时的许多土地还未开垦，农业基础设施还很不健全，人们基本上以种植粮食作物为主，目的是解决口粮问题。那时，养殖业在群众的生产活动中没有占据主导地位，根本无法形成产业，也仅仅是个别家庭的养殖以自给自足。到了21世纪初，随着移民的整体移交,在当地政府的引导和资金资助下,移民的养殖业得到了大力发展,其中养殖羊的情况最为普遍。

图 2-5　东乡族移民新区的温棚养殖

如今,在当地政府的扶持政策下,东乡族移民的养殖业正在逐渐兴起。如小金湾东乡族乡在"扩大增效"的基础上,从引进良种入手,进行杂交改良、胚胎移植试验、示范、推广,加快良种繁育,以保证肉羊种群的不断优化、更新。到2012年秋,全乡羊只饲养量已突破5万只,户均达到50只,户均出栏30只,收入已占人均纯收入的50%。

> 在老家我们都会养羊,但是羊的数量都少,主要是自己用的,另外宗教活动时需要宰羊。有些家养的多一点,卖点钱,作为家庭的补贴。受这种思想的影响,到这里来,由于没有像老家那里的大山,放羊也不方便,所以,大多数人家都没有养羊。后来在政府的鼓励下,开始搞养殖业,实行圈养。我们很多人都不以为然,认为羊是在山上吃草的东西,放在圈里喂养不好。村长先领头,最后看着村长养羊赚了钱,我们才开始盖羊圈,准备养羊。后来才发现养羊也是一笔不少的收入,养好了比种地强。(MXG,东乡族,44岁,农民,MGG家)

从上述案例和访谈中,我们可以看到,东乡族移民在适应当地社会发展过程中,由刚开始不重视养殖业到后来养殖业的规模化发展,经历了一个不长不短的历程,但最终发挥了自己民族传统经营优势和经验。

二 第二、三产业的发展

1990年,汉族从事第二产业的人口比重为15.99%,少数民族为6.83%。2000年,汉族从事第二产业的人口比重为17.7%,少数民族为7.75%,这说明,10年间,全国从事第二产业的人口比重在上升。[1] 然而甘肃省东乡族1990年从事第二产业的人口比重仅为0.69%,2000年时上升为0.87%,仅相当于全国从事第二产业的少数民族平均水平的11%。[2] 东乡族移民新区社会结构的变化,导致山村社会向市场导向下的城镇化发展,改变了他们传统生计观念,开始通过各种途径来寻求新的谋生手段和发展空间。移民新区的环境优势和民族传统生计方式,以及在此基础上的创新,成为弥补这一空间的明智选择和出路。经过20年左右的发展,移民新区从事第二、三产业的人数增多,带来了当地的经济发展。

(一) 商业逐渐兴起

伊斯兰教崇尚并重视商业。东乡族先民悠久的经商传统造就了东乡人很好的经商禀赋,加之经商所带来的较高收入,使得商业和商人在东乡族人中具有很高的地位,这深刻地影响着他们的现代化实践。移民初期,东乡族移民群众埋头苦干于自家的田间地头,或平田整地,或操务作物,无暇顾及其他,只求吃饱穿暖。当移民移交当地政府管理以后,当地政府积极改善市场环境,完善配套设施,营造良好的商贸环境,并采取"放水养鱼"的发展策略,免征税款等方式促进当地商贸流通。慢慢地,随着手头资金的宽余,许多东乡人开始从事各种各样的商业活动。老马是小金湾移民新区一位家庭经济条件相对较好的移民。他给笔者讲述了他赚钱的门道。

---

[1] 黄荣清、赵显人:《20世纪90年代中国各民族人口的变动》,民族出版社2004年版,第27页。

[2] 马正亮:《甘肃少数民族人口》,甘肃科学技术出版社2004年版,第27页。

图 2-6　东乡族移民新区的商业

个案：赚季节的钱

我本身庄稼汉出身，以务农为主，但是这里挣钱的机会比较多，就看你能不能吃苦。我赚钱一般都是按照季节性的变化，去外面挣钱。春天主要贩卖牛羊皮和羊毛，其他的买卖也做，只要能赚钱的，我都会做。夏天到秋天这段时间，我在家里收拾庄稼，在自家的地里忙活。完了后，也就是到秋季的后半期，这个时候是牲畜膘肥的季节，贩卖牲畜是一件很赚钱的事。我往来于兰州与临夏一带。因为我们这边的汉族比较多，而且这里的汉族人都比较喜欢吃驴肉，所以我就把临夏一带的驴往这边贩卖。临夏一带穆斯林比较多，羊肉的需求量大，我们这边在养殖的发展过程中，养的数量也比较多，最关键的一点这里的汉族都以大肉（猪肉）为主，我就将这边的羊贩卖到临夏。因此，我的这个生意，两头都不会空。（MGQ，东乡族，52 岁，商人，市场）

根据笔者的调查数据统计得知，在三个东乡族生态移民点中，第二、三产业较为发达的是移民新区的小金湾东乡族乡，腰站子东乡族乡次之，古浪县直滩乡东乡族移民村则最差。从事第二、三产业的人数占当地总人数比例的情况为：小金湾45%，腰站子31%，直滩24%。他们所从事的商业主要有倒卖粮食、贩卖牲畜、开商铺、餐饮业、旅店服务业等。

（二）外出务工风起云涌

打工经济成为当前社会的一种潮流，也成为移民的经济收入中比重较大的一部分，移民新区的打工经济成为当地经济的一大亮点。调查了解，各个移民新区打工兴起的原因大致有这几点：首先是思想观念的转变，在移民前的东乡社会，妇女受传统思想的束缚，打工现象比较少见，而移民新区受当地汉族观念的影响，大量东乡族妇女走出家门，开始打工生活；其次是当地便利的打工条件，给他们带了打工的空间，除了古浪移民区打工不方便外，其他移民新区，附近都有大型农场，尤其到夏秋两季，用工量的需求大增，都将闲暇的东乡族吸引到农场打工；最后，致富者的榜样辐射作用是一个不可忽视的原因，移民新区的一些人自移民后，通过打工改变了贫穷落后的现状，家用小汽车、现代化院落，都成为当地其他移民所羡慕和追求的对象。在调查中，笔者在小金湾附近的一个汉族家里听到了他们对东乡族的看法。

个案：汉族眼中的"少数"移民

人挪一步活，树挪一步死，人们的这一句话说得非常有道理。我们这里的汉族人都比较懒惰，没有"少数"（当地汉族人称东乡族为少数）勤快、耐吃苦。他们刚来的时候，一无所有，普遍很穷，有些人连饭都吃不饱，经常到我们汉族人家里借小麦吃。但是你看现在，有好多人都开着小车悠闲，大多数院子收拾的干净，房屋盖的都很漂亮。这其中主要的原因是，一来他们头脑灵活，会做生意，二来能吃苦，只要能挣钱的工，他们都会去干。就像我们附近的农场，每到忙的季节，里面的打工人，几乎都是这里的"少数"。（LWB，汉族，64岁，农民，市场）

调查中，笔者发现当地的年轻男性很少，因为附近的打工，已经不能满足他们，大多数人开始踏上外出务工之路。主要在一些建筑、矿产开采、饮食服务等领域打工。东乡族在这些行业打工多的原因，主要是因为东乡族文化素质偏低，技术领域无法与其他人竞争，只能到这些重体力劳动的行业内。

(三) 手工业销声匿迹

商业经济和打工经济，改变着移民新区内东乡社会的面貌，生活富裕了，经济发展了，也融入现代化发展的道路上，并建构了现代化的经济模式，但是现代化经济模式让东乡族传统手工业销声匿迹了。东乡族是一个有手工业传统的民族，且手工业种类较多，如有碗匠、纺织匠、铁匠、银匠、皮匠、麻匠、毡匠等。历史走到今天，东乡族的传统手工业保留最多的为擀毡、织褐子，从事这两种的人，也越来越少。另外，东乡族以植物为原料、就地取材的手工编织业也较为发达，如用沙柳条、麦草等编织的背头、簸箕、筛子、草帽、篮子等生产生活用品。但是，随着社会的发展，东乡族一些传统的手工业已经退出他们生活的历史舞台。在移民前的东乡社会，他们的很多手工业种类已销声匿迹。移民新区东乡族传统手工业面对现代经济的浪潮，显得无能为力而完全失去。

移民新区东乡族产业结构的变化，也改变了东乡族经济收入结构的变化。以土地为主的农业产业经济和养殖经济成为移民收入的基础，商业经济和以打工为主、服务业为辅的第三产业经济带动了移民社会的发展，尤其是移民自身的发展。

第三节 家庭经济生活适应的透视

产业结构的调整改变了东乡族移民的经济收入结构，多元的收入结构又带来东乡族经济收入的变化，进而改变了东乡族家庭生活的新变化。

一 收入来源多元化

与移民前比起来，移民新区东乡族的家庭经济收入来源渠道多、类型多。大体有以下几类收入类型。

1. 农业经济收入。移民新区的东乡族，主要以种植经济作物为主，当前经济作物的棉花、啤酒花、红花、茴香以及瓜果种植，特别是瓜果蔬菜的大棚反季节种植，给当地农民家庭带来了一部分收入。

2. 养殖收入。在移民新区政府的鼓励和指引下，当地养殖业逐渐在发展壮大，如小金湾移民新区的两个组，国家投资辅助建立了两个养殖示范基地，农民以家为单位进行圈养集中喂饲的占 2/3。

3. 打工经济收入。移民新区打工收入主要有两种情况，一种是东乡族妇女在当地附近农场打工的收入，另一种情况是青壮年男性外出打工收入。

4. 政策性收入。由于东乡族移民过程属于扶贫开发移民，扶贫特点突出，根据相关政策要求，每一户移民，每年或每个季度都有一定的移民扶贫资金专款；另外，就是低保资金，"两西"移民 100% 有低保，"疏勒河"移民 60% 有低保，60 岁以上的老人都有低保。

5. 商业经济收入。此项收入并不是每个移民都有的，但是商业经济在当地的影响比较大。

6. 服务经济。移民新区从事服务业的人数比较多，主要以餐饮业、小百货零售、洗车行、旅店为主。

总的来说，移民新区的家庭收入都比移民前好，他们的主要家庭收入为上述的前四类，这是当地经济收入的基础。这些多元化收入改变了移民前"上学没钱""盐菜钱犯难""穿衣破烂"的局面。移民的家庭消费得到了很大程度的改变。

二　生活消费丰富化

随着移民新区经济收入来源的多元化发展，东乡族家庭生活消费变化较大。主要体现在世俗生活消费和宗教生活消费两个方面。笔者选取这两个维度来透视东乡族生态移民生活消费的变迁与适应。

（一）世俗生活消费的变迁与适应

1. 吃、住、行的消费

（1）盖房消费

东乡族在移民初期，有些住在由政府统一规划修建的两间简易住房内，有些住由自己挖盖的"地下无桩，墙上无窗，砖里无浆，夜里无光"的地窑里。随着经济的发展，近年来，大部分人都盖起了钢筋水泥结构的现代化房屋，有些也在政府的资助下（政府给每户发 8000 元住房补助），逐渐盖起了自己的住房。对于大部分移民来说，由于经济收入的变化，住房的修建困难不是很大。然而，有的移民也存在建房的困难。

图 2-7　东乡族移民住房

盖房消费增加有如下原因：一是原材料成本的上升。原居地东乡族人一般住土木结构的房屋，几乎不用钢筋、水泥、砖瓦之类的现代建筑材料，而现在盖的住房，由于地基松软，只房屋地基就要花去近万元钱，加之当地政府要求和受当地人现代住房的影响，不仅房屋结构上发生了变化，由原来的土木结构变成现在的砖混结构，面积也比原来的大上一倍多，就连炕沿上都要贴上瓷砖，这样，用的原材料不仅在种类上增加了许多，数量上也增加了不少，加之近年来物价的飞速上涨，使他们在原材料的成本上要付出几倍甚至十几倍。二是人工费用的增加。在原居地那样一个"熟人社会"里，大家盖房都是由亲朋好友、远亲近邻帮工，以工换工的形式完成整个房屋修建，在人工费用上最多就是饮食方面的费用。但到了新居地，情况完全不一样了。在"陌生人社会"或"半熟人社会"中，很少有以工换工的情况，房屋建造都是由工程队完成，而且工价很高。据一位东乡族移民说：

> 我的房子是前年盖的，一共花了十万多一些，材料用了四万，人工费就是五六万，哎，现在的房子盖不起啊。可不盖又不行，大家都

在盖, 再说我儿子也大了, 房子盖好了也好找媳妇啊。(MXG, 东乡族, 44岁, 农民, MGG家)

(2) 一日三餐消费

移民前的东乡族, 一日三餐主要以土豆和面食为主, 当地人称他们的一日三餐是"早上不吃饭, 中午是洋芋面, 下午是面洋芋"。移民后, 由于经济条件的改善他们饭桌上的食物已经发生了很大的变化。从结构上来看, 蔬菜和肉类的增加, 而且早餐中的牛奶也是必不可少的。这主要源自当地自然环境的优越, 蔬菜的种植方便, 餐桌上蔬菜数量和品种都多了; 经济的发展, 口袋里的钱多了, 餐桌上的肉也多了; 奶牛的养殖, 为他们提供了便利的饮奶条件。

(3) "走路"消费

移民前的东乡族, 他们主要以步行和骑驴为主, 再到骑自行车, 最后到摩托车和小轿车。大多数人没有经济能力购买小轿车, 摩托车也是大多数人可望而不可即的事情。移民后, 由于经济收入的增加, 拥有小轿车的东乡族家庭越来越多。如小金湾移民新区富源村二组中已有11户拥有小轿车。各类电动车和摩托车已悄然进入各家各户。最明显的是, 在街道和马路上, 东乡族妇女驾驶电动车和摩托车的现象比较多, 而且田间地头摆放电动车和摩托车, 甚至小轿车的现象也比较多见。

(4) 娱乐消费

移民前对于大多数东乡族来说, 生活的消费主要用于日常生活消费, 娱乐消费是比较少见的。而移民后的东乡族, 娱乐消费成为当地一些人的一大笔消费。电视机、电冰箱、洗衣机、录音机、VCD、DVD等现代消费品已在移民新区随处可见。尤其是电子产品的用具, 如电视、VCD、DVD等与其放置用具配套, 当地人也称为"家庭影院"。还有一部分主要以年轻人最为突出, 这个群体娱乐主要和朋友一起打桌球、网吧上网、喝酒消遣等方面。这些细微的变化, 与移民前东乡族传统社会"看电视都是哈拉姆(非法)"的传统比较起来, 已显示出经济的发展带给东乡族自身的巨大变化。

2. 投资性消费

(1) 教育投资消费

移民后的东乡族, 在不断适应当地社会的过程中, 首先改变的是他们

图 2-8　东乡族移民日常饮食

的教育观念，尤其是对女孩子的教育投资问题。在他们传统的观念中，女孩子是为别人生的，终究会成为别人家的人，没有必要在教育上投资。因此，女孩子受教育者比较少。但是，在笔者的调查中发现，大部分移民已经改变了这种观念，很多家长愿意为子女教育进行大量投资。小金湾的一位母亲这样回忆供女儿上学的经历：

> 东乡族女人又干不了啥大事，但是我知道，做一个我们的东乡族女人是比较苦的，也是非常难的，所以，我一定要支持我的女儿上学呢，将来有个工作，过上不像我们农村的东乡族女人的生活，也不要和我一样再受苦了。我们的观念都比较保守，不让女儿出去念书，很小就打发（出嫁）掉了，这样对娃娃（女儿）不好啊。来到这里，我不管咋样，缺吃少穿都行，受再大的苦也好，只要她念书，我一定要供养她。上高中时，经济上的困难，让我多次向亲戚朋友借钱供女儿上学。那时候不知道为啥，我们一直很穷，一直缺钱，有时候借钱给女儿交学费，但是，初到我们这里的人都很穷，借也借不上，哎，犯难咋了（非常难）。后来，女儿考上大学，花费一下子增加了很

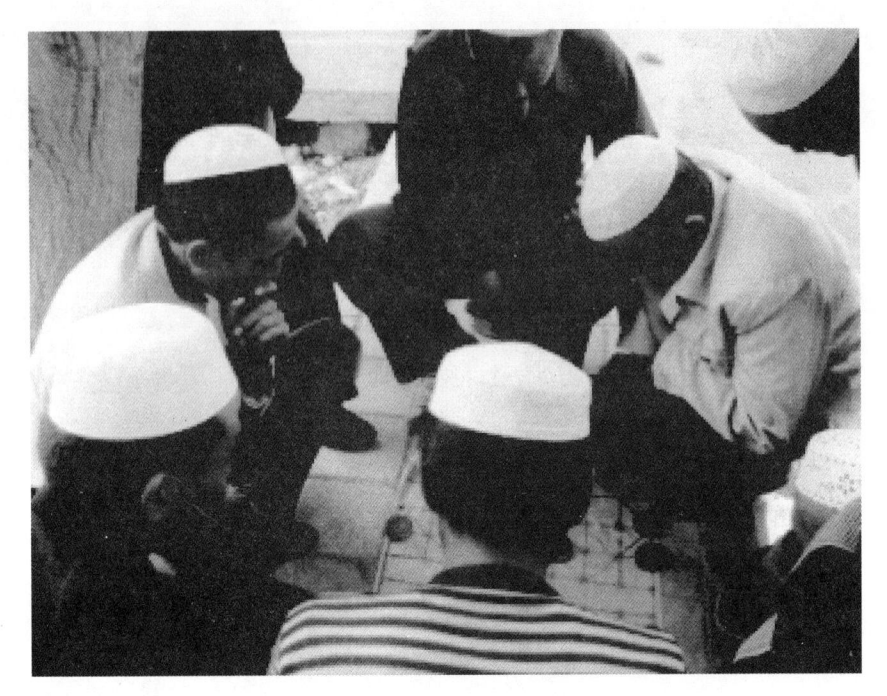

图 2-9　正在下象棋的东乡族移民

多。我把家里能够变卖钱的东西都卖了。（MGH，东乡族，女，50岁，原妇女主任，支部书记家）

大学的费用成为当地移民经济消费中的一大笔投入，即便是教育观念改变了，人们对教育已经很重视，但是考上大学的学生相对还是较少。而小学和中学教育中的费用成为当地普通的一种教育经费投资，主要原因是很多家长对子女教育的期望值也提高了，不再是以"识几个字"为目的了，而是上大学。所以请家教、购买各种复习资料、现代化的学习用具，如复读机等等，都在当地比较普遍。有些家长为了子女接受更好的教育，将自己的子女转到市县一级的学校就读，其中还有"陪读"的现象，这些都成为一种教育投资。

（2）人情消费

在移民前的山村社会中，东乡族人的社会网络主要是亲属之间的交往。在东乡人"有女无儿不甘心，有儿无女不称心，一男一女不放心，三男两女才顺心"的传统观念的影响下，东乡人儿女成群、子孙满堂，等长大成婚之后,就变成了他们的亲属。尽管东乡人的社会关系主要以血缘、亲缘为主,比起城镇人的社会关系来说,没有那么复杂和多样,但其数量却非常大,加之东乡人"礼重人义亲"所带来的人情消费观念,使原居地东乡人在人情方面的消费负担很重。移民搬迁后,尽管大多是以血缘、亲缘关系纽带移民搬迁,但相对于原有的亲属圈来说,数量上不足原来的四成,这给他们的人情消费减轻了不少负担。

图 2-10 婚礼与礼物

(二) 宗教消费

宗教在东乡族移民日常生活中占据非常重要的地位,宗教不仅影响了人们的精神层面,而且也影响了他们的物质生活层面。尤其对于东乡族异地搬迁移民而言,其宗教生活还有一个漫长的恢复过程,在宗教恢复初期,信教群众的宗教情绪往往非常高涨,他们对宗教生活甚至表现出一种狂热的积极性。有宗教生活,就有宗教生活消费。东乡族移民在宗教方面的消费主要有:一是清真寺的修建;二是重大宗教节日活动中的"乜贴";三是维持清真寺正常运作的"天课";四是为特定事情所散"乜贴";五是购买宗教用品和家庭日常宗教活动支出,等等。此外,时间的消费也是不可忽略的。笔者在调查中发现,东乡族移民在宗教消费方面,投资性消费过高,特别是清真寺的修建,平均每户在 5000 元左右,最少的也在 2000 元以上,多时则达到两三万元。其原因是他们的清真寺都是搬迁后新修建的,而且由于相互攀比等心理因素,清真寺大多都修得比较豪华,而在这些资金投入上,除了一小部分从外地"化钱粮"(化缘之意)筹措而来,大部分由他们自己集资。而别的方面的宗教消费,则相对原来有所减少。2010 年冬,笔者在古浪县直滩乡少数民族移民村—清

真寺见到了这里的马阿訇,他谈道:

> 比起原来,现在在散"乜贴"方面的变化还是很大的,这主要与个人的意愿有关。搬迁之后,移民把手头本就不多的资金投入盖房、农田地施肥、浇水和投资做小生意方面,80%以上的群众都在银行有贷款,这使他们个人可支配的资金非常有限。所以,目前群众散的"乜贴"比起原来有所减少。另外,原来人们的"天课"主要以粮食作物为主,而现在已经全部变成了现金,物价的上涨,在某种程度上,使现金贬值,"天课"数量减少。(MAH,东乡族阿訇,65岁,清真寺)

图 2-11 移民区新建清真寺

访谈中,一位东乡族移民也这样说:

> 原来我们在地里主要种粮食,交的"天课"也是粮食。一般是当年收成的 1/10,有的人家庄稼好,自家吃不了,就多交些给清真寺。现在不一样了,我们种的大多是经济作物,完了都卖了,本来可以给寺里多交些,可银行催着要款,所以给寺里也交不了多少,我们手头的钱紧张啊,没有办法。(ZWY,东乡族,40岁,农民,清真寺)

如果简单地用成本与收益的数学逻辑去分析东乡族移民的宗教生活消费,自然会把宗教消费看成是一种非理性的行为,但事实上宗教信仰有其存在的根源，有其规范人们观念和行为的功能，更重要的是信仰群众通过宗教活动获得了精神愉悦，一种精神食粮。当然，我们从东乡族移民宗教消费可以看出，宗教的世俗化。

总之，东乡族移民消费环境和消费条件也发生了根本性的变化，当地消费社会和消费文化冲击着这些外来的移民群众的传统消费观念，也影响着他们的消费行为。在东乡族移民社会，当地的消费文化和东乡族伊斯兰宗教传统消费文化同时发挥着作用，在这两种消费文化的共同影响下，东乡族移民的生活消费出现了多元化趋势。而消费在某种程度上属个人行为，随着社会开放性和群众流动性的不断增大，移民群众获得收入途径的多元化使移民社会内部产生分化，移民群体中贫富差距的扩大使他们的消费水平和消费结构呈现出较大的差异性。

第四节 东乡族剩余劳动力转移

塞尼曾在对世界银行移民的研究中总结出这样的经验，"在土地极其短缺的地区，中国或孟加拉国，移民的生产安置措施主要是就业安置，而不是依赖土地，应该创造机会让移民能在当地的工业或服务行业中安置下来。但是仅仅提供职业培训并不能保证他们的收入，而应确定这些移民真正利用所学到的技艺找到工作"[①]。塞尼的观点对于笔者所调查的东乡族移民新区，具有重要的指导意义。能够从多方面、最大限度地，提高移民群众的生存能力，扩大他们的就业空间，是促使东乡族移民社区能够尽快融入迁入地社会的基础，也是保持移民稳定发展的前提条件。

通过东乡族三个移民新区的300份问卷分析，有78份回答"经常外出"，占问卷总量的26%，150份回答是"不经常外出"占50%。结合外出的目的来看，问卷中回答"外出打工"的有65份，占21.7%；回答"做生意、搞运输"的仅有26份，仅占8.7%；回答"走亲戚或其他"有17份，占5.7%。从问卷中可以看出东乡移民劳动力流动性发生了很大的变化，经济社会活动逐渐增多。

---

① [美]迈克尔·M.塞尼：《移民与发展——世界银行移民政策与经验研究》，水库移民经济研究中心编译，河海大学出版社1996年版，第126页。

一 东乡族移民转移劳动力的行业分布

随着当地经济的持续发展，各级政府陆续出台了促进农村劳动力转移的政策，加之移民发家致富意识的增强，越来越多的农村剩余劳动力向非农行业转移。通过调查数据可知，在2011年瓜州县腰站子移民村农村剩余劳动力外出行业的分布情况中，名列第一的是建筑业，占26.4%；住宿和餐饮业为第二位，所占比例为16.8%；第三位是工业，占16.6%；批发与零售业为10.2%和6.8%；运输业位居第六位，占5.8%；其他行业占17.4%，其中到农场临时打工者占绝大多数。上述数据表明，瓜州县移民2011年中建筑业吸纳了最多的剩余劳动力，住宿和餐饮业等第三产业吸纳的人数也不少，当地农场也吸纳了不少劳动力。但信息传输、计算机服务和软件业等其他行业的人数不多。

而在古浪县直滩乡东乡族移民村里，情况却完全不同。位居第一的是采煤业，占28.5%；位居第二的是运输业，占27.5%；建筑业列第三，占17%；批发业居第四位，占10.5%；住宿和餐饮业为第五位，占6.5%；零售业居第六，占2.5%；其他行业占7.5%，其中大部分做邻村农田临时工。这些数据表明，在古浪县直滩乡东乡族移民中，当地的某某煤矿吸纳的人数最多，而住宿和餐饮业等第三产业却参与的人数少。

通过比较两个移民村在2011年的情况，不难发现东乡族剩余劳动力转移中的特点：第一，由于各地自然条件和就业资源的差异，造成了人员从业比例的不同；第二，由于东乡族移民文化素质普遍偏低，劳动技能不足，造成所从事的行业大多以体力劳动为主、从事科技含量较高的行业人员紧缺的状况。

二 东乡族移民转移劳动力的基本特征

根据笔者的调查发现，东乡族移民剩余劳动力转移的流向上呈现如下特点：就地转移多，远距离县外或省外转移少。2011年，小金湾东乡乡县内转移就业数量是转移总量的65.6%；县外省内转移就业是转移总量的22.8%；到省外转移就业人数是转移总量的11.6%。这一状况原因可追溯到东乡族移民劳动力受教育程度、技能水平以及市场需求方向等方面。

东乡族移民的转移劳动力数量较少，且以自发组织转移为最重要的渠道。在这些转移的劳动力中，有一定职业技能或文化程度较高，特别是女性劳动力比重低，且35岁以上劳动力数量的比重过大。就劳动力转移的行业和地域流向而言，能够大批量容纳劳动力的行业少，且劳动力以省内就业为主，转移的行业和地域流向有一定的局限性。转移劳动力的劳务收入有所增加，但东乡族移民主要是在农闲时以外出务工的形式转移剩余劳动力，所以收入增加的趋势还在明显。

三 东乡族移民劳动力的转移模式

劳动力转移模式的好与坏直接影响到劳动者经济收入的高与低，移民新区的东乡族剩余劳动力转移模式总体上有三种：一是个人自发型，二是能人带队型，三是劳务部门组织输出型。个人自发型是有务工意向的人通过各种渠道获取务工信息，并前往务工地的。这种模式往往存在信息不够准确，劳务费用拖欠等现象。能人带队型是由村里或当地的能人牵头组织一定数量的剩余劳动力外出承包工程或活计。这是东乡族移民劳动力最主要的转移模式，该模式的输出务工保障性相对较大，而且一起去的都是村里的穆斯林熟人，生产生活都比较方便。这种模式的劳动力转移呈逐年上升的趋势。劳务部门组织输出型就是当地的劳务部门先根据用工单位的要求进行培训，培训人员学到一定的劳动技能并取得相应的证书后，再由用工单位录用。这种模式在东乡族移民中输出的数量非常少。

四 影响东乡族移民劳动力转移的因素

（一）劳动力自身素质的影响

东乡族移民自身素质的偏低，直接影响了其剩余劳动力的转移数量及方向：东乡族移民外出务工人员中文盲半文盲占60%以上，造成行业选择空间小，转移行业的欲望相对较弱；思想观念保守，乡土情绪和小农意识较强，容易满足于现状，缺乏开拓精神，同时，部分务工人员面对不断扩大的城乡差距，容易产生自卑心理。

（二）户籍的阻碍

东乡族移民从搬迁到移交当地政府管理的过程中，由于政府管理上的疏忽或者缺位，造成在这一过程中出生的孩童没有户口的现象，这些人目前已长大成人，但却成了"黑人黑户"，没有户口，没有身份证，只能在当地乡镇内务工。

（三）信息的严重滞后

如今已进入信息世界，就业信息能否及时获取，对务工人员非常重要。虽然东乡族移民区成立了就业信息服务机构，但其收集和传递信息的方式却比较落后。比如，信息服务人员每隔一段时间到所在县城去，获取相关的就业信息，等回来后再将所获取的相关信息发布出去，这就造成不能为有外出务工愿望的人员及时提供就业信息服务。

（四）传统宗教文化的制约

东乡族是一个普遍信仰伊斯兰教的民族，而且教派门宦众多。在原居地，往往是同村或相近的村落为同一个教派门宦，而移民搬迁打乱了他们原有的居住格局，常常一个移民点接纳来自不同村落的移民。由于教派门宦的差异，他们之间来往不多，邻里关系淡薄，这就造成他们视野受阻，信息不畅，一定程度上也影响了其外出打工。另外，受清真饮食的限制，许多人不愿意外出，特别是年龄较大的人，这也影响了东乡族移民剩余劳动力的转移。

五　东乡族移民劳动力转移过程中出现的主要问题

（一）组织化程度不高

东乡族移民剩余劳动力的转移大部分都是以血缘、地缘、教缘等关系自行发展的，而依靠政府或是民间组织转移相对较少。根据相关调查可以看出，东乡族移民中有组织的进行转移比例在所有劳动力转移输出的总数中，只占到了五成，自行转移的占到了四成左右，大多数的转移都是盲目的，外出务工没有基本的保障，稳定性不强。

（二）农村劳动力市场不健全

根据目前东乡族移民劳动力转移的情况可以看出，当地的劳动力市场还不够健全，发育相对缓慢。主要表现有：一是没有合理的就业管理服务机构。大部分移民乡村缺乏相应的就业服务工作人员，虽然也建立了一些就业服务单位，但这些单位没有发挥出应有的作用。笔者了解到，目前东乡族移民乡村只有相关的用工信息，还往往是滞后信息，这就造成了农民工找工作比较困难。

（三）劳动力培训机构不到位

随着经济的发展，东乡族移民所在县、乡逐渐开始重视对移民的技能培训，但仍问题重重：一是培训经费投入不足，二是培训机构发展十分缓慢，三是培训内容形式不够，四是缺少品牌支撑。由于缺乏强有力的培训，在一定程度上影响了本就劳动技能欠缺的东乡族移民在劳动力市场的竞争力。

(四) 合法权益得不到保障

由于东乡族外出务工人员在供大于求的劳动力市场竞争中处于弱势地位，往往游离于现有的社会保障体系之外。主要体现在：一是外出务工人员的工资得不到保障；二是工作条件比较差；三是工作没有制度保障；四是外出务工人员的人格得不到合理的尊重，特别是对于穆斯林来说，在风俗习惯方面尤为突出；五是外出务工人员自身参保率不高。造成上述现象的主要原因，一是东乡族移民外出务工人员本身的文化素质偏低、法律意识不强，对自身利益的保护意识不高；二是用人单位不重视他们的地位，对他们有歧视的态度。

笔者认为，少数民族生态移民的经济社会适应，生产发展是关键，移民增收是核心。当地政府要坚持因地制宜，实施分类指导；依托优势资源，培育特色产业；重视基础建设，增强发展后劲；强力推进移民聚居区现代化建设，重点解决产业结构调整和剩余劳动力转移。与移民前相比，移民新区东乡族剩余劳动力转移数量多，层次相对高，经济生活的适应快、程度高，但仍存在一些问题，主要表现在以下几个方面：

第一，资金问题。生态移民的建设和发展是一项长期而巨大的社会系统工程，需要大量的资金扶持和投入，尽管各级政府财政每年划拨巨资支持，但对原本"一穷二白"的东乡族移民来说，无疑是"杯水车薪"，荒地的开垦需要人力、财力的投入；土地的改良需要通过养殖禽畜业的发展，通过禽畜积肥，施农家肥来改良盐碱化、硬化土地，水利设施需要一定的资金。政府移民建设资金的"阳光雨露"不可能洒落少数民族移民生产生活的每一个"边缘角落"里。资金问题是制约东乡族移民新区经济发展的瓶颈：首先，招商引资条件不足，当地社会资本不够。一个地区只要有资源，只要投资风险可以预测，不管交通条件多么差，投资成本多么大，其资源优势迟早要转化为经济优势。但对于东乡移民所处的这样一个没有其他资源可寻的荒沙地带，由于其投资风险无法预测，自然就没有人愿意贸然投资。其次，东乡族移民区缺乏自我发展能力，造血功能较弱。东乡人原有基础薄弱，加之搬迁付出的代价，原有资源的丧失和社会资本的破碎，使原本就困难的东乡人还没有完全脱离贫穷。再次，制度安排中存在的问题，由于户籍问题，在没有转户口之前，东乡族移民没法从银行等金融机构贷款，致使他们无法在生产中投入必要的资金，也使得生产力和生产技术远远落后于当地汉族居民。

第二，养殖业发展缺乏良性循环。养殖业是东乡人的传统支柱产业之一。搬迁到新区后，东乡人依然保持着养殖的习惯和爱好，养殖业在家庭收入中占一定比重，有的甚至将近占据"半壁江山"。然而，从调研情况来看，东乡族聚居区并没有将东乡人的这一特色产业发展壮大起来，制约因素主要有：一是缺乏资金支持，这也是最主要的制约因素，导致规模小，发展速度慢；二是养殖畜禽品种出现退化现象，优良品种引进及品种改良相对滞后；三是养殖经营粗放，以传统养殖方式为主，缺乏科技含量。

第三，教育培训问题。生态移民社会适应的主体是人，人在社会生活中起着最关键的作用。东乡族移民长期居住于落后山区，科技文化素质普遍偏低，这使其在生产生活中不能发挥主观能动性，不能在移民搬迁后的社会适应过程中发挥应有的作用。此外，由于东乡移民原居地交通不便，信息闭塞，长期处于封闭状态，绝大多数东乡人观念陈旧，缺乏市场意识，被动安置心理和"等、靠、要"的思想比较严重。所以，东乡族生态移民中，需要对移民的教育培训工作给予高度重视。

第四，管理问题。由于东乡族生态移民属远迁移民，原居地与移民新区距离远，而且从搬迁到移交相隔的时间周期长，迁出地政府在管理上存在"山高皇帝远"的情况、迁入地政府因为未移交，不便管理，且移民区人口来源不一，参差不齐，流动性强，管理难度大，稍有不慎就可能引起民族矛盾，造成在移民交接前东乡族移民聚居区所在县（市）、乡（镇）、村三级行政管理"缺拉"，交接后管理难度大等现象，致使东乡族移民社会秩序混乱、超计划生育现象突出。

第五，户口问题。东乡族移民由于长期脱离原籍政府的管理，有的户口在原籍已无法查证，在迁入地因各种原因，部分移民户口存在问题，一部分是移民搬迁的历史问题，一部分缘自相关政府职能部门相互推诿"不作为"。"黑户"无法进行正常的生产和生活。

第六，移民对安置地经济生活的满意度问题。满意度的高低体现了移民对当地社会经济适应的程度，笔者选取了几个方面，对移民进行了问卷调查，结果如表2-2所示。

表 2-2　　　　　东乡族移民对安置地经济生活条件的满意度　　　　　（%）

	很满意	较满意	一般	较不满意	很不满意	合计
土地质量	8.8	30.4	28.6	27.6	4.6	100
雨水情况	7.8	23.6	42.3	20.5	4.8	100
灌溉情况	11.4	26.1	28.0	29.2	5.3	100
劳动强度	15.9	15.6	27.1	35.3	6.1	100
劳作状况	4.3	33.7	48.5	10.2	3.3	100

资料来源：笔者问卷调查资料，2010年12月。

东乡族移民从故土来到安置地，虽然耕地面积有所增加，但新开发土地质量"先天不足"，土壤肥力低，保湿能力差，尽管由于他们没有因与原居民土地质量差距而引发矛盾冲突，但心中的不满在所难免。相对河西其他汉族聚居区而言，移民新区灌溉缺水，农田水利设施较差，移民的投入资金增加，用于灌溉的投入远不能满足水田作物生长的需求。这些不满情绪产生的原因不仅有客观因素，也有主观因素。移民往往有两种心理倾向：一方面是由于"惯习"心理，当新旧两种生产生活方式相比较时，无论两者间孰优孰劣，移民都容易觉得不如原来；另一方面是由于文化中心主义，许多移民总是以挑剔的眼光看待新的生产生活，主观夸大个别不尽如人意的感觉。东乡族生态移民对安置地经济生活条件的不满情绪，在一定程度上阻碍了他们主观能动性的发挥，影响了他们对新的经济生活的适应，进而限制了他们生活质量的改善和提高。这也在一定程度上影响了他们的社会适应。

本章小结

综上所述，笔者认为当地政府有关部门和干部及原居民认为"少数民族移民素质低，不思进取"的看法或观点是不全面的，笔者通过调研发现，移民大多有着较强的发展意识，表现出很高的积极性，他们大多都有自己的发展计划和打算，年轻人有的准备外出打工，有的准备发展养殖业，也有的打算贷款做运输业，还有的计划开饭馆，等等。目前，苦于无处贷款、缺乏生产资本、技术和缺少市场信息。

移民的生产适应途径狭窄，在生产适应过程中，移民主要采用以下适应途径：自己摸索，看老户们耕作，偶尔求教，以及政府在生产适应过程中的培训和指导。调查资料显示，有42.8%的移民认为政府在解决移民生产适应指导方面的工作做得不够、表现不好，另外有32.4%的移民在迁入安置地后，在遇到困难时从未向当地人请教过。移民的生产适应过程大多是通过自力更生实现的。这样，显然拖长了适应时间，加大了适应投入和精力。另外，对于农民而言，耕作方式特别重要，耕作方式的巨大差异会使移民难以适应新的生产方式，限制他们原有的生产技能的发挥，降低劳动生产率。因此，政府一方面要倡导和鼓励移民发挥自身的积极性去适应新的耕作方式，另一方面还应该尽量发动当地居民或派遣农技员去帮助移民，使他们早日适应新的耕作方式。

在国家"开发性移民"方针的指导下，东乡族生态移民安置区的各级政府也开始了帮助移民脱贫道路的探索。如小金湾东乡族移民乡，政府大力推广枸杞、棉花种植，腰站子推广当归等。在这些探索尝试中，有成功的经验，也有失败的教训，但总体来看，成效并不显著，移民生活在纵向相比，有较大提高，但横向与其他地区或周边当地居民相比，依然十分困难，贫困问题亟待解决。

分析东乡族生态移民经济生活适应过程，相对于社会生活适应、文化社会适应和政治生活适应而言，适应的速度较快；但就经济发展现状来看，笔者认为移民区经济主体中农业占绝对优势，辅之以劳务输出、为本地服务的商业、地方农副产品加工业，即使起主导作用的农业，其发展仍处于相对落后的状况（传统农业阶段）。其中有一个关键因素那就是内卷式发展，使他们在经济生活适应中的可利用资源短缺。东乡族移民新区产业发展尚处于以经济活动分散孤立、小地域范围内的封闭循环为特征的低水平阶段。目前，移民区经济主体中农业占绝对优势，辅之以为本地服务的商业、地方农副产品加工业和小型制造业，即使是起主导作用的农业，其发展仍处于传统农业阶段。

笔者认为，东乡族移民新区正处于发展期，它的经济发展不仅需要国家和政府的大力支持和移民自身的努力，而且还需要招商引资等外力的推动来完成，改变当地仍以"内源式"发展的模式，推动"外源式"发展。虽然东乡移民区所处的地理位置具有一定的区位优势，但是其经济发展仍然具有较为明显的封闭循环（内源式）特征。主要表现在：其一，生产要素来源单一，没有外来建设资金。其二，移民区经济的辐射力较弱，移民区周边缺少经济发达城市对产品吸引的强劲消费需求的带动作用，使移民区特有的农副产品不能得到合理开发，生产的产品不能有效转化为市场需求，无法通过外部推动和边贸启动来发展经济。其三，移民区生产方式落后。移民区土地的集约化和机械化程度较低，耕作方式落后，以产品为主的自给自足经济，使得所生产产品即使有出售，也主要是卖原材料，或者低附加值产品。

第三章 政治生活适应

政治生活是东乡族社会生活有机整体的组成部分，它与经济生活、文化生活、社会生活有着密切的联系，政治生活适应是东乡族移民社会适应中的一部分，其适应过程也是一个动态的过程。本章通过移民新区政治组织结构的重构、少数民族干部的培养和选拔以及移民政治参与等维度来透视东乡族生态移民政治生活的适应过程。

第一节 民族乡背景下的政治组织结构的重构

政治生活是依托于政治组织进行的社会实践。政治组织是指依托政治制度而产生的服务于各级公共事务的组织。东乡族移民之初，东乡县政府在各移民新区设置了移民基地，在东乡县移民工作领导小组和移民办公室的指导和管理下，各地移民基地也成立了移民工作领导小组。本书的田野对象——小金湾、古浪、扎花营等地设立了移民工作站，并抽调干部负责移民地移民安置和服务工作。随着与迁入地政府交接手续的办理，移民管理工作才正式交由当地政府，这期间经历了相对漫长的过程。

一 民族乡成立之前的政治组织

东乡县的"两西"移民起步于1989年，同年，成立了东乡县移民工作领导小组和移民办公室，由一名副书记和副县长负责专抓移民安置工作，各移民乡（镇）也相应成立了移民工作领导小组，在小金湾、古浪、引大灌区、扎花、独山子设立了移民工作站，抽调管理员、农技员、医务员、老师等干部职工93名具体负责移民安置工作和各种服务。

我们县上非常重视移民工作，成立了专门的领导小组和办公室，

1998年派我到古浪直滩乡移民点任站长。一方面是落实当时的移民优惠政策，发放补助，年头节下还要发慰问品，上传下达一些政策规定什么的；另一方面是协调与当地政府和居民的关系，以及出现的矛盾纠纷，还有就是我到那里后，移民们能感觉到他们还有人管，也要看着他们不要跑掉，有什么及时跟县上的移民办汇报。我们站上一共有三个人，我是站长，还有一个会计和一个炊事员，站上得经常有人。（MMS，东乡族，原古县浪直滩乡东乡族移民工作指挥站站长，46岁，干部，东乡自治县移民办）

笔者于2011年11月通过东乡县移民办"政务公开栏"中的信息了解到，东乡县移民工作职责是：

  1. 实施新灌区的开发与移民安置，协调解决开发建设及移民过程中出现的问题，对不具备接受移民条件的工程，要及时反映，提出调整意见。

  2. 建设好安置区的农田水利、供水供电、道路交通等设施，为移民创造良好的生产、生活环境。

  3. 建立乡村级管理机构，及时给移民分配土地，完善农田配套工程，平整土地，准备好生产资料，使移民尽快投入生产，并要及时发放移民补贴费。筹措口粮、种子、生产用具，发放燃料煤炭为移民安家落户，提供便利条件。

  4. 建设服务配套设施，一乡一所中学、医院，一村一小学、一所保健诊所。还有农机服务站、文化站、商店等，并抽调农技人员、教医师提供服务。

  5. 组织新移民进行文化教育和技术培训，引导移民实行科学种田，大搞劳务移民。

  6. 加强水土资源及农业水利设施的管理，发挥其效能，更好地为移民生产服务。

  7. 协助迁出地区做好移民动员、宣传和思想工作，使群众对向外移民有一个正确的认识，为移民工作奠定扎实的思想基础。

  8. 配合迁出地区做好移民组织及输送工作，使移民安全顺利到达迁入地。

9. 配合搞好迁出移民乡、村、社的经济开发和脱贫规划，达到移出一个缓解一个，解决二人温饱的问题。

10. 深入基层，调查研究，总结移民工作中的好经验、好办法，及时反映移民速度和出现的问题，了解移民思想动态，起到联络员作用。

从以上有关规定中，我们不难看出，移民办对于群众移民后生产生活等方面的服务考虑不到位，尽管也做了大量的工作，如协调土地划拨、平整土地、建设住房、水利设施等方面投入了大量人力、物力，但没有考虑到移民后的管理和移民的政治生活，这使移民初期（未与迁入地政府办理移交手续）的政治生活处于"空白"状态。在调查中，大多数移民这样叙述他们移民初期的状况：

> 刚到这里来的时候，没有乡政府，学校也不完善，只有小学，没有中学，没有医院，可以说啥都没有，只有几个跑来跑去的干部。很多事情没人管，开个介绍信都没处去开，就是我们打了架，也没地方去告状去。可以说，当时我们成为没娘的孩子。老家再落后、再困难，有个啥事情还可以到乡政府的大院里去寻找解决的办法，这里我们就是一盘散沙。后来我们民族乡成立了，感觉我们还有人管了，被人抛弃的感觉也就慢慢地没有了。（LHM，东乡族，56岁，农民，LHM家）

二 民族乡的建立及其特征

1. 小金湾东乡族乡

小金湾移民基地的东乡族移民是在1998年正式整体移交给玉门市政府管理，并于当年成立了小金湾东乡族乡，是玉门市唯一的民族乡，辖五个行政村，30个村民小组。

2. 腰站子东乡族乡

1986年经甘肃省"两西"建设指挥部批准筹建腰站子移民基地，1987年成立移民基地，1990年成立腰站子乡筹建领导小组，1996年挂牌成立腰站子乡。腰站子乡当时下辖腰站子村、唐墩村、草湖沟村、辉铜村

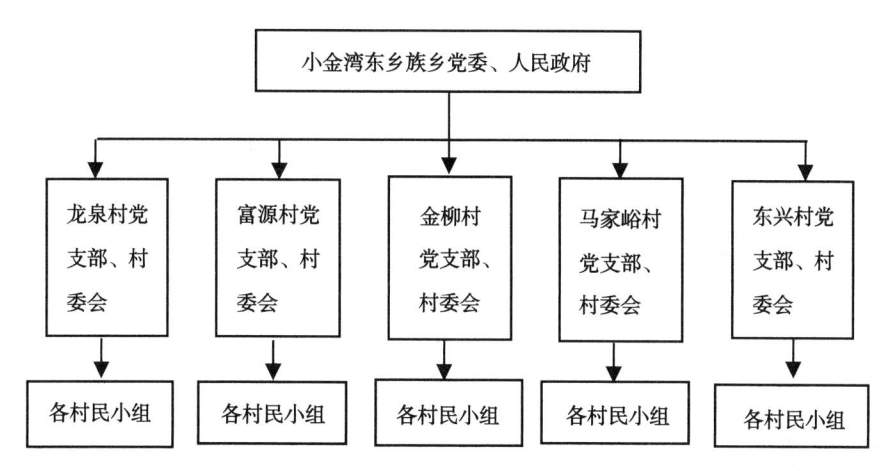

图 3-1　小金湾东乡族乡各村支部、村委会结构

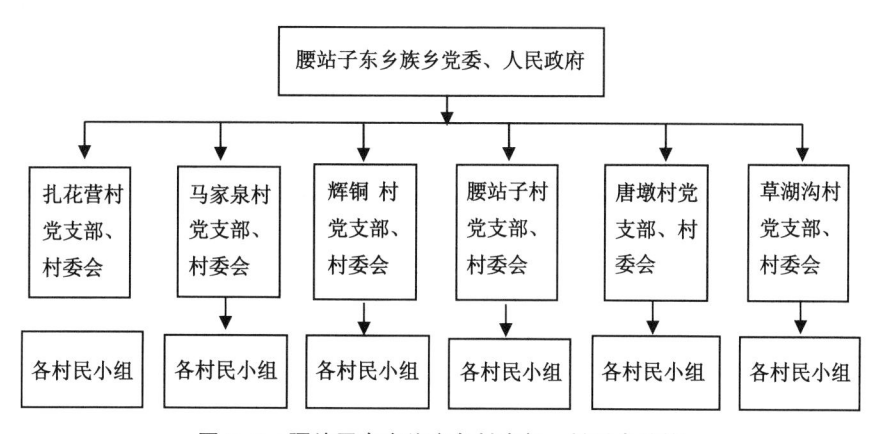

图 3-2　腰站子东乡族乡各村支部、村委会结构

4个行政村。东乡族移民工作是于1996年实施的，当时东乡自治县成立了扎花营移民基地，地处腰站子乡范围内，一直到2008年5月正式移交玉门市政府管理，与原腰站子乡合并，挂牌成立了腰站子东乡族乡。组建了六个行政村，其中两个是东乡族移民行政村（扎花营村和马家泉村）、16个村民小组。

3. 预筹建的直滩东乡族乡

古浪县直滩乡东乡族移民共有五个自然村，笔者在2012年10月调查时，该移民基地正在筹措办理与迁入地的移交手续，据说要成立直滩乡少数民族移民村。

通过上述已成立的东乡族民族乡的描述，可以看出当地政府在接管东乡族移民后，根据有关规定，在相当于一个乡范围内的东乡族聚居情况而建立了一级行政区域。由于在这样一个行政区域内设有国家基层政权机构，因而小金湾东乡族乡、腰站子东乡族乡都是对乡级基层政权机关的简称。1982 年修订的《宪法》第 30 条规定，把民族乡作为我国最基层的政权形式，和一般乡镇一样，都是县（县治县）、市领导下的农村基层政权组织。同时，又把民族乡排除在民族自治地方之外，也就是不属于民族自治地方的一级政府，即民族乡是非自治性质的乡、镇同级的最基层政权。《宪法》第 99 条第 3 款规定："民族乡的人民代表大会可以依照法律规定的权限采取适合民族特点的具体措施。"这就规定了小金湾、腰站子东乡族乡人民代表大会除享有乡镇人民代表大会的权利外，还享有乡镇所没有的特殊权利或一定的自主权。

已成立的小金湾、腰站子东乡族乡的特征有：（1）民族性。建立乡政府条件、命名依据、干部配备、管理措施等各个环节，都体现了东乡族及其地位、利益这个根本点。（2）平等性。东乡族移民新区大都在当地汉族为主的地区，为了实现民族平等，在东乡族移民新区大都成立民族乡，这体现了民族平等的原则。（3）团结性。这些乡的人员构成方面，没有单纯某一个民族构成的情况，尽管东乡族人口比重有大有小，各民族共建一个乡镇，共同团结奋斗是其一大特点。（4）名称的民族性。命名一般是按照当地地方名称加民族名称确定的，如腰站子，因隋唐时期此地是三道沟小街通往双塔堡的中间一站而得名。1986 年被省委、省政府确定为"两西"移民基地开始筹建，1996 年 9 月正式挂牌成立腰站子乡政府，2008 年东乡族移民基地扎花营和马家泉交接当地政府管理后合并更名为腰站子东乡族乡。（5）管理的双重性。民族乡不仅受上级人民政府的领导，也受人民政府民族事务委员会的指导帮助。[①]

三　村级政治组织的建立

村治结构是村的公共权力动作的制度化安排，它直接表现为村的公共权力组织体系及结构。小金湾、腰站子东乡族乡的村级组织，主要由中国

---

① 沈再新：《传承与固守——当代散杂居民族生活方式变迁研究》，中国出版集团、世界图书出版公司 2012 年版，第 135—136 页。

共产党基层组织、村民自治组织两大主体构成。

1. 村党支部委员会

党的组织系统自新中国成立以后便在农村基层得以确立,小金湾、腰站子东乡族乡各村党支部或由本村村民中的党员组成。近年来,东乡族民族乡各党支部在地方党委和政府的要求下,活动内容丰富,不再以传统刻板的开会宣传为主,而是更加注重调动全体党员的积极性和参与性,比如,开展"创先争优"活动①等。这表明,虽然东乡族群众远迁他乡,而且经历了生产生活各处方面较大的变化,但是党组织在农村中的领导地位从未动摇,党组织在农村基层的实际影响力仍然十分明显。

村党支部委员会一般是由辖区全体党员产生的,经所在民族乡党委会批准并从当选委员中确定村党支部书记人选。但在个别村也有例外。笔者在小金湾东乡族乡调查时了解到,富源村村支书由乡党委选派乡少数民族党员干部担任。

个案：乡干部兼村支书

我本身是乡上的干部,在一般情况下,村支书由村民担任。但是由于我们这个村的情况比较特殊,村民之间的矛盾比较大,加上伊斯兰教派门宦的复杂,不同姓氏之间、不同教派门宦之间,近年来在关于村干部的选举过程中,互不相让,矛盾不断激化。尤其是前几任书记,在工作中私心比较重,国家和政府的一些好处,都给自己的亲人或者自己所属教派门宦的人,导致其他人的意见比较大。为了避免矛盾的激化和发生,乡政府决定让我兼任这个村的支书。(MWG,东乡族,36岁,干部,乡政府)

2. 村民自治组织

根据《村民委员会组织法》的规定,村民自治组织系统应包括村民会议、村民委员会、村民委员会下属委员会、村民小组等。小金湾东乡族乡和腰站子东乡族乡的村民自治组织体系,正是根据《村民委员会组织

---

① "创先争优"活动,即创建先进基层党组织,争做优秀共产党员活动。

法》的规定，以及地方政府部门的制度安排，并结合各村实际设置的。例如，随着迁出地与迁入地政府交接手续的办理和小金湾东乡族乡的成立，设置了五个村民委员会。这一过程，使原来的东乡族生态移民由"客人"变为"主人"，完成了身份上的角色转换。村民委员会开始工作后，又根据《村民委员会组织法》，建立了下属的妇女委员会等村级组织。我们以小金湾东乡族乡富源村为例，图3-3显示了村民委员会的组织系统。

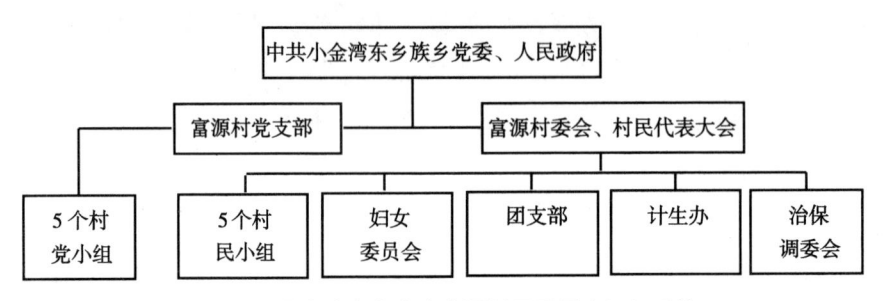

```
           中共小金湾东乡族乡党委、人民政府
                    │
        ┌───────────┴───────────┐
     富源村党支部          富源村委会、村民代表大会
        │                        │
   ┌────┴────┐      ┌─────┬──────┼──────┬──────┐
 5个村     5个村    妇女    团支部   计生办   治保
 党小组    民小组   委员会                    调委会
```

图3-3 小金湾东乡族乡富源村民委员会组织系统

从上述介绍可以看出，东乡族移民乡的村级公共组织体制由两个层次构成：一是"两委"，即村支部和村委会；二是村民小组。伴随着村民制度体制的成熟和完善，整个体系逐步迈向法制化和规范化的轨道。根据《村民委员会组织法》的规定，在村民自治组织系统中，村民会议是权力机构，村民委员会向村民会议负责并报告工作。村民委员会，是在有关部门统一安排和领导下，由全村18周岁以上村民选举产生，一般每届任期3年。富源村现届村委会为第六届，村委会由主任、副主任和文书组成，是村民自治组织系统的核心和主体。此外，笔者发现，东乡族移民乡、村公共管理组织体制并不复杂而且多富行政色彩，这些组织均是行政制度安排，而非村落内生型自主发展的产物。近年来，在村民选举等政治组织过程中，受当地政府的全面指导，这种由上而下的指导无异于意识形态上的一种输入，在国家影响的平台上民主政治参与意识得以激发和活跃。①

---

① 沈再新：《传承与固守——当代散杂居民族生活方式变迁研究》，中国出版集团2012年版，第108—110页。

第二节 移民新区东乡族民族干部的培养和选拔

在移民新区，东乡族民族干部有其独特的地位和作用，他们不仅是政府联系少数民族群众的桥梁，也是贯彻国家政策的保证；不仅是组织少数民族群众从事现代化事业的骨干，也是少数民族人民前进的带头人；不仅是巩固和发展团结稳定政治方面的需要，也是加强少数民族群众中华民族意识和国家认同观念的需要。

一 东乡族民族干部的培养

培养少数民族干部，不仅对于贯彻党的民族政策，维护社会稳定，增强民族团结，推动移民新区少数民族经济建设具有十分重要的意义，而且对于维护当地社会稳定，促进移民新区经济文化事业的发展都具有十分重要的意义。东乡族移民新区，随着迁出地政府和迁入地政府交接手续的办理，当地政府根据国家相关规定与政策，相继成立了东乡族民族乡，东乡族民族干部，经历了从无到有、从少到多的过程。

（一）当地培养东乡族民族干部的主要做法

1. 大力发展民族教育

少数民族干部的培养，首先要靠文化科学教育，才能培养出大批适应经济社会发展需要的新型的少数民族干部。东乡族在搬迁至移民新区之初，面对一穷二白的荒滩戈壁，上学难、吃水难、看病难的确给他们的生产生活带来了严峻的考验。好在当地政府提前介入基础设施建设和相关的管理，积极建设民族学校，这不仅使东乡族移民解除了后顾之忧，也为东乡族民族干部培养奠定基础。

小金湾东乡族乡有一所九年一贯制学校——玉门市小金湾民族学校，学校始建于1992年，1993年春季开始招生，1995年玉门市教委提前介入小金湾教育工作，1996年随着移民搬迁各项手续的成功移交，小金湾民族学校开始走上了正常的发展道路，1999年，小金湾东乡族乡学区正式成立。小金湾民族学校从1993年建校之初的123名学生，上升到2011年的1012名学生，由3个教学班上升到24个教学班，从6个临时聘用的初中毕业生老师上升到52个达标率100%的教师队伍，期间政府、群众、当

图 3-4 东乡族移民区教育宣传栏

地社会做出了很多努力。如今，东乡族民族学校已被评为"酒泉市标准化学校"、"玉门市防震减灾科普宣传示范学校"，并成为"世行贷款/英国捐赠西部地区基础教育发展项目学校"。

通过小金湾东乡族民族学校 1996 年和 2011 年的初中毕业生跟踪调查数据对比，我们可以看出移民完成义务教育的学生数量有明显上升，而且继续求学深造的趋势逐年增强。

表 3-1 玉门市小金湾东乡族乡民族学校 1996 届初中毕业生花名册

姓名	性别	出生年月	家庭住址	入学时间	毕业去向	备注
马*	男	1982.6	一村六组	1996.8	当兵	务农
马金*	男	1983.11	五村三组	1996.8	东乡念经	阿訇
牟国*	女	1984.3	三村一组	1996.8		务农
马志*	女	1983.3	三村一组	1996.8		务农
牟国*	男	1982.2	三村一组	1996.8		务农
马国*	男	1980.7	四村三组	1996.8	酒泉师范	教师
马翠*	女	1983.11	四村二组	1996.8	酒泉财校	公务员
马海*	男	1981.3	四村二组	1997.9	乡聘教师	务农
杨才*	男	1981.4	二村五组	1997.9	乡聘干部	干部
马维*	男	1982.6	三村二组	1996.8	酒泉财校	干部
马得*	男	1981.7	三村一组	1997.9		派出所综治员
马权*	男	1980.4	三村二组	1996.8		务农
马登*	男	1981.6	五村一组	1996.8		务农

共计：13 人，其中女 3 人

资料来源：玉门市小金湾东乡族民族学校提供。

表 3-2　玉门市小金湾东乡族乡民族学校 2011 届初中毕业生花名册

姓名	性别	毕业去向	姓名	性别	毕业去向
马维*	女	玉门一中	马小*	男	酒泉职业技术学院
马*	男	玉门一中	马*	男	酒泉职业技术学院
张*	男	玉门一中	马奴*	男	酒泉职业技术学院
马维*	男	玉门一中	马冬*	女	酒泉职业技术学院
马梅*	女	玉门石油中专	马金*	男	外出打工
黄秀*	女	玉门石油中专	马有*	男	在家务农
马国*	女	玉门石油中专	马五*	男	瓜州一中
马晓*	女	玉门石油中专	马晓*	女	在家
马智*	女	玉门石油中专	祁海*	女	酒泉职业技术学院
马君*	女	玉门石油中专	韩改*	女	外出打工
穆国*	男	玉门石油中专	马岳*	男	复读
牟昂*	男	玉门石油中专	马福*	女	在家
方雅*	男	酒泉职业技术学院	马国*	男	在外就读

共计：26 人，其中女 12 人

资料来源：玉门市小金湾东乡族民族学校提供。

大多数移民新区的东乡族干部的数量和整体素质的变化，主要取决于当地政府的引导、支持和鼓励，移民初期东乡族干部选拔没有人选，到近年来由于东乡族大学生数量的增多而使其内部之间通过竞争上岗。当地政府在发展民族教育方面也做了大量工作，为当地民族干部"储备"了越来越多的人才。在调查中，笔者发现在考取大学方面，当地政府以资金奖励的形式鼓励东乡族人民接受高等教育，为当地培养人才。

中共小金湾东乡族乡委员会、乡人民政府关于对 2012 年高考成绩优秀学生进行表彰奖励的决定[①]

各党支部、村委会、乡属各站所、驻乡各单位：

近年来，我乡教育事业迅猛发展，本乡学生在高考中取得优异成绩。2012 年，本乡学生共有 7 人考取省内外大专以上学校。为落实教育优先

---

① 此文件为小金湾乡政府红头文件，由当地政府办公室提供。

发展战略地位，表彰先进，树立榜样，激励更多的小金湾乡学子刻苦学习，努力成才，在全乡形成关于教育、热爱教育、支持教育的浓厚氛围，为全乡经济社会发展、跨越式发展提供强大的智力支持，经乡党委、政府研究决定，对2012年考入国家统招普通院校（二本）的学生经马青龙、汪秀、张小龙等3人给予每人当年一次性3000元资金奖励；对2012年考入国家统招普通院校（三本及高职）的学生马学文、马十四、马军、马维龙等4人给予当年每人一次性2000元资金奖励。

希望受表彰的学生戒骄戒躁、积极进取，早日成为报效祖国、建设家乡的栋梁之材。乡党委、政府号召，广大小金湾民族学校学生要向受到表彰奖励的学子学习，以他们的努力和成绩为榜样，拼搏进取，争创佳绩，为推动我乡教育事业发展，为共同建设幸福美好小金湾乡而努力奋斗！

附：小金湾东乡族乡2012年高考成绩优秀学生奖励名单。

二〇一二年八月二十八日

表3-3　　小金湾东乡族乡2012年高考成绩优秀学生奖励名单

姓名	性别	民族	批次	录取院校	录取专业	奖励金额
马青*	男	东乡	二本	兰州理工大学	会计学	3000元
汪　*	女	东乡	二本	甘肃民族师范学院	教育学	3000元
张小*	男	东乡	二本	吉林美化大学	园艺工程	3000元
马学*	男	东乡	三本	西北师大知行学院	法学	2000元
马十*	男	东乡	三本	兰州理工技术工程学院	金属材料工程	2000元
马　*	男	东乡	高职	兰州石化职业学院	应用化学技术	2000元
马维*	男	东乡	高职	兰州外语职业学院	计算机	2000元

资料来源：玉门市小金湾东乡政府综合办公室。

从小金湾民族教育的发展，我们可以看到，东乡族生态移民搬迁之后，教育方面的巨大变迁，为当地东乡族民族干部的培养奠定了基础。当然，并不是每个东乡族移民新区都有这样令人喜悦的情况，相对于小金湾，古浪县东乡族移民点的教育情况不容乐观。由于居住分散、人口相对较少，而且交接手续迟迟没有办理，虽然在当地移民村修建了简易学校，但是由于政府管理的缺位，以及教师的缺少，只有维持了三年便终止，所以这里的民族教育状况令人担忧。因此，这里的东乡族民族干部培养存在后续无人的隐患。

2. 加强在职东乡族民族干部培训学习

为了发挥民族干部的作用，提高东乡族民族干部的整体素养，当地政府采取多种形式，来提高民族干部的综合素质和管理服务能力。主要有以下三种形式：

一是开办培训班。当地政府在注重干部工作的同时，又十分关注东乡族民族干部的能力培养。根据新形势的要求和工作的需求，当地政府都能每年举办若干次针对少数民族干部的培训班，对其进行政治理论、法律法规、科普知识等方面的培训学习，进而提高东乡族民族干部的管理能力和服务水平。调查中，移民新区的一位领导干部这样讲述他们的民族干部培养方法：

> 干部的成长与政府也有一定的关系，一个好干部的基础知识是学校培养的，而一般行政管理能力和服务水平是政府培养出来的。干部是连接政府和老百姓的一座桥梁，在我们这个民族乡，东乡族干部素质的高低直接影响到我们这里的发展问题。现代社会发展变化较快，如果干部的能力不能紧跟社会的变化发展，就不会与时俱进，更不能更好地服务于地方。尤其是国家的政策理论，只有干部读懂了、理解了，才能在地方落实。所以，我们每年都要举办几次培训班，首先是针对国家政策理论方面知识的培训学习，其次是法律法规，再次是管理科学，还有其他一些新东西，等等。这样做的目的是不断提高他们的整体素质，能够很好地为我们地方经济社会发展服务，最希望他们能够做一个好的管理者和服务者。（WHM，汉族，38岁，乡党委副书记，乡政府）

二是鼓励在职学历教育。当地政府积极鼓励东乡族民族干部的在职学历教育工作，他们主要通过参加自学考试，进入省市党校学历班或兰州大学、西北师范大学等高校研究生进修班学习，进一步提高学历教育。这方面移民新区中小金湾可属最好，至少有 10 名东乡族干部通过各种渠道提高了学历。当地一位干部给笔者讲述了他的求学之路：

> 我是酒泉师范学校毕业的，那时我们东乡族有这样的学上，已经算很好的了，大多数人不念书，我算幸运的一个。师范毕业后，当时

正好有政策，鼓励学生继续深造，我就又上了两年的大专，之后回到家乡，走上了工作岗位，做了一名普通的政府科员。工作了几年后，我们发现大学生越来越多，社会变化也很快，很多新思想、新理论出现的比较多，变化也很快。我就有一种感觉跟不上时代的苦恼，领导毕竟是领导，他们眼界开阔，考虑长远，一直鼓励我们继续参加成人自学考试。我就在领导的鼓励和支持下，报考了西北师范大学的自学考试，2009年顺利拿上了本科学历，现在我们乡上我的学历也算是最高的了。（MWG，东乡族，36岁，干部，乡政府）

三是挂职锻炼做好"传帮带"工作。当地政府有计划地组织少数民族人才到基层、上级机关、综合部门或经济较发达的地区考察学习、挂职锻炼、轮岗交流，培养他们处理各种突发事件、驾驭各种复杂局面的能力。如瓜州县2011年先后从老乡镇选拔5名明星村党支部书记、6名站长、所长到新建移民乡兼任村支部书记，从县直部门和乡镇抽调21名机关干部到移民乡驻点帮扶工作，选拔一批移民乡村干部到老乡镇挂职锻炼，并通过参观交流、外派考察、集中办班等形式，加强对移民乡村干部和少数民族干部的培养。移民新区地方政府为了在移民群体中培养干部，拒绝接受东乡族原居住地的干部：

前些年，我们这里来了几个东乡县的干部，我们没有接受，原因有两个，一个是我们这里是百姓移民，不是干部移民，东乡县的干部家属都在东乡县，我们认为他们过来工作不会是很安心的；另一个是我们想培养本地区的东乡族干部，因为现在我们有这个条件，不像移民初期，东乡族大学生很少，干部培养困难，但是现在东乡族大学生越来越多，我们以培养当地的东乡族干部为主，希望通过他们能给移民社会带来更多的收益。现在我们也很注重东乡族干部的培养，尤其对一些在岗干部，进行挂职锻炼，比如领导干部，派到高一级的相关单位部门挂职三年，然后回来继续在其领导位置上做好管理和服务工作，这样的效果很明显，特别是带回来一些先进的思想和理念，对我们这里的发展帮扶很大；一般的干部挂职到附近的其他乡镇，有些直接下乡锻炼，目的是让他们深入群众，了解群众，这样就会想老百姓之所想，对于基层来说，这样的做法很实际。（WHM，汉族，38岁，

乡党委副书记，乡政府）

二　移民新区东乡族民族干部的选拔

少数民族干部的选拔与任用，不仅是贯彻落实党和国家民族政策的具体实践，也是促进少数民族经济社会文化发展的重要保障，更是维系少数民族情感、激发少数民族群众能动性的关键。

历史上，东乡族移民新区所在的河西地区就是一个民族交流、融合的地区，特别是新中国成立以后，先后成立了天祝藏族自治县、肃北蒙古族自治县、阿克塞哈萨克族自治县、肃南裕固族自治县等少数民族自治县，当地政府在民族政策的贯彻执行和管理服务方面已经积累了一定的经验。当地政府在接管东乡族生态移民后，及时制定相关政策法规，积极培养选拔少数民族干部，加强对少数民族乡镇的管理与服务。比如，酒泉市在《2012年公开选拔160名科级领导干部公告》中关于资格条件第3条中就有如下的规定：

> 根据中组部、中央统战部、省委组织部和省委统战部关于培养选拔少数民族干部、女干部和非中共党员干部的要求，考虑部分职位选拔"三方面"干部，进一步优化各级领导班子结构，储备人才。少数民族职位报名、笔试、面试可不受规定人数和比例限制。

玉门市小金湾东乡族乡成立于1998年，全乡98%以上为东乡族。玉门市要求小金湾东乡族民族乡政府的干部汉族和东乡族的比例为1∶1；在少数民族干部选拔方面，坚持德才兼备原则的前提下，同时，充分考虑少数民族人才的成长环境等客观因素，同等条件优先选拔和使用东乡族民族干部，使东乡族干部在乡镇领导班子中占有适当比例；坚持成熟一个、选拔一个，特别是严把政治关，切实把那些维护祖国统一和民族团结，具有马克思主义民族观、宗教观，工作能力较强、实绩突出的少数民族人才选拔进领导班子。2005—2007年，酒泉市政府每年招考分配两名东乡族大学生到小金湾乡政府担任干部，之后由甘肃省统一招考录用分配。2007年8月玉门市政府联合财政局，将当地东乡族的中专生，组织统一考试，纳入编制，解决了大部分就业问题。笔者在2012年8月调查时，全乡乡政干部共 34 名，东乡族 17 个，占干部总数的 50%，其中东乡族有 2 名副科级干部；小金湾民族学校共有教师 52 人，其中东乡族教师 7 人，占教师总数的 13.5%。

瓜州县在成立东乡族乡之后，深化各项改革，进一步完善用人制度，探索建立符合民族地方特点的干部选拔任用、人才培养、激励机制，努力建设一支符合民族特色、地方特点和要求的人才队伍。一是逐步优化民族乡领导班子结构，五年内在领导班子中配备 1 名少数民族领导干部，配备 1—2 名少数民族中层干部。全县民族女干部的配备比例占到少数民族干部总数的 10%以上。二是逐步提升民族村班子文化素质，民族村两委主要负责人中至少有 1 名达到初中以上文化程度。满足和改善少数民族干部队伍现状，围绕重点产业、支柱产业和经济社会发展急需紧缺人才，每年引进 1—3 名大专以上学历应届毕业民族大学生。对有特殊民族语言的乡镇学区，该民族教师的配备应占到学区教师总数的 5%。瓜州县在 2011 年换届中选举出了出席市第三次党代会少数民族党员代表 2 名、市第三次人代会少数民族代表 5 名（女 5 名）、市政协第三届委员会民族宗教界委员 4 名；出席县第十四次党代会少数民族党员代表 6 名、县第十七次人代会少数民族代表 9 名（女 1 名）、县政协第八届委员会民族宗教界委员 6 名（女 1 名）；各乡镇人民代表大会少数民族代表 102 名（女 20 名）。腰站子东乡族乡是 2008 年由扎花营东乡族移民基地和原腰站子乡合并成立的，全乡共有六个行政村，其中扎花营和马家泉两个属东乡族村。到笔者 2012 年年底调查时，该民族乡已有 4 名东乡族干部，其中一个属副科级干部，扎花营村小学共有六名教师，其中有一名东乡族教师。

从以上有关数据我们可以看到，在当地政府的努力下，东乡族移民区培养选拔少数民族干部工作取得了明显成效。但相对于发达地区来讲，东乡族生态移民新区在这方面还是起步阶段，还需要走很长的路程，其原因是多方面的，比如，东乡族移民新区基础教育还比较落后，人口文化素质偏低；当地政府认识方面还存在不足等。

第三节　移民政治参与

在我国，政治参与是普通公民通过一定的方式影响政治权力体系以及公共政治生活的政治行为，它是现代社会民主制度赖以存在的基础，也是民主政治的基本特征之一。① 所以,东乡族生态移民的政治参与程度,既反映出我国的政治民主程度,也反映出我国的政治现代化程度,还反映出我国公民的政治文明程度。受传统政治文化的影响,东乡族生态移民在一定历史时期对政治的认知、政治信息的获得、公共权力的认识水平以及对政治的评价都不同,其参政议政情况也不一样。

一 政治认知能力与政治态度分析

公民的政治认知水平,主要是指公民对政治事务的知晓程度。一般情况下,政治认知程度同政治信息的来源渠道多寡是相互联系、相互促进的,而信息来源渠道的开放度直接影响着人们政治参与的取向和参与的主动性。② 公民的政治态度指的是公民的政治意识和政治价值观。通过对甘肃省东乡族移民政治认知能力和政治态度情况的调查,笔者发现以下特点:

图 3-5 小金湾教育政策、司法培训会

---

① 梁丽萍、邱尚琪:《建国以来中国公民政治参与模式的演变分析》,《中国行政管理》2004 年第 5 期。

② 沈再新:《传承与固守——当代散杂居民族生活方式变迁研究》,中国出版集团 2012 年版,第 113 页。

1. 政治知识较为缺乏。政治知识是决定政治参与的一个重要因素，一定程度上讲没有政治知识就没有政治参与。笔者在调查中发现，东乡族生态移民的政治知识比较缺乏，比如，在"当代中国的根本政治制度是什么?"问题的回答中，正确率只有2.5%；在"宪法是由哪个机关制定的"问题的回答中，正确率只有1.9%。我们不难看出，东乡族生态移民政治知识的整体水平仍然非常低，绝大部分人连一些最基本的政治知识都缺乏了解。因此对政治的关心和支持程度较低，一定程度上影响了政治参与的水平。访谈中，一位农民这样说：

> 我们不认识汉字，没有文化知识，对国家的政治是一窍不通，人大代表啊、党委常委啊，等等。很多我听着都不知道是啥东西。我就知道谁是我们乡上的官员，再就是国家主席是谁我知道，其他的感觉离我们很遥远。对我来说，关心政治没有啥意思，我们这里再好的官，也不是完全为老百姓着想。就像我们村上的干部，很多好处都给自己的亲人或者朋友了，我们这些没有关系的人，一直被排除在外。所以啊，我一般不管什么选举村主任，选举什么代表呀，一旦有这样的情况，我就给村上的干部说了，你们看着办去吧，我没意见，也不管。(WXF，东乡族，48岁，农民，WXF家)

2. 政治态度较为冷漠。由于受原有自然条件、历史文化等因素的影响，东乡族生态移民群众在搬迁后对于政治关心度不断上升，但仍表现为对政治的冷漠。如在对138人的调查中，对"您对政治感兴趣吗"这一问题的回答中，回答"很感兴趣"的11人，占8%；"感兴趣"的27人，占19.6%；"一般"的48人，占34.8%；回答"不感兴趣"的52人，占37.7%。在村民感兴趣的问题中，大多是廉政反腐、社会治安等问题。

3. 对中央政府的相关政策持肯定态度，但对基层干部的信任度较低。如在"您对国家当前的移民政策是否满意"这一问题的调查中，分别有101人（占73.2%）与33人（占23.9%）的调查对象选择了"非常满意"与"比较满意"，而选择"一般"是只有3人（占2.2%），没有人选择"不太满意"和"很不满意"，持"无所谓的"有1人（占0.7%）。但移民又普遍认为，地方政府执行中央政策不得力，对政府官员比较失望，部分干部腐败，应加强对腐败的惩处力度，特别是对移民初期调派移民基地的部分干部，移民群众的意见普遍很大：

> 我们刚搬来的时候，几乎就是没人管的状态，我们也经常打听有没有补助什么的，那时我们非常困难，可一年下来，也只能得到一袋面粉，或者百十来个蜂窝煤。大多数好处还常常是干部的亲戚得到了，与别人无关。我们也知道国家和政府对我们移民好，在搬迁上，都有各种各样的补助，现在社会人不会都是傻子，信息又很多，我们不去乡上，通过别人的口，就能知道很多东西。但是县官不如现管，百姓对那些心不公的干部又能咋样？你不要找事了，还能得点东西，一旦你找事，可能啥也得不到。当然有好干部呢，不是全都是那样，大多数干部还是可以的。（ZJK，东乡族，40岁，农民，田地里）

二 政治信息的获得与政治参与技能

政治认知的程度在很大程度上取决于政治信息获得渠道的多寡与通畅程度。东乡族移民搬迁前大多生活在东乡自治县山区，交通落后、信息闭塞，加之对伊斯兰教信仰某种程度的不全面理解，不接触电视、电脑等现代媒体等方面的原因，他们对外界事务了解很少，缺乏接触和认识政治事务的机会和条件。搬迁到河西地区后，随着经济社会文化的不断发展以及受当地汉族群众的影响等因素，人们的观念不断更新，政治信息渠道得到一定程度的拓展和疏通，获得的政治信息不断增多。据调查，在玉门市小金湾东乡族乡家庭中，有电视的占到79.2%，有电脑的占1.6%。在"您通过什么了解国家大事"的问题中，回答是"电视"的占到35.3%；在"您最喜欢的电视节目是"的问题中，回答是"新闻联播"的占28.4%。在"您通过什么了解当地大事"的回答中，"聊天"和"村干部传达"一共占87.5%。此外，普法宣传、参与投票选举与村民议事会等，也是村民积累政治知识的方式。在东乡族生态移民新区，基础实现了"五通"（通路、通水、通电、通话、通广播电视），农民对地方政策或干部有什么不满，很快就会传播开来。因此，村务公开等如果不按正式程序定期公开，就会按非正式传播的规律，在村民群众的质疑中扭曲地"公开"。

政治参与技能即指能灵活地运用权利以保护自己的利益。这方面的调查结果有些令人失望，在被调查的村民中，绝大多数既不知道自己的权利，更不知道当自己有利益表达时如何行使权利。在被调查者中，有32.5%的东乡族生态移民甚至对最能体现民主和权利的选举权利熟视无睹，有35.6%的移民认为利益表达的方式有选举、上访、写信向政府反映情况，只有5.9%的人选择了法律诉讼。

移民新区的东乡族随着当地社会的发展，政治信息的获得渠道多元化趋势加强，如大量的电视新媒体进入东乡族移民社会，带给了当地民众大量的政治信息，又随着电脑的逐渐增多，民众选取信息的自主性也在加强，这对于当地百姓来说，为了解政治、参与政治提供了便利的条件，也提高了他们的政治参与技能水平。但是，由于各方面因素所致，大多数百姓的政治参与还是有限的。如当地的部分人认为"选举是个别人的事"：

> 现在村上的领导是选举产生，所谓的大家选举，但是在实际操作过程中，水分还是比较大的。现在干啥都需要有钱，就拿我们"干教门"（伊斯兰教实践——笔者注）都需要钱，有钱有势的人都在清真寺说话算数，没钱的人靠边站。选官也是一样，有钱有势的人都在争村干部，而没有钱的人，想都不敢想。一到选举村干部的时候，有些想当官的人，开始走村串户，拉拢关系，听说还有买选票的事情。再到上一级的政府干部选举、各种代表选举，都与我们没有多大的关系，我们也不想参与，那是别人的事情，我们管不着。（WXF，东乡族，48岁，农民，WXF家）

三 政治参与

政治参与是随着西方行为主义政治学的兴起而产生的一个概念，是政治科学的一个基本范畴。在现代政治学研究中，制度化政治参与是衡量一个国家政治民主化和政治发展程度的重要指标。东乡族生态移民初期由迁出地移民指挥部选派干部来迁入地进行管理和服务，但由于空间距离较远、信息不能及时疏通，以及部分干部思想意识落后，这些移民指挥部往往形同虚设，不能起到行政单位应有的作用。迁出地与迁入地政府进行移民交接后，当地政府成立了民族乡、村以及村委会，正式在国家在场情况下进行村落管理的服务。在这一过程中，东乡族生态移民的政治参与表现出明显的由非正式制度化政治参与过渡到制度化政治参与的阶段性过程和特征。

(一) 移民非制度化政治参与

移民初期，由于政府管理的缺位，未能给东乡族移民提供一个良好的政治参与平台，他们的合法性处于尴尬地位。作为弱势群体的东乡族生态移民，当其利益受到损害时没有完善的利益渠道，来及时有效地表达自身的诉求，而当这种损害发展到一定的程度，他们不得不拿起"弱者的武器"，往往会倾向于采取非正常手段进行维权或对抗，来试图维护自身的利益，这就表现为非制度化的政治参与。如：

> 我们刚来这里的时间，原来的政府管不上，这里没有我们自己的乡镇，只有几个工作人员在管理，很多管理都跟不上，遇上麻烦也没人管。记得当初浇水很困难，庄稼种在地里了，苗都出来了，需要浇水，但是没办法浇水。我们就到水管所去，跑了好几趟，没人管，后来我们集体去还是没人管，得不到解决。我们就派了几个人到水管所，他们不解决我们就不离开，和他们一直对抗。直到解决了为止。（MYH，东乡族，62岁，农民，MYH家）

近年来，随着相关政治制度的正规化，当地政府对少数民族移民工作认识的提高以及移民群众文化素质的不断提高，上述情况已发生了很大变化，非制度化政治参与逐渐向制度化政治参与发展。

(二) 移民制度化政治参与

随着移民新区民族乡的成立，国家权力直接渗入移民社会当中，社会管理步入正规化渠道，给移民的制度化政治参与提供了可能，对当地社会管理起到了很大的作用。通过几个移民新区的调查，我们发现当地东乡族移民的制度化政治参与具有以下几个特点。

第一，政治参与的积极性逐渐提高，但总体情况仍然处于低级水平。绝大部分东乡族移民原居住于边远偏僻、环境恶劣的山区，长期处于落后和不发达状态，经济的不发达和生存环境的封闭性，使得人们缺乏参与政治生活的"闲暇时间"，其深层的政治心理、政治情感等也较少与外界交流，政治生活与其他地方相比具有明显的封闭性、保守性和盲从性。移民新区的东乡族移民由于"惯习"和某种程度上政府在管理方面的缺位，以上情况仍然存在。如对于"您是否亲自参加过民主选举"的问题回答中，只有68.3%的村民选择了"参加过"，而31.7%的村民选择了"没有参加过";在"您认为在村庄的公共事务中谁的影响力最大"的问题回答中,"村干部"所占比重并不占主导,只占39.1%,而"村民"只占到4.4%。如图3-6所示。

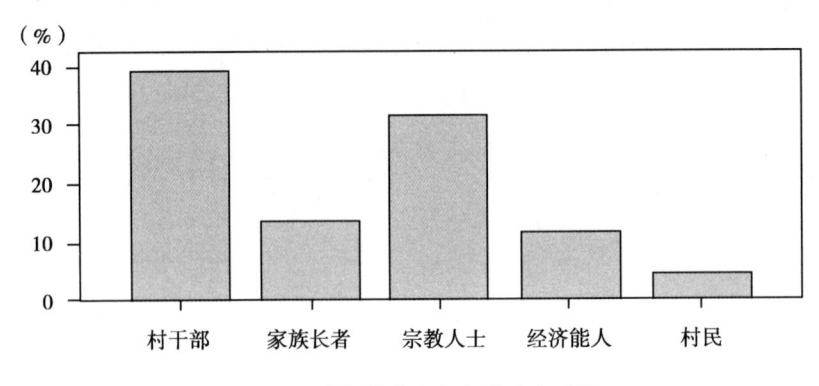

图3-6 在村公共事务中影响力对比

在调查中笔者发现,东乡族生态移民在政治参与行为实践中,总体表现比较冷漠,政治参与的程度和主动性、积极性都不高,特别是政治生活中某些假、大、空的做法,往往导致他们主动地放弃对政治的参与,或以消极的态度来应付了事,但随着社会经济文化的不断发展,当前移民中,中青年农民对政治有较高的关注度,政治参与总体上呈现出向健康、积极、稳定的方向发展态势。在"您是否亲自参加过民主选举"的问题回答中,18—30岁和36—40岁的移民分别有77%和85%的选择"参加过",而41—60岁和60岁以上的移民选择"参加过"的人数分别占50%和48%,如表3-4所示。

表3-4 不同年龄阶段参加民主选举情况对比表

		是否亲自参加过民主选举			
		是		否	
		人数(人)	百分比(%)	人数(人)	百分比(%)
年龄	18—35岁	40	0.77	12	0.23
	36—45岁	69	0.85	12	0.15
	46—60岁	33	0.5	33	0.5
	60岁以上	20	0.48	22	0.52
合计		162		79	

第二，宗教对移民政治参与的影响较大。宗教作为一种文化和信仰，在东乡族生态移民中有着广泛影响，渗透到群众生活的方方面面，从而对其政治参与产生重大影响。东乡族在伊斯兰教"两世幸福"说的影响下，寻求以今求后世之道，在这种情况下，宗教人士在社会生活中起着非常重要的作用，在某种程度上是东乡族群众心中的权威之一。宗教人士利用宗教信仰，很大程度上干预了当地群众的社会生活和政治生活。比如，当地村民之间发生日常纠纷时，通常不会去寻求政府或村委会解决，而是寻求宗教人士的介入。再比如，在村干部的选举上，宗族势力也往往有很大的影响力，甚至操纵村组干部的人选。一些单门独户、教派人数较少或人口较少的家族成员很难当选村干部。这些受宗族影响的农村干部一旦上台以后，也会给予他们好处。这给村民政治参与造成了恶劣的影响：

> 我们这里有两个伊斯兰教派别较大的东乡族，二者人口都较多，且经济实力也较好。在村干部的选举上，二者之间的竞争比较激烈。之前其中的一个派别的人担任村干部，政府给群众的救济款、物资都给自己教派内部的人。其他教派的东乡族得到政府资助的情况比较少。这样就造成很不好的影响，东乡族内部之间的矛盾不断产生。鉴于此，为了避免教派在争夺世俗权力而带来的宗教矛盾，进而引起广泛的社会矛盾，政府决定村干部人选，由其他教派的人担任。虽然这两教派都不是很满意，但是政府有决策权。（MGM，东乡族，33岁，教师，学校办公室）

第三，传统政治文化的消极层面，构成了东乡族生态移民政治参与的心理障碍。

政治文化，是指每一民族或社会的人们由学习和社会传承而获得的关于政府权力和政治行为模式的一系列态度、观念、信仰和心理反应等。[①] 在特定民族中，民族成员"生活在民族政治文化的环境氛围之中，并在其中学习和掌握民族政治文化与独特的民族政治生活方式，接受和传承该民族的政治观念、信仰、理想和价值观，同时，他们在社会化过程中，也

[①] 杰克·普拉诺等：《政治学分析辞典》，胡杰译，中国社会科学出版社1998年版，第111页。

介入民族政治文化的创造，参与民族政治文化发展与变迁"①。东乡族的政治文化是在伊斯兰教与中国传统文化的双重影响下形成的。传统的东乡族政治参与以代理型参与为主，即通过托付亲友等方法解决问题，表达政治诉求。东乡族生态移民都很看重人情和情面，无论做什么事情，他们首先考虑的都是亲缘、教缘关系。正是碍于情面，使政治参与本身失去了应有的公平性。如：

> 人都是有私心的，这是正常的，但是私心过于明显就显得不太合适。我们东乡族特别注重亲戚和亲人关系，如果不能给他们面子，或者他们需要帮助时，你没有帮助，大家都会看不起你的，认为你这个人"六亲不认"。所以，在一些事情上都会看面子的，一旦看面子办事情，很多时候都会办错事的。如果我的亲戚在村上当官，可以说我们就没有发言权了，一切都由他代替我们了。哎呀，很多事情没办法说，如果按照国家的政策和要求就很公平了，但是你会得罪自己的亲人朋友；如果让亲友满意了，就会失去公平。现在的工作不好干，所以，很多关于我们村上的政治事情，我们能不参加就不参加吧，少惹麻烦最好。（MDC，东乡族，55岁，农民，村头）

东乡族生态移民通过搬迁，在当地政府接管以后，正式成为当地的主人，而且在当前我国的政治参与群体中，已成为公民政治参与的重要组成部分。目前，他们正经历着从非制度性政治参与向制度化政治参与的过渡，而且其政治参与受多方面因素的影响。正因如此，使得其对基层干部的不信任，也导致基层政权和农村的不稳定。近年来，在村民选举等政治活动中，受当地政府的全面指导，这种由上而下的指导无异于意识形态上的一种输入，在国家影响的平台上民主政治参与意识得以逐渐激发和活跃。我们务必及时构建一个由非制度化走向制度化的路径体系，充分发挥体系中各个要素之间的相互配合、相互依赖、相互影响作用，才能够推动东乡族生态移民政治参与的良性发展。

---

① 周星：《民族政治学》，中国社会科学出版社1993年版，第140页。

第四章　文化生活适应

毋庸置疑，任何一个民族的文化，始终是处于持续变化之中，特别是当与异质文化发生接触时，变化会更加快速。东乡族移民应保护传统文化的精神形塑现代文化，为实现本民族现代化发展提供精神资源。这种立足本民族传统、追求现代文化理念，是东乡族移民文化适应的最佳选择。拥有深厚民族传统文化的东乡族移民，居住地由落后、封闭、偏僻的山区变成相对发达、开放、便利的川区的变化，导致其所处文化格局也发生了相应的改变。当面对不一样的社会文化环境时，必须会发生传统与现代、"自我"文化与"他者"文化之间的冲突与调适。

第一节　语言文化变迁与适应

语言是人与人沟通的工具之一，社会发展是语言演变的基本动力，语言是社会文化变迁的一面镜子。某一时代社会生活决定了该时代的语言内容，语言可以反映特定时代的社会现象、经济生活及社会意识。[1] 除了个别民族外，大多数民族都有自己的民族语言，语言是区分不同民族的重要标志之一。不同语言民族间的互动和交流，都会影响到彼此之间的语言文化。在移民社会，相互理解和"借用"异族语言文化，是各民族相互交流、融合的前提，也是移民适应当地社会的第一道"门槛"。东乡族有自己的语言，属阿尔泰语系蒙古语族，但没有相应的文字，该民族的历史文化主要是通过民间口头文学的形式传承的。东乡族移民新区，汉语的使用频率高于东乡语，致使其语言文化发生变化，呈现出与当地文化相适应的现状。

---

[1] 罗常培：《语言与文化》，北京出版社2004年版，第109页。

一 东乡族移民语言使用的变化

在调查中笔者看到，东乡族移民从原来说自己民族的语言——东乡语，逐渐改说汉语，同时对东乡语的熟练程度一代比一代差，而对汉语的熟练程度却一代比一代强。这种变化，在调查材料中表现为年龄与东乡语应用能力呈正比关系（见表4-1）。

表4-1　　　　　　　　不同年龄段人群东乡语应用能力情况

年龄组（岁）	人数	掌握东乡语不同程度所占有百分比（%）			
		很好	一般	差	不会
0—5	20		39.5	25	34.5
6—20	30		20.5	32	47.5
21—30	20		60	35	5
31—40	12	34	40	26	
41—50	8	78	22		
51—60	8	92	8		
60以上	11	100			

资料来源：笔者问卷调查资料，2008年7月。

从表4-1可以看出，高年龄组比低年龄组东乡语熟练程度高。而东乡族移民汉语能力则正好对应（见表4-2），即低年龄组的汉语能力比高年龄组的强。

表4-2　　　　　　　　　　年龄与汉语能力

年龄组（岁）	人数	掌握汉语不同程度所占有百分比（%）			
		很好	一般	差	不会
0—5	20	68		32	
6—20	30	100			
21—30	20	100			
31—40	12	74	26		
41—50	8	75	25		
51—60	8	50	50		
60以上	11		36	64	

资料来源：笔者问卷调查资料，2008年7月。

可见，第二代移民的汉语能力提高了，但却逐渐弱化了本民族语言。从表4-2的数据就能清楚地看出这点。

从总趋势上看，高年龄组比低年龄组的东乡语能力强，1—5岁年龄组的比6—20岁年龄组的东乡语能力强，而汉语能力差。这实际上反映了一个社会学的命题：对学龄儿童的社会化来说，家庭起着重要作用。笔者在考察中发现，在家庭的社会化中语言环境中，东乡语略占优势。另外，低年龄组东乡语能力的分布不均匀，主要是由于家庭语言环境不同造成的。这里所指的家庭语言环境主要有两方面的含义：（1）生活在核心家庭还是扩大家庭；（2）母亲的东乡语能力如何。表4-2又告诉笔者，40岁以上的东乡族移民东乡语能力都不错，因此其子女所处的家庭语言环境不论家庭类型如何，基本上是一样的。年龄在20—40岁的家庭成员中，东乡语能力则有一定的差异，尤其是妇女因其出生地、民族成分不同而造成了东乡语能力存在很大差异。在古浪县东乡族移民新区，由于年龄、家庭等关系原因，东乡语能力在一定程度上反映出逐渐衰退的趋势。汉语的转用和双语并用成为当地语言文化发展的普遍趋势。

二 东乡族移民语言变化的原因

一是文化原因。文字的产生是文化发展至较高阶段的重要标志，无文字民族的语言和历史文化只能靠口耳相传，很容易被打断，进行正规的学校教育也是困难重重，同时，语言本身也无法得到有效规范。东乡语没有文字，本民族语言无法在学校教育中得到传承。广播、电视现在是人们获取知识、信息的重要途径，但我国的广播、电视的语言使用以汉语为主，这对东乡语产生了巨大冲击，致使东乡语在移民社会中的应用受到较大的限制。

二是语言在社会中的价值取向原因。语言的发展同社会的发展密切相关。语言发展的动力是语言的应用，是这种语言在社会中存在的价值取向。语言按其应用场所和环境可以分为工作语言、生活语言、家庭语言三个层次。除了工作语言外，生活语言和家庭语言都难以在社会广大人群中行使交际职能，已丧失了社会使用价值。东乡族移民除了内部使用东乡语外，其他社会场景中都无法使用，尤其在与其他民族的交往中，限制比较大。所以，东乡族移民因就业、工作的需要必须掌握汉语。

三是居住格局的原因。东乡族移民虽然聚居于新移民区，但相对于周边的汉族群众而言，人口处于绝对少数，所有的东乡族移民村几乎处在汉族的"包围"之中，呈"大分散、小集中"居住格局。在这种交错杂居的状态下，因生产生活的需要，不断与周边汉族群众接触，随着时间的推移，东乡族移民在掌握母语的同时，也需掌握与当地人通用的汉语。

四是语言特点相似原因。东乡语中有近50%的汉语借词，这不仅给移民学习汉语提供了有利条件和在短时间内掌握该语言的可能，而且在语言使用过程中，对汉语的认同感也逐渐增强。

五是国民教育原因。东乡族移民搬迁之后，适龄儿童的入学率逐年增长，到目前已达到100%。国民教育的发展促使东乡族移民儿童对汉语的掌握程度越来越高。

六是开放包容的民族性格特点原因。每个民族都有自身的性格特点，有些民族是较为保守封闭的，有些民族则是较为开放包容的。开放包容的民族性格特点会使东乡移民容易接受先进的文化科技，促进该民族的经济文化发展。东乡族移民在商业活动中与汉民经济往来频繁，对其汉民族容易持有宽容、接纳的态度，因而在转用汉语言时心里较为适应。

另外，东乡族移民语言使用不仅随语言主体的社会特征，如年龄、性别表现出不同的特点，而且还随语言主体所处的社会环境产生差异。东乡族移民处在一个多民族杂居的文化交汇区，这一特殊的生活环境决定了他们必然以"多语人"的身份出现。东乡族移民因为经济流通太多的需要，为了交际生活的需要"学习多数人的语言"，这也是民族善于接纳包容的表现。

从东乡语在移民中的社会功能衰退的背景我们可以看到，在社会变迁的过程中，人口较少族群的语言丢失和濒危是同其社会的发展、进步交织在一起的，而这种"得此失彼"的结果当然是我们所不愿意看到的，但这似乎是历史发展的必然。东乡族移民努力保持自己的母语，但由于社会的发展及环境的变化，母语已远远不能满足民族发展的需要，于是在东乡语中出现了越来越多的合成词及借词，交叉使用两种语言的情况更是普遍。然而，我们必须明白，文化适应的过程是建立在对本民族文化持守的基础之上，否则，就是文化的同化和遗失。即适应和持守构成了东乡族移民文化的两个基本面向。

第二节 教育的调适与适应

一 "神"（安拉）的世界：东乡族移民教育的记忆

东乡族有"撒尔塔"的自称，有人认为，"撒尔塔"是 13 世纪前后中亚地区的古代民族之一，后随成吉思汗率领的蒙古军东返时，留驻在东乡地区，从事镇戍、屯垦和养牧活动，以后又有中亚前来传播伊斯兰教苏非派教义的撒尔塔人定居于此，因而他们共同构成了东乡族的主要来源。[①] 由此可见，伊斯兰教从东乡族形成之初就成为其民族文化的鲜明特

图 4-1 小金湾民族学校

征。在传统的东乡族社会中，宗教文化渗透于社会生活的方方面面，教育模式也不可避免地打上了"伊斯兰教"的烙印，这就决定了东乡族人将传统的"经堂教育"作为其民族教育的主要模式，从而也使伊斯兰教文化形塑了东乡族人对待教育的观念和行为。新中国成立后，东乡的学校教

---

① 宋蜀华、陈克进：《中国民族概论》，中央民族大学出版社 2001 年版，第 518 页。

育取得了较大的发展，但仍然有明显的"伊斯兰教"烙印。调查中，一位群众跟笔者谈及未搬迁之前的东乡族教育：

> 我们东乡人，是安拉的"班代"（信徒的意思），一切事情，都要为安拉哩。我们每天的五次礼拜，都是为安拉而做的。还有其他的很多啊，你可能就不太懂了。包括我们的一些年轻人，现在也都不是很懂，一知半解。我们离不开伊斯兰教，也离不开"念经人"。每次在做主麻之前，满拉（"念经人"）都要念一段古兰经呢，我们叫"赞圣"。平时在亡人的日子上，也要请阿訇满拉干"尔麦里"呢。这是穆斯林最基本的东西。还有在平常的生活中，比如要吃个牛羊肉，都要念经人宰呢，哎，一句话，我们总是离不开伊斯兰教。所以，我们不希望孩子念书去，一旦念书的话，那就把我们的教门丢了，啥也不成了。没有人念《古兰经》了，也没有人赞圣了。吃个羊也没人宰了，我们不可能随便把它宰了，我们宰羊都要诵经，以安拉的名义要宰呢。也不可能把"生灵"（主要指牛羊鸡等穆斯林允许食用的动物）随便宰哈。(MCL，东乡族，68岁，农民，MCL家)

教育是一个社会成员社会化的主要途径。可以说东乡族这一族群是以伊斯兰教为纽带而建构形成的，围绕着伊斯兰教的教义、教规，东乡族形成了自身一套独特的文化模式。特殊的住居格局客观上阻碍了外来文化对东乡族文化的侵蚀，因此在未搬迁之前，凭借世代以来在民族成员中形成的历史惯性，伊斯兰教文化既沉淀在他们心灵的最深处，同时又形塑着他们社会生活的方方面面。在日常生活世界中，东乡族将口耳相传的伊斯兰教文化内化于认知结构的深处，形成一种类似于布迪厄所言的"惯习"，而这种"惯习"作为族群集体记忆的核心内容，处处形塑着他们在日常生活的各种行动。因此，从这个意义上说，"经堂教育"既是东乡族沿承"惯习"的主要途径，同时也是受"惯习"决定的行为结果。

然而，大规模地搬迁却从根本上改变了东乡族千百年来一直遵循的教育模式，古老的"经堂教育"在远离东乡故土的河西走廊遭遇了极大的危机：

> 我们以前在临夏，人们叫那里为河州。外面的人也叫"中国的

小麦加",为啥叫"小麦加"呢,就是因为我们那里的伊斯兰教非常好。也出了一些大"阿林"(有知识的人)大阿訇。清真寺里的满拉(念经人)也很多,老百姓也对教门很支持,尤其是对一些念经人(满拉)很支持。老家的我们那个寺上念经的人很多,有些吃在寺上住在寺上。这些费用都是由我们寺上的老百姓支持的。不光是我们本地的,还有从新疆、宁夏、云南等地方来的念经娃娃,在我们寺上"住学"呢。我们的娃娃从小都要到寺上念经呢,学些我们伊斯兰教的基本知识。已经形成一种风气了,娃娃们都对念经很重视。可是现在,到这里已经不一样了,娃娃们对念经不太重视了,都想出去挣钱去,还有念经很枯燥和单调。一句话,还是为了生活吧,这里不像老家那里,啥都要钱呢,没有钱不能种地,哎,没钱就是寸步难行吧。所以,这里的寺上念经人没有以前老家那里多了。(MCL,东乡族,68岁,农民,MCL家)

格尔茨这样阐释文化的概念:"马克斯·韦伯提出,人是悬在由他自己编织的意义之网上的动物,我本人也持相同的观点。于是,我以为所谓文化就是这样一些由人自己编织的意义之网。"[1] 可见,文化概念具有明显的建构性与社会性。文化是由人建构的,对于文化的界定也是由特定的行为模式所决定的,所谓文化,即是更高层次上的"人化"。文化并不是抽象的概念,它寄存于人们特定的思维方式和行为模式之中。对于一个特定的民族而言,民族成员在长期与自然环境与社会环境互动过程中形成了统一的思维方式和行为模式,因而也就建构了民族传统文化这张"意义之网"。但是,诚如美国人类学家伯恩夫妇在《文化的变异》中所言:"正如没有哪个人会永远不死一样,没有哪一种文化模式会永远不变。"[2] 一种文化模式的建构过程实际上也是一个族群同周边自然环境和社会环境互动的过程。搬迁使东乡人远离了自身的故土,他们眼中的河西是一个陌生的社会环境、一种截然不同于故土的自然生态。周边环境的改变,改变了东乡族人与自然、社会环境的互动模式,而正是在这一种新的互动过程之中,东乡族的传统文化模式也悄然嬗变——年轻的东乡族面对着新环境

---

[1] 克利福德·格尔茨:《文化的解释》,韩莉译,译林出版社2008年版,第5页。
[2] C. 恩伯、M. 恩伯:《文化的变异》,杜杉杉译,辽宁人民出版社1988年版,第533页。

中的现代化因子，在与环境不断调适的过程中建构了新的"意义之网"，而作为传统文化模式根基之一的"经堂教育"也不可避免地面临世俗教育的挑战。

二 博弈与选择：东乡族移民教育的调适

变迁和调适是文化的存在状态，社会的大发展让少数民族移民也享受到了现代化的发展成果，现代社会的文化大变迁逐渐从城市延伸和渗透到乡土社会，其中最主要的表现形式之一就是学校教育的发展改变了移民原有的教育模式，尽管它是对传统教育文化的冲击，但它不可抵挡地改变着村落的文化生活，从而使之更能适应当地的发展进程。以社会学的视角视之，东乡族教育模式的变迁过程可以视为一种建立在特定时空维度上的社会行动，政府、学校与家庭构成了这一社会行动的行为主体。我们将以田野深描的方式去呈现在教育模式转变过程中各种行为主体的"博弈"过程。

（一）政府

中国的社会结构转型过程实际上也是国家与社会相分离的过程。孙立平认为，中国改革开放以来的结构变迁，最大限度地体现在国家对社会控制能力的下降及国家与社会之间自由空间的出现。[①] 但是我们仍然看到，国家权力对于社会转型过程依然存在高度的关联性，一定意义上可以说中国的社会转型是一种在国家政权推动下的外源性转型过程，因此，代表着国家话语权的政府在特定民族社会转型过程中的作用仍然是不可替代的。具化到河西走廊小金湾东乡族移民社会，当地政府成为推动东乡族移民社会融入现代化过程中的主要力量，这一点在教育模式的转变上表现得尤为突出。

东乡族的学校教育始于新中国成立，之后便有了较大发展，但由于其所处环境及自身特殊的社会人文环境，仍然十分落后。"1982年东乡族文盲率为87%，高于当时全国32%的平均水平55个百分点，到1990年虽降低到了82.6%，但仍居全国各民族之首，而且又拉大了和全国平均水平的距离，高出60个百分点之多。直到1999年适龄儿童入学率还只有

[①] 孙立平：《转型与断裂——改革以来中国社会结构的变迁》，清华大学出版社2004年版，第3—4页。

75%，低于甘肃省适龄儿童入学率98.2%近24个百分点；小学辍学率全省仅为1.73%，而东乡族却高达10%。"①

迁入河西之后，当地政府为了在突出民族乡特色的基础上加快东乡人从传统走向现代，极其重视对东乡族移民社会学校教育的普及：要求小金湾东乡族民族乡政府的干部汉族和东乡族的比例为1∶1，乡政府现有东乡族干部17人。2005—2007年，酒泉市政府每年招考分配2名东乡族大学生到小金湾乡政府担任干部，之后由甘肃省统一招考录用分配。2007年8月玉门市政府联合财政局，将当地东乡族的中专生，组织统一考试，纳入编制，解决了大部分就业问题。不管是在何种部门从事何种职业，这些接受过高等教学的东乡族人，对当地教育的发展都有很重要的影响意义。

2005年，玉门市动员全市的51个部门和单位，共同资助小金湾东乡族学生，被资助的学生达400多人次。到2006年，国家的"两免一补"政策在当地得到了落实，玉门市政府取消了各部门单位的资助计划，大力实施"两免一补"政策，至此以后，入学率逐年提高，但是女童的入学率仍然不高。面对这种情况，乡政府每年组织人员入村入户，进行宣传教育，要求女童入学。政府大力资助大学生，2012年小金湾民族乡政府对当年考上本科的3名大学生给予了每人3000元的奖励，对考上专科的4名大学生，给予了每人2000元的奖励。另外，小金湾在农业和养殖业等方面，都得到政府移民政策的惠顾，提高了这里群众的经济生活质量，特别是"低保"覆盖了当地60%的群众，加上医疗保险制度和农村养老保险制度的实施，使得这里的困难户解决基本生活问题，也使得当地群众"生病有处医"、"生病有钱医"、"年老有所养"，这都大大地减轻了群众的负担，从另一方面来说，群众可以有钱支持教育投资，这有助于当地东乡族教育的发展。

尽管官方话语是希望通过对学校教育的普及达到使东乡族移民融入现代生活的目的，但是在这一过程中，政府并没有使用强制性的权力使这一过程"异化"：

> 让孩子接受教育是每一位家长的责任和义务，不让自己的孩子因

---

① 妥进荣：《东乡族经济社会发展研究》，甘肃人民出版社2000年版，第315页。

为没有文化而吃苦、受累是家长的期望。能够让我们的孩子不失学、好好地接受教育，并能够为孩子提供良好的学习环境，也有我们政府的责任。所以，政府派我到你们家来，目的是让孩子上学，这是我来的主要目的，也是政府的目的，更是国家对我们少数民族的要求。如果你还是不让孩子上学的话，我们也没有办法，不能给你罚款，也不能让你坐牢。就是说，不能给你任何惩罚措施，也没有理由给你施加任何压力。我们也考虑到你的自由和权力。但是，给你说明不让孩子上学的一种可能的后果，就是假如孩子以后过得不好了，可能要埋怨你当父亲的，没有尽到责任。也许，别人家的孩子上学考上大学，以后找上好的工作，过得轻松、富裕的话，你可能会有些遗憾和后悔。（ZBY，35岁，汉族，乡镇干部，政府办公室）

（二）学校

作为普及学校教育的行动主体，学校在推进东乡族社会教育模式的转变过程中发挥着实际作用，学校坚定地认为学校教育可以对东乡移民带来实际的利益。学校作为政府推动东乡族移民社会教育模式转型的运作单位，在一定程度上也代表着政府的话语：

> 首先是大环境的影响，玉门市政府非常重视教育，东乡族刚搬迁过来，不重视教育，面对这样的情况，当时的一位哈萨克族副市长曾多次来到我们小金湾学校，考察教育情况，对我们这个学校非常重视，也给予了一定的资金支持。在他的重视和指导下，我们乡政府也很重视教育。自"两基验收"以来，政府对儿童的入学率也非常重视，大力支持和宣传教育法规。还有政府对移民的政策关怀，在教育方面都给了很大的资金和政策支持，并逐年增强支持力度，这些都是政府的作用。其次是上学念书是生存的必然，农户的观念转变，意识提高。就像我们这里现在搞的各种经济作物和养殖，都需要知识的，没有技术是搞不成的，这些都让他们（农民）实实在在的看到了不上学的后果。（MWG，东乡族，32岁，农民，学校校门口）

"两西"移民的玉门市小金湾东乡族移民，由于其生存"场域"发生了巨大变化，其学校教育得到了翻天覆地的发展，当然也经历了低入学率

图 4-2 接受现代教育的东乡族学生

的历史过程。在笔者的访谈过程中，学校领导这样描述：

> 小金湾东乡族乡民族学校于1992年秋季建校，次年3月正式招收学生。当初设立了一到三年级，有6个教师，都是东乡族老师而且是初中毕业生，属于临时聘用，没有编制。学生不到二十个，女生只有7个。而当初迁入的东乡族达5000人左右，儿童的入学率可想而知。1996年，当地政府分配了6个汉族老师，原来没有编制的6个东乡族聘用老师逐渐回家当农民，离开了教师岗位，这时一到六年级只有123个学生，仍有1200多个适龄儿童失学，入学率不到10%，特别是女童的入学率是相当的低，一个班里只有三到五个女生，而且坚持到初中毕业的更是凤毛麟角。因此，女童辍学成为一个典型的教育问题。当时，当地的东乡族受教育年限平均为2.8年，办学条件非常艰苦，校舍有限且简陋。而且当时民众对教育不支持，据笔者了解，校舍每到寒暑假期间，本来就破旧的教室，被孩子破坏严重，玻璃被打碎，门窗被划破，锁子被撬了，课桌椅也遭到不同程度的破坏。后来，在政府、学校的努力下，一些家长的观念开始转变，我们学校的初中生也逐年增加，自1999年第一届学生毕业，至2012年，共毕业初中生219人，升入高中30人，中专80人，初中的升学率为50%。上了高中的学生，大多数都考上本科或专科，现在在我们乡上

工作的，包括政府部门、医院和学校，几乎都是从我们这个学校走出去的。(LXZ，汉族，41岁，教师，学校办公室)

图4-3 新区的学校电脑教室

2012年4月，当笔者走进小金湾民族学校时，看到的是整齐的办公大楼和教室，统一着装的中小学生，丰富的校园文化，这个农村少数民族移民学校与城市的中小学校几乎没有什么两样。据副校长介绍：

全校共有教师53人，其中东乡族教师为7人，5男2女，本科2人，专科5人。在校学生845人，办公楼2栋，教学楼1栋，平房教室7栋，图书室、阅览室各1间，实验室3间，教师宿舍楼2栋，公寓楼1栋。校园生均占地面积44.3平方米，生均校舍建筑面积4.6平方米。图书19850册，生均图书达19.6册以上，按照基本配备标准配备有初中物理、化学、生物实验室和小学科学实验室。信息建设按照三级标准配备，有计算机室2个，电教室1个，计算机120台。学校2010年被评为"酒泉市标准化学校"，被玉门市地震局、教育

局、科技局联合评为"示范学校"。(LXZ,汉族,41岁,教师,学校办公室)

毫无疑问,只要是去过东乡县学校之后来到这里的人都会感受到这里学校教育所发生的巨大变化。

"振兴民族的希望在教育,振兴教育的希望在教师。"一个民族的进步,现代学校教育承担着重要的责任、扮演着重要的角色。我们将以小金湾东乡族民族学校为切片,透视学校这一行为主体在东乡人教育模式博弈过程中的态度及行动。承担小金湾东乡族学校教育功能的小金湾民族学校,在促进当地东乡族的全面进步方面,扮演了重要的角色。主要表现在以下几个方面:

第一,研究型教学。针对儿童汉语障碍的现实,2006年该校申请了甘肃省教育科研"十一五"规划项目"突破东乡族儿童语言关的教学研究",分析了影响东乡族儿童汉语语言的具体因素,并提出了解决措施,如"东乡语—汉语"双语教学;教师教学语言口语化;运用多种媒体,开展视听材料教学;多种方法识字,延长识字教学时间等。之后,他们又制定了《东乡族儿童不良行为习惯矫正探究》研究课题,虽然没有被上级批准,但是他们没有停止研究,提出了影响东乡族儿童不良行为的三大因素,即家庭、学校和社会因素,并提出了一些建议,如提高东乡族儿童养成好习惯的自觉性;教师要大力言传身教;用制度约束;通过举办各种学生活动来养成好习惯;激发东乡族儿童的自信心,培养集体荣誉感;对特殊儿童要进行特殊教育;培养正确的道德观念,提高明辨是非的能力;因人施教,采取灵活多样的教育措施,等等。

第二,组织宣传队。自建校以来,每到开学时,下队入户,劝说家长送孩子上学是教师的一项硬任务。调查中学校领导告诉笔者:

> 这里的人刚开始都不太支持孩子上学,所以我们在每学期的开学前几天,都要派教师到农户家里去宣传教育法规、政策和上学的好处。有一次,我们的一位老师在入户时,问到家里几个孩子时,那家长就开始数孩子,但是把女孩没有数在内,当老师问原因时,他的回答让人不可思议,竟然说女孩是别人的人,没有上学的必要。所以我们也加大了对女孩的受教育重视程度,重点说服家长对女孩上学的支

持力度。其中我们在宣传的时候，发现汉族教师在宣传教育法规、政策和劝说孩子入学时，东乡族都有很大的抵触情绪，甚至反对，所以我们就想办法招考了几名东乡族教师，群众容易接受东乡族教师，大多数家长和孩子都将他们视为效仿的对象。(LXZ，汉族，41岁，教师，学校办公室)

第三，设立教育基金。自2006年起，小金湾学校专门成立了针对东乡族女童的教育基金，该基金的资金来源由全体教师的奖金构成，几年后该基金逐渐由教师的资助转变为学校的投入。该基金的效果非常明显，使得很多家庭困难的女童，不再因家庭的经济困难而失学。

(三) 家庭

英国社会人类学家马林诺夫斯基说过："家，特别是在保存家庭宗教意义方面，是中国社会与中国文化最为强有力的源泉。"家庭是人类赖以生存的起始点，是作为人类的每一个个体成员从自然人逐渐转变为社会人的基点。而文化又是与人类息息相关，是人类生产和创造出来的，那么由此也可以认为"家庭是文化的起点，家庭的重要性如同语言一样，是人类存在的一个标志"。[①]

但是，对于东乡族来说，家庭成员对于学校教育与经堂教育的认同会因为代际结构与年龄结构产生巨大的分歧，一般来说，家庭成员中年龄较轻的父母一辈更希望自己的子女接受学校教育；而学生的祖父一辈则延续着东乡人几百年来的历史惯习，坚持着对经堂教育的认同。于是，经堂教育与学校教育的博弈在家庭内部也时有发生。一位移民讲述了他对子女教育的认识转变的例子：

我吃了没有念书的亏了，小时候，一方面家里穷，也没有念书的意识，加上我们东乡人的老的思想观念，男娃娃都要念经呢，所以，父母一定让我到清真寺念经。我们弟兄四个，都没有进过学校的门，但是都在清真寺念过经。但是，到最后，连一个阿訇都没有念下(没有成为阿訇的意思)，都是半路为了生活而离开清真寺。现在连

[①] 安德烈·比尔基埃等：《家庭史》(上册)，袁树仁等译，生活·读书·新知三联书店1998年版，第15页。

自己的名字都不会写，在社会上吃了很多苦，也吃了一些亏，都是由于没有文化的原因。现在我的三个娃娃，一个丫头，是老大，两个娃子（儿子）。现在都在上学，丫头明年就要考高中了，娃子一个初一，一个小学五年级。当初，娃娃她爷爷反对我的丫头念书，认为丫头念书"不好"，并且也不让娃子念书，要让念经去呢。我的妻子对老人的这种想法有些不同意但是不敢说出来，因为人家（妻子）念过书，人家的老子（父亲）小学毕业，也算个有文化的人，对几个娃娃都支持念书，我的妻子没有念成书，是由于当时的传统观念害的，这也是她的一个遗憾吧。加上，我这些年的感受，我心里一直想，不管咋样我一定要让我的三个娃娃都念书呢。我们东乡人都是对老人很尊敬的，必须听老人的话，但是，在我的娃娃上学方面，我没有听我的老人的话。现在看来，还是我的想法很对，看着我们其他东乡人家里走出去的大学生，羡慕的很，人家大学出来，干的工作好，挣得钱好，又不受苦不受累。话反回来说，我们没有念经人也不行啊，尤其在宗教方面。所以说，有时候，我们还是很矛盾的。总的来说，对于娃娃的前途来说，念书还是好。（MGZ，东乡族，50岁，农民，支部书记家）

值得注意的是，笔者在田野中所观察到的个案表明，这种博弈过程导致的并不是家庭统一地接受经堂教育或是学校教育，家庭内部的权力结构决定了一个家庭对两种教育不同态度，博弈过程导致了当今东乡人教育模式的"双重性"特征。一些老年人从伊斯兰教的视角考虑，处于对"教门"的关怀和保护，主张孩子接受经堂教育，学习伊斯兰文化知识；而那些较为年轻的一代父母，多数从现实的视角考虑，主张孩子接受学校教育，学习汉文化知识。在教育方面，家庭内部的权力结构仍处于一种博弈状态，但是，接受学校教育，已经成为当地东乡族多数人的选择。

当代社会，全球化、现代化正以一种强势的姿态冲击着各少数民族引以为傲的文化传统，是在历史传统的传承下蹒跚前行还是在现代化冲击下现实重塑，成为许多民族当下的艰难抉择。事实上，当我们在内心无限希望民族的文化传统能够毫无阻碍地沿承下去的时候，一些改变已经不可避免地发生了。河西走廊小金湾东乡人教育模式的改变不过是整个社会传统文化变迁的一个缩影。但是不可否认的是，若从民族成员"主位"的角度去衡量，现代性与民族传统文化在某种程度上是一种相互博弈、左右相隔的力量。这种博弈不停地激荡着正在经历变迁的东乡族移民社会，而在教育模式转变过程中政府、宗教力量及民族成员等行为主体的"博弈"过程正是大环境中两种正在角逐的力量在民族社会中的投影。问题是，我们应该如何看待这种博弈过程？在小金湾的田野研究使我们有了这样一个初步的结论：对于面临选择的东乡社会来说，这种博弈是一种自然、自发的状态，正是在这种博弈过程中，一个传统的民族社会才能实现自然的顺利过渡——从传统走向现代。

图 4-4　放学回家路上的新区学子的学校课堂

不同的民族成员由于日常生活情境的差异对这一对相互掣制的力量有时也会有截然不同的认同：或许是固守着本民族的文化传统裹足不前；或许是在全盘接受中听任现代化风暴侵袭民族文化的阵地。对现代性不同的认同和理解会导致两种趋势：一种是对民族文化传统的过分强调会在某种意义上强化自身的民族边界和民族认同，从而向民族中心主义过渡；另一种是对现代性的过度认同则使民族文化不断被解构和碎片化，最终失去发展的意义和方向。在很多民族社会的转型实践中，这两种截然相左的观点被不同的话语所代表，而两种话语往往与民族社会的权力结构相关联，造成一种观点凭借权力压倒另一种观点。这种现象造成的后果往往使社会转型过程异化，即从一种自发的从下而上的过程转变为带有强制性质的自上而下的过程。但事实表明，无论是哪一种力量占据权力结构的中心位置，对于民族社会转型的实际过程都是没有任何益处的。因此，我们需要一种自然而自发的博弈过程，正如恩格斯所言："历史是这样创造的：最终的结果总是从许多单个的意志的相互冲突中产生出来的，而其中每一个意志，又是由于许多特殊的生活条件，才成为它成为的那样。这样就有无数互相交错的力量，有无数个力的平行四边形，由此就产生出一个合力，即历史结果。"① 我们认为，对于一个正在转型的民族社会而言，如同河西小金湾东乡族教育模式转变过程中各种行为主体在同一时空维度中不带有权力强制色彩的博弈过程，能够在最大程度上自然地形成恩格斯所言的"历史的合力"，从而保证民族社会有序、自发、顺利地转型。②

第三节　民俗文化变迁与适应

"民俗事象之所以能成为一种符号，是因为这种符号具有公众性，普遍性，传承性和扩散性。民俗符号的形构有其内在的规律。"③ 东乡族各类民俗事象构成了东乡族民俗符号，它既保存了东乡族传统民俗符号的精华，又使其在该民族社会长期保持活力。移民社会的东乡族民俗文化在新环境中发生了变化。

一　取名习惯的演变

东乡族在取名方面很有讲究，包含许多宗教因素。当婴儿出生以后，在尚未吃奶以前将阿訇请来给孩子取经名，经名是从《古兰经》中选取的名字，取名时，随便翻开《古兰经》中的任何一页，从所翻到的页数的第一行起开始诵读，先念到哪一位先知的名字，便以这个先知的名字命

---

① 《马克思恩格斯选集》，人民出版社1995年版，第4页。
② 李军：《博弈与选择：小金湾东乡族移民教育调适过程分析》，《西北师范大学学报》（社会科学版）2013年第2期。
③ 江帆：《生态民俗学》，黑龙江人民出版社2003年版。

名。由于《古兰经》中先知的人数有限，因而在经名中，重名的人很多，有的一个家庭里出现三四个重名的也不乏其数，但家长都会加以细微的改变，以作区别。因此，阿訇取完名后，家人将孩子的名字拆开或在名字后面加一些前缀、后缀等。如穆罕默德一名可以叫为"马麦德"、"马哈麦"、"马哈麦德"、"哈麦"、"麦德果"等。[①] 学名（官名）一般由家长起，过去，由于东乡族文化程度低，孩子大多也都不上学，所以许多孩子没有学名。有学名者也是在经名的前面加上姓氏，如"杨尔萨"、"海索菲亚"等。

移民后的东乡族，随着九年义务教育的实行，当地教育不断发展，上学的孩子越来越多。而且现代社会对孩子的姓名要求也比较严格，当地家长一般都会在孩子们上幼儿园或一年级时，请老师起名。但是经名的习俗也没有变，变化的是学名的正规化趋势明显。笔者在调查时发现，许多孩子有三个名字（经名、小名、官名），特别是一些小名，具有鲜明的汉族特色，如有叫"二虎"、"燕子"、"芳芳"、"兰兰"等小名的。这充分反映了东乡族一种认同的流变。在调查时，当地的一位学生这样说：

> 我现在学校的官名叫马玉洁，上小学一年级时，老师给我取了现在的名字，后来在身份证上就写现在的名字，但村里的人和家里人都叫我兰兰，这是我的小名，其实我还有经名呢，我的经名叫"麦尔彦"。由于我们这里叫麦尔彦的女孩子比较多。所以我妈妈和爸爸就给我起了这个小名。但是我妈妈告诉我，让我不要忘记我的经名，因为真主是不允许的。（FYJ，东乡族，女，15岁，中学生，学校校门口）

二　东乡花儿消亡

"花儿"是产生和流传于甘、青、宁、新部分地区的一种以爱情为主要内容的山歌，是这些地区的回族、撒拉族、东乡族、保安族、汉族、土族、藏族、裕固族等人民用汉语歌唱、其格律和歌唱方式都相当独特的一

[①]《东乡族简史》编写组、《东乡族简史》修订编写组：《东乡族简史》，民族出版社2008年版，第144页。

种民歌。① 东乡民歌"花儿"作为传承语言民俗的重要组成部分，反映了东乡人的生活观念和思想感情。东乡"花儿"属河州花儿体系，是东乡族民歌中的瑰宝，东乡族把"花儿"称之为"端"，"端斗拉"意即漫"花儿"，大多数东乡人都能编会唱，借以抒发对生活的理解与追求。"花儿"通常称为"野曲"，一般在山野郊外放羊时自编自唱的牧歌，即兴而歌，可以准确地传达、反映劳动人民的喜怒哀乐之情。"花儿"语言精练、表现力强，能把自然景色与思想感情有机地融汇在一起；而且爱憎分明，生活气息浓郁，具有广泛的群众性。如：

> 封建呀社会的几千年，
> 穷人们，
> 过哈的光阴儿可怜。
> 端起个饭碗心里酸，
> 思想起，
> 清眼泪湿透了布衫。
>
> 春风呀一吹者花开放，
> 花心上，
> 花蝴蝶对对儿飞翔。
> 共产党一来者得解放，
> 干东乡，
> 升起了不落的太阳。②

东乡族之所以称"花儿"为"野曲"，是因为"花儿"只能在远离村落的大山野演唱，内容以男女情爱为主，因此，"花儿"一般不能在村庄周围、家中或有老人在场时吟唱。

改革开放以后，随着经济社会的发展和自然环境的变化，唱"花儿"的人越来越少，但也时而有人吟唱。东乡族移民从山区搬迁来到川区后，

---

① 郗慧民：《西北花儿学》，兰州大学出版社1989年版，第10页。
② 《东乡族自治县概况》编写组：《东乡族自治县概况》，民族出版社2008年版，第164—165页。

没有了大山，没有了牧场，也没有了"哥哥遇上个银匠，打上个铃铛，穿上个毛线线，左右着摇晃，戴在妹妹脖子上……"的歌声。笔者在对 63 个东乡族移民的访谈中，只有 3 个 60 岁以上的老人会唱"花儿"，搬迁之后，再也没有唱过一次，调查中其中的一位告诉笔者：

> 花儿是我们东乡族比较喜欢的东西，主要以前我们生活在大山里，那时候不像现在有电视、有录音机、VCD 等年轻人们听歌的东西，一些年轻人赶上羊，在大山上一个人很无聊，就唱歌，都是自己想唱啥就唱啥，但是唱词都是与我们的生活有关系的。尤其是年轻的小伙子，都会唱些哥呀妹呀的东西。我当时就喜欢唱这些，看有姑娘喜欢我吗，呵呵。后来唱的内容就多了，如干活累了就唱"哎呀，我的'胡大'呀，生活阿木者（怎么）这么苦啊"等等。尤其你们汉族想了解我们东乡族的一些东西，听听我们的花儿，也能给你带来很多知识。（MZ，东乡族，63 岁，农民，MZ 家）

"花儿"作为东乡族的民间文艺，是东乡族劳动人民智慧的结晶，也是东乡族民族精神的集中体现，它保留了远古以来许多东乡语言的精华。作为一种民俗文化形式，"花儿"在一定程度上依赖一定的场域而存在。随着场域的改变，"花儿"也在不断地变迁，也许会有一天将会消亡，"花儿"就只能留在民族的记忆中了。

三 婚育的调适

（一）婚姻习俗

婚姻作为一种人类行为规范，很大程度上受社会、经济、文化、环境等方面因素的制约和影响，正如 E. A. 韦斯特马克所说："婚姻不单纯是两性关系，而且也是一种经济制度，或多或少地必然要受到生存资料的影响。"[①] 同时，婚姻在这一基础上形成了在一定场域中各民族比较稳定的观念、规则、仪式，乃至通婚圈等婚姻文化，并构成一个相互影响和作用的体系。

移民后的东乡族，随着思想观念和自然、文化环境的改变，其婚姻习

---

① E. A. 韦斯特马克：《人类婚姻史》，李彬等译，商务印书馆 2002 年版，第 30 页。

俗也在发生着变迁，其目的也是更好地适应当地生产生活。

（1）东乡族生态移民通婚圈的变化

东乡族群众普遍信仰伊斯兰教，因此他们的生产生活无不打上宗教的烙印。本书所指的通婚圈是东乡族移民的择偶范围，主要包含：一是地理范围；二是宗教范围，这是穆斯林青年男女在择偶时首先要考虑的因素。

第一，地理范围。

笔者通过对古浪县直滩乡东乡族移民的调查，来分析东乡族移民通婚圈地理范围的变化。

古浪县东乡族移民规模小，人口少，共五个村落，其中人口最多的380人，最少的则不足120人，周围几十公里甚至上百公里都是汉民，不仅没有东乡族人，而且也没有其他穆斯林人口，这给东乡族移民的择偶和婚嫁造成了困难，因此他们的通婚圈过大或者过小。根据笔者对古浪县直滩乡5个移民村近十年来建立的家庭调查：有5对是同村婚，有7对是五个移民村的村外婚，有两个是同县婚（都是古浪县汉族男青年入赘），其余22对均是与原居住地的通婚，而原居地距离都在300公里左右。根据科学研究发现，通婚圈小，容易使后代发生遗传病，对身体素质的提高极为不利。另外，还容易发生一些其他疾病。因为在同一个村或同一个乡长大的青年人，同在一个水土环境中生活，他们吃的粮食和饮用的水，其中所含的营养物质和微量元素也大致相同。如果该村某一种微量元素过多或过少，该村的青年男女摄入的这种元素就会过剩和缺乏。如摄入的锌过少，就会引起发育迟缓、性功能降低等。单纯父母一个人微量元素摄入不足，对后代的影响还不太大，如果父母两人的微量元素摄入都不正常，结婚后所生的孩子，身体中所含的微量元素就更不正常了，故通婚圈过小对优生优育有极其不良的影响，会使后代的身体素质下降。[①] 但通婚圈过大，就会造成投资成本和婚后交往成本的增大。古浪县东乡族移民中与距离在300公里左右原居地的通婚，无疑给他们的经济带来过大负担。笔者在调查中了解到，许多嫁到这里的妇女几年都回不了一次娘家，主要就是支付不起来回花费。

第二，民族、宗教范围。

G. 辛普森与 J. 英格尔在其所著《种族与族群》一书中指出，不同群

[①] 董天恩：《通婚圈过小影响优生》，《现代农业》1994年第3期。

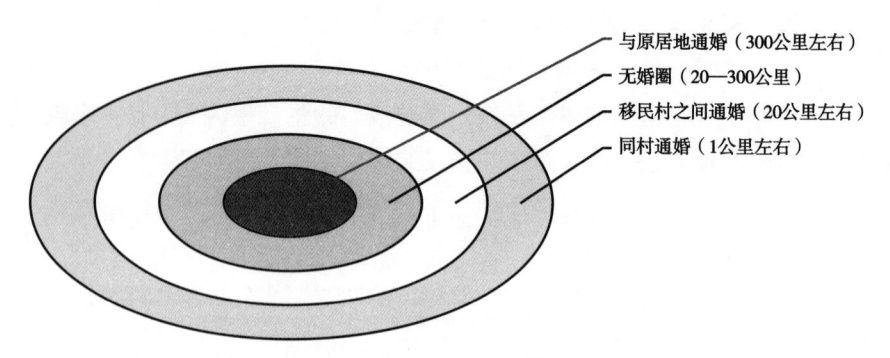

图中标注：
- 与原居地通婚（300公里左右）
- 无婚圈（20—300公里）
- 移民村之间通婚（20公里左右）
- 同村通婚（1公里左右）

图 4-5　东乡族移民通婚圈示意图

体间通婚的比率是衡量一个社会中人们之间的社会距离、群体间接触的性质、群体间认同的强度、群体相对规模、人口的异质性以及社会整合过程的一个敏感指标。① 东乡族群众普遍信仰伊斯兰教，族内归属各个教派门宦的都有。由于受地理因素的影响，一般都是族内通婚，与回族等穆斯林民族通婚的也比较常见，还有个别男子与皈依信伊斯兰教的非穆斯林女子成婚。另外，东乡族"姑表亲"现象比较普遍，这也是由于原居在社会关系简单、范围狭窄等因素造成的。

笔者在瓜州县腰站子东乡族移民中调查时发现，如今，上述情况发生了较大的变化。通婚范围主要局限于穆斯林群体内，教派门宦方面的因素已不再那么明显，"姑表亲"现象已几近消失（见表4-3）

表 4-3　　　　　　　腰站子东乡族移民通婚范围　　　　　　　（%）

通婚范围	不同民族	不同宗教	不同教派门宦	姑表亲
	15.8	2.6	61.3	1.5

资料来源：笔者问卷调查资料，2011 年 7 月。

（2）结婚年龄的变化

过去，东乡族子女年龄到 7—8 岁，父母就替他们做主订婚，根据统计资料表明，东乡族婚嫁年龄一般在 14—15 岁。后来随着《婚姻法》的执行，东乡族年轻男女的结婚年龄与有所推迟。笔者在访谈中，当地政府一位有关人员讲述，如今东乡族移民结婚年龄仍然比较小，特别是女性的

---

① 马戎：《西方民族社会学的理论与方法分》，天津人民出版社 1997 年版，第 380 页。

早婚现象更加严重。笔者在东乡县调查时,碰到一位看似初中生的东乡族女孩,她怀里正抱着一个婴儿,问是谁的孩子时,让笔者大吃一惊的是,回答说是自己的,后来笔者了解到,这个女孩今年19岁(实际年龄18岁),是前年结婚的。后来笔者又遇到了两个16岁的女孩,其父母均说已经定亲,要在年底给她们完婚。其中一个正在忙着刺绣,为自己准备嫁妆。当问到"你了解他吗?喜欢他吗"时,回答是"我见过两次面,都是父母定的"。

较之移民前的东乡县,移民新区的东乡族移民年轻男女的结婚年龄有所推迟,一方面由于当地政府应加大对教育的投入力度,提高东乡族移民儿童,特别是女童的受教育水平;另一方面,受当地汉族婚姻年龄习惯的影响,他们的观念有所转变。但总体相比附近汉族居民,明显偏小。早婚现象和教育水平的低下以及民族心理"惯习"有着密切的关系。笔者在小金湾东乡族移民新区调查时,一位家长这样看待女孩子的出嫁年龄:

> 我们东乡族的女孩子都在16岁左右就出嫁了,如果谁家的姑娘过了20岁,就属于大龄姑娘,上门提亲的人就少了,所以很多人就小小的把姑娘出嫁了或提前定亲了。到这里,我们看着汉族人的姑娘都在20岁以上结婚,十几岁结婚的很少。我们的观念受到影响,现在都希望女孩大一点出嫁好,再说现在孩子小学、初中毕业时都十好几了,所以这里与老家比起来,不管是男孩子还是女孩子,结婚的年龄都大一点了。我们也担心啊,现在社会的影响比较大,姑娘也不好养,如果不给她早点定亲、结婚,怕她闲着惹出麻烦,别人都说闲话,并看不起。(MZY,东乡族,39岁,农民,田地里)

(二) 生育观念的转变

在东乡族群众中,"有女无儿不甘心,有儿无女不称心,一男一女不放心,三男两女才顺心"、"多子多福"、"重男轻女"等的生育观念非常严重,加之伊斯兰教传统反对堕胎等因素,移民初期,在东乡族移民区计划生育管理"真空"时期,表现得尤为突出。在调查中,笔者发现一对夫妇孩子数最多的达到了10个之多。各移民区在移交当地政府接管后,随着东乡族移民思想观念的变化,这一情况发生了明显变化。

图 4-6 东乡族移民区的孩子们

个案：子女多，累赘大

  我们以前的观念都是子女多了幸福，但是现在看来已经变了，孩子多了花费也多了，尤其是念书的问题，孩子少的家庭娃娃都念的书多，孩子多的家庭，总有几个孩子没有办法念书。这对孩子不好，大人的负担也大。我就生育了两个孩子，一个女儿，一个儿子，有一个儿子就够了，要那么多也是累赘。我们要儿子的原因主要是因为我们东乡人希望有个人以后给他上坟。其实女儿和儿子都是一样的。（HCH，东乡族，女，36岁，农民，HCH家）

  在古浪县东乡族移民中，由于至今未办理交接手续，仍然处于计划生育管理"失控"地带，情况就截然不同，当笔者走进古浪县东乡族移民村时，到处都能看到大孩子带小孩子的现象。伊斯兰教是反对堕胎的，穆斯林认为子女是真主赐予的财富，所以在生育上一般采取顺其自然的态度，特别是农村妇女，一般不采取任何避孕措施的，只要怀孕就会将孩子生下来。这种传统的认识与计划生育政策相抵触，也正是造成生育率居高不下的重要原因。加上文化素质水平和经济等方面的因素，使这里的计划生育和生殖健康成了突出的社会问题。笔者在访谈中了解到，东乡族移民中的育龄妇女，一方面由于宗教信仰和思想观念的缘故不愿意避孕，避孕意识淡薄。另一方面由于缺乏避孕节育知识，常常导致避孕失败。据当地卫生院工作人员介绍，最近一两年开始，偶有东乡族妇女使用IUD（宫内节育器）或主动前来做绝育手术。另外，孕妇在孕期不去医院检查，临产时才到医院急诊或找无证行医的私人医生接生，更多的则是在家里找接生婆接生。这会造成一系列严重后果，极大地危害了妇女的身心健康。

另外，东乡族生态移民婚姻习俗文化也发生了巨大的变化，这一方面源于当前我国经济、文化社会正进行的巨大变革，另一方面也源于移民区多民族相互交流交往过程中引起的文化传播与借用。

图4-7　迎娶新娘

第四节　心理适应

心理适应是指当外部环境发生变化时，主体通过自我调节系统做出能动反应，使自己的心理活动和行为方式更加符合环境变化和自身发展的要求，使主体与环境达到新的平衡的过程。① 心理适应是移民搬迁之后一个长期的过程，也是最终要达到的目的。移民只有完成了心理适应过程，才能真正地融入当地社会，适应新的环境，习得新的生产生活技能。最终达到"稳得住，能致富"的目标。有人通过对移民群体身份认同或社区认同等来评价其心理适应程度，但笔者认为，心理适应是一个过程，而且这一过程可能需要相当长的时间。对于搬迁20年的东乡族移民而言，其心理适应还处于不稳定状态，因此，本书分几个阶段来对心理适应进行分析。

一 困惑迷茫阶段

东乡族移民与当地汉族居民因宗教信仰的不同而具有不同的心理认知、社会文化行为和深厚的地方性文化传统，当东乡族移民迁入河西，两种文化开始了最初的接触与碰撞。在最初的接触中，东乡族移民与汉地汉族居民都会以自己的文化标准来评判对方，两种全然迥异的文化，导致了东乡族移民内心巨大的困惑与矛盾：这里的女孩子怎么能穿着露胳膊、露大腿？他们怎么能在大庭广众之下喝酒抽烟？这会不会给自己的孩子带来不良影响？要在这里继续生活下去还是回老家？对于当地汉族居民而言，这些戴白帽子的"东乡回回"的到来也给他们带来了困惑：他们外来人可信吗？安全吗？是接纳他们还是赶他们离开？东乡族移民和当地汉族居民双方在心理上都产生了困惑与矛盾，在观望中小心谨慎地进行着自己的生产生活。

个案：对子女的担心

我们刚到这里，看到了一些我们很担心的事情，大街上有些姑娘衣服穿的很少，男娃娃抽烟喝酒。这是别人的事情，我们没有权利去干涉，但是人总是会相互学习的。如果我的女儿以后也是那样的话，我的老脸就没地方搁了，肯定是嫁不出去了。这是汉族地方，我当初想了很多，也想了很久，到底是回老家呢，还是住在这呢，到底是关

---

① 贾晓波：《心理适应的本质与机制》，《天津师范大学学报》（社会科学版）2001年第1期。

起门来生活呢,还是走出去和别人交往呢,尤其是子女以后的样子。那时候心理却是很不稳定。(MYC,东乡族,43岁,农民,MYC家)

二 排斥博弈阶段

东乡族移民搬迁后,被集中安置在一个相对独立的社区里,但是他们的生活却无法离开大的社会环境,他们必然要和当地居民发生各种各样的联系。生活在共同的一个大区域内东乡族移民与当地汉族居民随着接触和交往的增多,双方之间发生了多方位浅层次的接触与交流。受文化中心主义的影响,两种文化之间常常产生相互的排斥,并试图用自己的文化慢慢地去同化另一种文化。经过一段时间的排斥之后,由于文化本身特有的浸透力使他们在适应中做出让步,逐渐开始了解对方的文化,正视对方文化中的积极因素。随着民族交往的增多,两种文化之间的排斥逐渐消除,突破了对异文化的敌视。

个案:远离他们

老家那里一天听到的就是"邦克声",这里一天听到的是唱戏的声音。尤其到冬天的时候,各种花炮的声音让人很是反感,心里很不是滋味。我就教育子女远离和我们不是一个教门的人。后来发现没有什么,人各有活法,管好自己就行了,不要干涉别人。(MZM,东乡族,50岁,农民,清真寺)

三 适应接纳阶段

变迁与调适是文化的常态,也是人类繁衍生息的法则,正所谓"适者生存"原则。通过很长一段时间的接触与交流,东乡族移民与当地汉族居民双方的不断加深,作为"理性"的人开始理性地认知对方,开始接受对方文化中的优秀成分,彼此的互动交往趋于频繁,心理的排斥逐渐松弛。此时,东乡族移民的心理适应程度不断提升,才开始真正理性、有选择性地接受对方的文化。

个案：汉族眼中的东乡族

原来我们都把他们叫"东乡回子"，后来才知道，他们是东乡族，现在我们关系很好，他们的东乡手抓羊肉做得好，我们有时候就请我一个东乡族的朋友给我们做羊肉吃。他们的饭菜做得很好，尤其在他们的宗教活动上，做得东西特别好吃，他们也叫我们去吃，我经常去几个东乡族朋友家里。他们也到我家里来，就是不吃我家的饭菜，连水都不喝，我和他们开玩笑说，和我打交道你们吃亏呢，但是他们只是笑笑而已。（ZHL，汉族，46岁，农民，客车上）

移民文化生活适应是移民在迁入地"稳得住，能致富"的基础，而文化是人内心深处不易被改变的深层结构，心理适应则是更深层次的文化调适与变迁现象。照史家说法，"变"有三个级度：一曰十年期的时尚之变；二曰百年期的缓慢渐变；第三种变化并不基于时间维度，惯称"激变"或"剧烈脱节"。这种变化实为根本性的摇撼和震动，它动摇乃至颠覆了我们最坚实、最核心的信念和规范，怀疑或告别过去，以无可遏止的创新冲动奔向未来。① 倘使以此来透视东乡族生态移民近几十年文化生活之变，结论未免下得有些过早。东乡族移民文化生活适应需要走很长一段路，最终达到和谐共处，需要多方不懈努力，我们拭目以待。

本章小结

处于一定生境中的民族文化，在改变社会环境与文化环境时，特别是与异文化发生碰撞时，由于文化天然的浸透性，民族文化会自觉地做出系统内部的结构重构，使该种民族文化对新作用的反馈从无序到有序，从而达到与生境相适应的过程。东乡族移民正是通过民族文化的调适来进行文化生活适应的。移民后的东乡族，他们集中居住在一个相对独立的社区里，但是他们的生活却无法离开大的社会环境，他们必然要和当地老住户之间发生各种各样的联系。然而他们的语言与服饰等很容易成为一种族群

---

① ［英］彼得·奥斯本：《时间的政治：现代性与先锋》，王志宏译，商务印书馆2004年版，第1页。

的文化符号，使他们与当地汉民之间形成距离。Nagata 提出："对于一个感觉到共享同一种文化的群体来说，人们会把这种文化的事象或多个事象作为具有族群成员资格的基本依凭。"①"族群与边界理论"的提出者弗雷德里克·巴斯（Fredrik Barth）认为："造成族群最主要的原因是它的'边界'，一个族群的边界，不一定是地理边界，而主要是包含着语言、文化、血统等'内涵'的'社会边界'。在生态性的资源竞争中，一个族群通过强调自身特定的文化特征，来强化'族群边界'，以排除其他族群成员的介入。"② 从另一个角度讲，文化也是各个族群之间利益之争的产物。以阿伯乐·库恩（Abner Cohen）及保罗·布拉斯（Paul R Brass）等人为代表的族群认同理论中的工具论（Instrumentalists）（也可称情境论）认为，族群认同产生于权力对峙以及对于有限的社会与自然资源的竞争。传统文化不仅是族群认同的客观依据，更是人们在现实权力对峙中为追逐族群利益所做出的建构与发明。③

由此，我们可以看到，在东乡族移民与原居民之间的社会互动过程中，由于文化差异而形成的族群边界，使得移民与原住地居民之间在文化认同上，仍然具有一些难以逾越的鸿沟。由于这种族群认同上的差异，使得他们之间，尽管居住的距离并不太远，但是他们之间不可能像群众自身之间或者老住户居民自身之间相互沟通那样和谐、自然。在这样的长期交往、互动过程中，由于一些群众行为的不当，逐渐产生了社会越轨行为，从而使得他们与老住户之间慢慢产生了阴影，由此为社会歧视现象的产生埋下伏笔。

但是，正如美国人类学家恩伯夫妇所说："正如没有哪个人会永远不死一样，也没有哪种文化模式会永远不变"。④ 文化生活适应是人类在生存与发展的过程中，积极应对自然与社会环境的一种策略；同时也是人类的个体或者群体在适应自然与社会环境的变迁时，为了更好地生存和发展，而在物质、制度和精神等方面所采取的一种行为的调整。东乡族移民

---

① Keyes, Charles ed. *Ethnic Change*, Seattle: University of Washington Press, 1981, 96.
② 巴斯（Fredrik Barth）：《族群与边界》，高崇译，《广西民族学院学报》（社会科学版）1999 年第 1 期。
③ 潘蛟：《"族群"及其相关概念在西方的流变》，《广西民族学院学报》（社会科学版）2003 年第 5 期。
④ C. 恩伯、M. 恩伯：《文化的变异》，杜杉杉译，辽宁人民出版社 1988 年版，第 533 页。

通过各种策略与行为的调整,通过对原有文化一定程度的扬弃,积极适应当地文化,并实现自己的再社会化过程,在标识自己文化符号的同时,不忘与当地其他民族之间积极交往和适应,以便尽量较少因为族群"边界"而被误解。

第五章 宗教生活适应

在移民社会中，文化适应是一种常态，其中宗教文化适应也是一个重要的内容，尤其是宗教生活的适应，它不仅关系到移民的留、走问题，而且也影响到当地经济社会的发展。移民新区的东乡族均来自东乡县，从具有"小麦加"的古河州伊斯兰文化"小社会"，移入周围均为汉文化氛围浓厚的"大社会"中，随着地域和文化格局的变化，东乡族宗教生活也发生了变化，逐渐适应当地的生活。

第一节 甘肃东乡族生态移民中的"宗教派际适应与重组"

东乡族移民中，大部分伊斯兰宗教派别的信仰者，人数相对较少，居住较为分散，加上移民社会中原住地社会关系的断裂，一些宗教社会关系在移民社会重新建构。在移民新区，东乡族不同宗教派别之间矛盾和冲突也有发生，但是共建一寺、往来密切、互帮互助的现象也比较普遍。

一 移民前多元教派门宦并存的东乡族宗教信仰格局

伊斯兰教传入中国已有上千年的历史，而甘肃也是伊斯兰教传入时间比较早的地区。据《甘宁青史略》载述：伊斯兰教于"唐天宝后，由西域流入甘肃；其教徒多西域人，时称西域为回回，因以名教"。传说中，在唐代曾有伊斯兰教十大"上人"到临夏居留直至终老的传说，与"先有哈家坟，后有桴罕城"的古谣有相同之处。东乡县地处临夏州，而临夏为古河州，被称为中国的"小麦加"，为中国一个主要的伊斯兰教较为强盛的地区，这里主要分布着回族、东乡族、保安族和撒拉族等穆斯林民族。该地区也是伊斯兰教由"西域"传入内地的一个必经之地，对西北穆斯林有很大影响。东乡族作为该地区的一个主要穆斯林民族，信仰伊斯兰教的历史也比较久远。

据东乡族口碑资料，元末明初，即公元 1340 年前后，曾经有 40 个伊斯兰教的"晒海古土卜"到河州等地传教[①]。这 40 个传教者的首领据说就是哈木则。有人考证，这 40 位传教者中的 39 位的传教地点如表 5-1 所示。

表 5-1　　　　　　　　　　　　传教地点

地区		人名	地区		人名
东乡	哈木则岭	哈木则	关川	七门子	尔洒
	盘子沟	哈三		老哇口	啥一布
	葡萄山	比俩力		榆宛城	木洒
	七个湾	夵勒		妥昌堡	一不拉海木
	过尼沟	阿哈麦德		满录湾	如海
	沙沟门	安巴斯		围城湾	胡塔办
	卧妥山	一斯俩给	武威	凉州	舌木办
	西眉山	者麻来依力		卡石海勒	西达耶通拉黑
	宝碌碡山	阿里阿塔		巩昌	格由木
	双拱北	哲里	肃州	嘉峪关	外斯
	凤凰山	穆乎引吉尼		酒泉	格斯
	夵达山	依麻目	康乐	窑里马家	格麦勒
	赤干平	达吾德	西宁	北山	哈才尼
	红山根	格板得		红毛子	夵西木
广河	沙波	阿布里克勒木	西安	小三家	沽巴勒
	马里嘴	哈里木	陕北	围洲	哈乃费
临夏	太子山	阿里	新疆	叶尔羌	洒力海
四川	峨眉山	胡麻麦		吐鲁番	依斯目
	峡口	胡康士		甘沟窑厂	则克勒牙
宁夏	固原	由奴斯			

资料来源：李兴华、秦惠彬、冯今源、沙秋真：《中国伊斯兰教史》，中国社会科学出版社 1998 年版，第 243—244 页。

---

① 陈其斌：《东乡社会研究》，民族出版社 2006 年版，第 138 页。

元代是"回回遍天下"的时代，在此时期，中国大量的穆斯林民族形成。蒙古人西征后，有许多中亚、阿拉伯和西域等地区的穆斯林入华，在伊斯兰教的作用下，形成东乡族。因此，自元代以来，东乡族所在的东乡地区，就是一个伊斯兰教十分强盛的地区。明清以来，中国伊斯兰教教派门宦制度产生，且多数产生于河州地区，并向四周不断扩散。东乡地区受河州的影响，伊斯兰教教派门宦也十分发达。"据1953年统计，在东乡地区有北庄门宦教民，4743户，28752人；胡门门宦2742户，15550人；张门门宦710户，3986人；大拱北门宦1118户，9602人；穆夫提门宦1178户，6796人；华寺门宦1829户，10263人；海门门宦390户，2184人；沙沟门宦55户，358人；灵明堂门宦20户，125人；丁门门宦40户，200余人；伊赫瓦尼4981户，27893人；撒拉门宦约25户，140多人。"① 到1985年，东乡县有"伊赫瓦尼40475人；北庄门宦35000人；胡门门宦35000人；大拱北门宦30300人；张门门宦15000人；穆夫提门宦7600人；海门门宦3000人；沙沟门宦7500人；疯门门宦500人；丁门门宦200人"②。

目前，东乡县伊斯兰教的四大教派和四大门宦都存在，如四大教派的格底目、伊赫瓦尼、西道堂、赛莱费耶；四大门宦的哲赫忍耶、虎夫耶、嘎德忍耶、库布忍耶等。据陈其斌教授2004年的调查，东乡县伊斯兰教概况如表5-2所示③。

表5.2　　　　　　　东乡县伊斯兰教教派门宦概况

		清真寺	拱北	教职人员	信教群众
教派	格底目				
	伊和瓦尼	150		216	81096
	赛楞非耶	3		4	1421
	西道堂				

---

① 东乡族自治县地方史志编纂委员会：《东乡族自治县志》，甘肃文化出版社1996年版，第130—131页。

② 同上书，第145页。

③ 陈其斌：《东乡社会研究》，民族出版社2006年版，第143页。

续表

		清真寺	拱北	教职人员	信教群众
门宦	穆夫提	21		32	12852
	胡门	61	12	85	33855
	北庄	95	3	121	47598
	灵明堂				117
	丁门				262
	沙沟	2		2	1370
	大拱北	38	22	48	19399
	海门	10	2	8	4700
	高山				1411
	撒拉马正才方	1		1	388
	撒拉马良义方	1		1	149
	张门	13	2	23	6014
	高山	3	1	4	1411
	花寺	10	3	15	5985

资料来源：东乡县宗教局统计报表。

2012年6月，通过东乡县宗教局的数据统计，该县正式登记的清真寺有405座，拱北45座，掌学阿訇405人，没有掌学的阿訇超过100人。清真寺的学生——"满拉"超过2000人，70%以上的伊斯兰教信教群众为东乡族。

东乡地区的东乡族群众依旧围寺而居，而伊斯兰教教派门宦也呈现出多样性特点，以"大杂居，小聚居"的状态分布。各个教派门宦的教民都围绕在自己所属的教派门宦清真寺居住。

二 移民新区宗教派际间的冲突与矛盾

自20世纪80年代以来，甘肃省实施"两西"、疏勒河移民以来，在河西走廊一带形成东乡族三个主要移民新区，即瓜州县腰站子乡、玉门市小金湾乡和古浪县直滩乡。这些地区，在外来移民搬迁之前，均属汉族居住区，居民以汉族为主，几乎没有穆斯林人口。因此，伊斯兰教是伴随这些东乡族移民而传入这些地区的。随着移民人数的不断增多，宗教派际间的矛盾与冲突也经常发生，影响移民新区的经济社会发展。

（一）新移民区清真寺的修建和寺坊结构的构建

1. 清真寺的修建

清真寺之所以能够成为伊斯兰文明的符号象征，既表现为经训等文化原典中大量经文的系统阐释，又凸显出清真寺在创造伊斯兰物质文化、精神文化和制度文化等具体实践中所发挥的重要建构作用；伊斯兰传播的历史既是清真寺的建设历史，也是穆斯林的移民历史，清真寺在伊斯兰文明向世界传播的过程中扮演了文化符号与传播媒介的双重角色，并在穆斯林由游牧—定居—寺市并存—伊斯兰城市—伊斯兰国家—伊斯兰文化圈—全球穆斯林教缘共同体的形成中功不可没。[1] 由此可见，清真寺在穆斯林社会生活中有着重要的地位和作用。

作为物质实体的清真寺在东乡生态移民搬迁之初并不存在。修建清真寺需要大量的人力、物力，原本贫困的东乡族生态移民在最初的对于清真寺的修建无能为力。

个案：清真寺对社区居民的重要性

> 我们刚搬来的时候一无所有，住的也是地窝子，别说清真寺了。那时大家都很忙，不是平整田地，就是外出打工挣钱，没几个人能顾上做礼拜，再说也没有清真寺，老人们都在自己家里做礼拜。有过节的时候，大家就聚到一起，就是麦场上做聚礼。大约过了差不多十年，我们才在村子的空地上修了几间房子做清真寺，也从老家请来了一个阿訇。许多以前都不会做礼拜，阿訇请来了才学会的。（MDQ，东乡族，43岁，农民，清真寺）

当笔者于2010年7月第一次到东乡族生态移民新区做调查时，首先映入眼帘的就是各移民村大小不一的清真寺。下面简要介绍各移民新区的清真寺概况。

---

[1] 马丽蓉：《清真寺与伊斯兰文明的构建、传播和发展》，《西亚非洲》2009年第2期。

图 5-1　修建中的移民新区清真寺

（1）腰站子移民新区

瓜州县所辖 4 个民族乡，腰站子为其中之一。全县 14 个少数民族行政村，20 个少数民族，人口 2.5 万余人，占全县总人口的 17.7%。其中人数较多的回族有 11754 人，占少数民族人口的 46.9%；东乡族有 5868 人，占 23.4%；藏族有 5715 人，占 22.7%；其他 17 个少数民族人口较少，仅占 7%；在少数民族中，分布在全县老乡镇的散杂居少数民族 2643 人，占少数民族人口的 10.5%。[1]

瓜州县有伊斯兰教、佛教、道教、基督教、天主教五大宗教，各类宗教活动场所 44 处，其中：依法批准开放的活动场所 15 处，上报待批的活动场所 29 处；有信教群众 3 万多人，占全县总人口的 21.4%；有批准设立的县域性爱国宗教团体 4 个，团体组织领导成员 40 人，有民主管理组织 44 个，管理成员 182 人，宗教教职人员（包括兼职在内）95 人。信教群众全县各乡镇均有分布，但主要分布在七墩、腰站子、广至、沙河 4 个民族乡和城南开发区。腰站子为东乡族民族乡，这里的伊斯兰教教派门宦比较多。

通过表 5-3，我们看出腰站子东乡族乡主要分布着伊赫瓦尼、格底目、嘎德忍耶和库布忍耶，前二者信教群众最多。

---

[1] 数据源于瓜州县民族宗教事务局，2011 年 8 月 15 日。

表5-3　瓜州县伊斯兰教门宦分布情况

教派名称	教派情况					门宦情况			
	信教人数	主要分布区域	场所数量	教职人员数	门宦名称	信教人数	主要分布区域	场所数量	教职人员数
伊赫瓦尼	6735	腰站子乡扎花营村、七墩乡锦花村、汇源村，城南开发区的民和、鸿丰，化隆乡等移民点，双塔乡的新华村，沙河乡的积石山村和临夏村	16	16	虎夫耶		七墩乡的锦华村和汇源村，双塔乡的新华村，沙河乡的临夏村。	4	4
赛莱费耶					哲赫忍耶	145	双塔乡的新华村和城南2号清真寺	1	1
格底目	7016	腰站子乡扎花营村、七墩乡的锦花村、汇源村，城南开发区的民和、鸿丰，化隆等移民点，沙河乡的新华村，双塔乡的临潭村、县城和小宛农场有零星分布。	19	19	嘎德忍耶	1126	腰站子乡的马家泉村，双塔乡的新华村，其他民族也有零星分布	2	2
					库布忍耶	400	腰站子乡马家泉村	1	1

资料来源：瓜州县宗教事务局，2011年8月15日。

表 5-4　瓜州县宗教活动场所基本情况构成一览表

教别	场所名称	场所地址	场所类别	审批情况	登记时间	信教人数	占地面积	建筑面积	教职人员 职称	教职人员 人数	管理人员 人员名单	管理人员 机构名称	管理人员 人数	负责人	备注
伊斯兰教	瓜州县城清真寺	县城十万伏线路变电所西北则	清真寺	开放	1998.5.24	150	4240	448	阿訇	1	马有苏夫	寺管会	5	潘启俊	
	城南1号清真寺	小宛农场五连	清真寺	开放	2003.12.20	630	5000	667	阿訇	1	马进忠	寺管会	3	黄有龙	
	城南2号清真寺	鸿丰公司南侧	清真寺	开放	2003.12.20	357	800	144	临时阿訇	1	马由布	寺管会	3	张生录	
	渊泉镇城南化隆开发区东清真寺	城南化隆开发区五、六组	清真寺	待批	2007.12.20	450	3000	1300	临时阿訇	1	张二洒	寺管会	2	马二刚	
	渊泉镇城南化隆开发区南清真	城南化隆开发区七组	清真寺	待批	2008.3.10	160	3000	1300	阿訇	1	马安有卜	寺管会	2	马已努四	
	渊泉镇城南化隆开发区西清真寺	城南化隆开发区一、二组	清真寺	待批	2007.12.20	450	1300	150	临时阿訇	1	马合布	寺管会	2	韩哈买子	
	渊泉镇城南化隆开发区北清真寺	城南化隆开发区三组	清真寺	待批	2007.12.20	450	1900	210	临时阿訇	1	绽大吾得	寺管会	5	马金海	
	柳园镇伊斯兰教礼拜点	柳园镇团结巷	固定处所	待批	2004.5.10	50	100	90	临时阿訇	1	李金华	民管小组	1	马吉财	简陋

续表

教别	场所名称	场所地址	场所类别	审批情况	登记时间	信教人数	占地面积	建筑面积	教职人员 职称	教职人员 人数	管理人员 人员名单	管理人员 机构名称	管理人员 人数	负责人	备注
伊斯兰教	西湖乡城北村八组礼拜点	西湖乡城北村八组	固定处所	待批	2008.3.10	120	650	269	临时阿訇	1	马全良	民管小组	5	马玉和	扩建
	双塔乡新华村大清真寺	双塔乡新华村三组	清真寺	开放	2006.5.18	913	3200	600	阿訇	1	马宝福	寺管会	7	安国文	
	双塔乡新华村北清真寺	双塔乡新华村一组北侧	清真寺	开放	2006.5.8	260	1600	320	阿訇	1		寺管会	3		
	双塔乡新华村西清真寺	双塔乡新华村一组	清真寺	待批	2006.5.8	300	2000	200	临时阿訇	1	马全俊	寺管会	3	马进长	简陋
	七墩回族乡锦华村北清真寺	七墩回族乡锦华村二组	清真寺	开放	2006.5.8	860	3700	360	阿訇	1	马明清	寺管会	3	马占林	
	七墩回族乡锦华村南清真寺	七墩回族乡锦华村四组	清真寺	待批	2007.12.20	400	1330	136	阿訇	1	马光林	寺管会	5	马忠英	
	七墩回族乡汇源村清真寺	七墩回族乡汇源村三组	清真寺	待批	2007.12.20	150	1200	200	阿訇	1	马占华	寺管会	3	马进山	
	七墩回族乡汇源村西清真寺	七墩回族乡汇源村五组	清真寺	待批	2007.12.20	500	1200	70	阿訇	1	马建忠	寺管会	5	孔祥礼	

续表

教别	场所名称	场所地址	场所类别	审批情况	登记时间	信教人数	占地面积	建筑面积	教职人员 职称	教职人员 人数	管理人员 人员名单	管理人员 机构名称	管理人员 人数	负责人	备注
伊斯兰教	腰站子东乡族乡扎花营村一组清真寺	腰站子东乡族乡扎花营村一组	清真寺	待批	1997.5.10	370	800	250	阿訇	1	马占林	寺管会	3	马生虎	简陋
	腰站子东乡族乡扎花营村二组清真寺	腰站子东乡族乡扎花营村二组	清真寺	待批	1997.8.21	227	700	230	临时阿訇	1	马清山	寺管会	2	高占清	简陋
	腰站子东乡族乡扎花营村西清真寺	腰站子东乡族乡扎花营村四组	清真寺	待批	1999.8.5	695	2600	324	阿訇	1	马峰泉	寺管会	2	马义清	
	腰站子东乡族乡扎花营村五组清真寺	扎花营村五组	清真寺	待批	1997.5.18	150	1800	209	阿訇	1	罗拉黑麦	寺管会	3	马文奎	简陋
	腰站子东乡族乡扎花营村六组清真寺	腰站子东乡族乡扎花营村六组	清真寺	待批	1998.8.3	150	2000	160	阿訇	1	李有苏	寺管会	4	马全良	扩建
	腰站子东乡族乡扎花营村七人组清真寺	腰站子东乡族乡扎花营村八组	清真寺	待批	1997.5.23	280	2500	240	阿訇	1	包哈麦得	寺管会	3	马进祥	简陋
	腰站子东乡族乡扎花营村一组礼拜点	腰站子东乡族乡扎花营村一组	清真寺	待批	1997.8.13	70	1300	200	临时阿訇	1	马进华	民管小组	3	马良	简陋

第五章　宗教生活适应

续表

教别	场所名称	场所地址	场所类别	审批情况	登记时间	信教人数	占地面积	建筑面积	教职人员职称	教职人员人数	管理人员人员名单	管理人员机构名称	管理人员人数	负责人	备注
伊斯兰教	腰站子东乡族乡马家泉村西清真寺	腰站子东乡族乡马家泉村一组	清真寺	待批	1999.1.3	350	2400	425	阿訇	1	马进成	寺管会	5	高玉明	
	腰站子东乡族乡马家泉村南清真寺	腰站子东乡族乡马家泉村三组	清真寺	待批	1999.8.6	425	2450	270	阿訇	1	张林山	寺管会	3	马玉麦	
	腰站子东乡族乡马家泉村北清真寺	腰站子东乡族乡马家泉村七组	清真寺	待批	1999.4.10	300	1400	280	临时阿訇	1	马哈如	寺管会	3	马得福	扩建
	腰站子东乡族乡马家泉村东清真寺	腰站子东乡族乡马家泉村六组	清真寺	待批	1997.5.30	470	3000	180	临时阿訇	1	铁胡赛	寺管会	3	张学忠	
	腰站子东乡族乡马家泉村一组礼拜点	腰站子东乡族乡马家泉村一组	固定处所	待批	1999.1.20	119	1300	125				民管小组	3	马维金	简陋
	腰站子东乡族乡马家泉村八组礼拜点	腰站子东乡族乡马家泉村八组	固定处所	待批	2004.11.10	95	2000	150	临时阿訇	1	妥勒太	民管小组	2	妥双西	简陋
	沙河回族乡临河村清真寺	沙河回族乡临河村三组	清真寺	待批	2007.12.20	143	2916	226	临时阿訇	1	马胜云	寺管会	3	敏国俊	

续表

教别	场所名称	场所地址	场所类别	审批情况	登记时间	信教人数	占地面积	建筑面积	教职人员职称	教职人员人数	管理人员人员名单	管理人员机构名称	管理人员人数	负责人	备注
伊斯兰教	沙河回族乡河洲村南清真寺	沙河回族乡河洲村四组	清真寺	待批	2007.12.20	510	2330	260	临时阿訇	1	马飞云	寺管会	2	马飞雄	
	沙河回族乡河洲村北清真寺	沙河回族乡河洲村一组	清真寺	待批	2007.12.20	750	1655	300	阿訇	1	马忠	寺管会	3	冯义忠	扩建
	沙河回族乡民和村上林清真寺	沙河回族乡民和村五组	清真寺	待批	2007.12.20	199	500	350	阿訇	1	马海彦	寺管会	3	郑得祥	
	沙河回族乡民和村西平清真寺	沙河回族乡民和村六组	清真寺	待批	2007.12.20	538	2000	470	阿訇	1	白玉成	寺管会	3	马成文	

资料来源：瓜州县宗教事务局，2011年8月23日。

通过表 5-3，我们可以看出，瓜州县共有清真寺 44 所，其中腰站子乡有清真寺 13 所，占当地清真寺总数的 30%。

（2）小金湾移民新区

小金湾现有清真寺 12 所，其中以伊赫瓦尼清真寺为最多，而且有一个总寺和 5 个分寺，总寺一般在星期五的聚礼等重要节日时，分寺的人都到总寺参加宗教活动，分寺为了群众礼拜的方便而在各组（队）修建简易清真寺。除了"库布忍耶"和"嘎德忍耶"外，其余教派门宦都修建了各属自己的清真寺。

图 5-2 东乡族移民新区的清真大寺

（3）古浪县移民新区

古浪县直滩乡少数民族移民村共有六个清真寺，其中伊赫瓦尼清真寺 4 所，库布忍耶和嘎德忍耶各一个，有一所伊赫瓦尼清真寺和一所嘎德忍耶正在修建之中。古浪县直滩乡东乡族移民村共有五个自然村，且人口相对较小，各村相距较远，各寺均坐落于村子中心位置。

2. 寺坊结构的构建

东乡族和回族一样，把自己的以清真寺（Masjid）为中心的聚居区称为"哲玛尔提（Jamāʻt）"①，即"寺坊"。寺坊是东乡族社会的基层宗教社区，除具有普通社区的特征外，更多地依靠共同宗教文化的维系。东乡族生态移民搬迁前，大都居住在山区，村落相对较小，人口数量少，一般围寺而居的都属于一个"哲玛尔提"的教民，完全是一个"熟人社会"。但东乡族生态移民新区，情况就不一样了，这里的移民来自东乡自治县或广河等县不同的村落，尽管在选择居住地时都考虑了教派门宦的因素，但各教派门宦教民穿插居住的情况很常见。如此一来，在清真寺的选址上就不再是原来东乡族人传统的围寺而居了，特别是在人口数量相对较多的移民村落。在这种情况下，清真寺往往修建在村头，甚至在两个移民村的中间位置，围寺而居的地缘结构也由此被打破了。如在古浪县直滩乡二咀子东乡族移民村中，有两个清真寺，一个在村东（老教），一个在村西（新教）。

（二）移民新区宗教派际间的冲突与矛盾

"从族群认同的角度来看，认同既与某些原生情感和文化特质有关，又与政治经济因素密不可分。前者使族群意识在一个相当长的时期得以持续，后者则决定着它的强弱。"②伊斯兰教派门宦作为东乡族内部原生情感和文化特质，不断强化和维持其内部的不同宗教派别认同，而除了宗教派别思想不同的内在因素外，以教权和经济等利益为主的外在因素，成为不同派别的主要支撑。因此，在调查中，笔者发现移民新区的东乡族在与当地其他民族交往的过程中，东乡族族群认同非常强，但是，当走进其社会内部，笔者还发现了基于宗教之上的另一种认同，即为宗教派别认同。一般情况下，东乡族基于宗教上的原生情感和文化特质之间的差异，不易引起矛盾和冲突，但是，与教派联系紧密的教权和经济等利益方面，常常成为移民新区东乡族内部宗教派际冲突与矛盾发生的"导火索"。

1. 经济利益引发的冲突与矛盾

任何宗教都是神圣的，但是其又无法脱离世俗社会的支持。伊斯兰教作为东乡族全民的一种精神信仰，神圣性已体现在这个民族生活的各个方面。这种神圣性的延续，除了依赖于宗教本身外，还主要依赖于维持伊斯

---

① "哲玛尔提（Jamāʻt）"是阿拉伯语的音译，意义是"聚集、集体、团结、共同体"等，意译为"寺坊"。

② 张高翔：《认同的困境》，《思想战线》2008年第6期。

兰教的经济方面。而一个寺坊或教派经济的好与坏，取决于其人口——信教群众数量的多与少。因此，信教群众能够为其所在教派的清真寺带来经济利益，主要表现在：

第一，信教群众数量多，可以壮大该派别的势力，进而可以带来一定的无形的利益。如移民新区小金湾作为一个纯东乡族聚居区，伊赫瓦尼教派人口占绝大多数，所以村干部几乎均为该派别的东乡族，甚至在政府干部中，这种"能量"也能够体现出来，由于当地政府干部中东乡族占有一定的比例，而且某一个派别的干部作为一个重要的领导，在每次干部提拔、遴选时，都会选择与自己教派相同的东乡族。一旦政府对当地给予的宗教"好处"，都会全部落入一些干部所属的教派清真寺当中。

图 5-3 东乡族移民新区请阿訇仪式

第二，信教群众多，可以减轻群众负担，增加清真寺收入。首先，表现在给阿訇等宗教人员的工资生活费方面，在穆斯林社会中，宗教人员的一切费用都由其所在清真寺承担，而清真寺会摊派在信教群众的身上，一个（教派）清真寺人数多，每群众给宗教人员的费用就少，反之，则会更多。其次，表现在清真寺的经济收入方面。东乡族清真寺均为"以寺养寺"，一般情况下，清真寺的收入主要有"寺产"，如房租等，以及群众施舍的各种"乜贴"和宗教税等收入。移民新区的东乡族清真寺,都在农村,没有寺产,因而寺产收入成为当地的一种缺失,其经济收入主要依靠"乜贴"和宗教税等。再次,表现在宗教的世俗方面,随着宗教的世俗化进程加剧,各宗教派别的清真寺之间的攀比之风与日俱增,清真寺建筑的豪华与气派,成为当地各个教派信教群众炫耀的资本。世俗生活中,人数多、建筑宏大而装饰漂亮的清真寺的东乡族人,都比较自豪。

因此,信教群众作为当地清真寺的财富,成为每一个伊斯兰教派清真寺抢夺的对象。尤其是一些教派人数较少,在当地无法建立自己的清真寺,但是为了完成伊斯兰教赋予他们的宗教"功课",以及生活的方便,他们就会选择加入当地其他派别的清真寺,虽然没有改变他们的宗教派别,但是对其所加入的清真寺的义务是与其他教民一样的,尤其是经济义务。所以,这些少数群体成为当地争抢的对象。调查中,移民新区古浪县的一个东乡族家庭的遭遇,是这种现象的典型案例。

个案:为了生存的无奈选择

马先生原居于东乡县的一个偏僻山村,在朋友的介绍下,自愿移民古浪县东乡族移民区,由于他所属的伊斯兰教派在当地只有他一家,所以,移民新区的村长就要求,如果他移民当地,并取得当地的户口,就得加入村长所属的 A 派。于是,他就加入这个派别,作为这个派别清真寺的一员,履行着一个教民的义务。几年过去了,村长并没有帮助他取得当地的户口。一气之下,他就选择了当地的 B 派。村长发现后,劝说他继续到 A 派清真寺。劝说数次后,他并没有听村长的话。后来,因为他,当地的 A 派和 B 派清真寺发生了矛盾,以前两寺之间的来往就到此结束。马先生的子女上学等需要村上出证明的帮助时,村长一直为难他。

因此,我们可以看出,在穆斯林社会,宗教派别对当地社会的影响也是比较大的,并且宗教派别是以不同宗教思想和功修为根本,以经济利益为动力;也说明,宗教的世俗化趋势逐渐增强。移民新区的东乡族社会,信教群众成为当地宗教的一大经济财富,成为各个派别争夺的对象,对群众的争夺，其实质是对经济利益的追求所致。

2. 教权引发的冲突与矛盾

"教派作为人为性的一种社会建构，在社会实践中一旦获得承认，并具有合法延续的可能性时，其教派特征就会在日常生活的不同层面上表达出来。所有这些表达都是宗教群体集体认同的体现，也是日常实践中区分'我群'和'他群'意识的体现，其价值目标还是在于使宗教群体得以延续。"[1] 在调查中，笔者发现，教权引发冲突和矛盾较多者为伊斯兰教门宦制度之间，尤其是对教主的认同以及教主之位的争夺上，这种现象也是西北穆斯林社会比较普遍的现象。最初伊斯兰教门宦内部的教主，也就是"门宦创始人，大多都是一些贫穷而虔诚的宣教宏道者。他们在'道乘'修持方面都比较严谨，有些好道者，愿拜师为徒，遂被收为学生。师徒之间，信众与传道者之间，关系都比较松散，几乎谈不上什么内聚力。各个派别和门宦的内聚力是在教派、门宦相互纷争中开始增强的，在反清斗争中这种内聚力达到了高潮。由于内聚力的强化，各个派别的始传人与继承人的领袖地位有很大提高"[2]。随着社会的发展，宗教世俗化倾向突出，教主的教权成为其内部争夺的对象。

东乡县也是我国伊斯兰教教派门宦多而复杂的地区，因此，东乡族内部教派门宦也比较多。移民新区的东乡族均来自东乡县不同教派门宦，整体看来，宗教派别之间的矛盾冲突较少，而较多者均为门宦之间和内部，主要缘于教权之争。在笔者调查中发现，教权之争主要有以下几种：

第一，姓氏之间的争夺。这种情况一般是在教主即将去世，或者去世后，教主接班人的遴选方面。起初，伊斯兰教门宦内部都是"选贤为能"，以宗教知识、功修和德高望重者为遴选原则，有些门宦坚持"传贤不传子"的原则。但是，后来逐渐演化为一种争夺"资源"式的教主选择。教主即便选择了与其不同姓氏的接班人，其家族一般都会干涉或者不同意，这就会造成教主家族与异姓教民之间的矛盾和冲突。

第二，兄弟之间的争夺。有些门宦教主的传承方式为"世袭制"，父亡子继。有些教主子嗣较多，兄弟之间争夺教主权利的现象时有发生。究

---

[1] 哈正利、马威：《日常生活中的教派差异——关于甘肃临潭旧城伊斯兰教的人类学田野报告》，《宗教学研究》2010年第3期。

[2] 马通：《中国伊斯兰教门宦与西北穆斯林》，《西北民族研究》1989年第4期。

其原因，有的是为了权利，可以与同胞兄弟争夺权位；有的是教主不同儿子身后的不同教民支持、操作、鼓动引发的。因为教主之子因其父关系，在门宦内有一定影响，故追随者较多。

第三，门宦分化引起的争夺。西北穆斯林社会中，门宦作为一种宗教组织，有严格的制度要求。在管理中，体现出层级关系，即总拱北和分拱北。拱北一般为该门宦创始人亡故后，教众为表示纪念修建；分的一般为二代，以及以后的各个教主的拱北，或者是具有影响力的第一代教主弟子的拱北。还有一种情况是，因为各种原因，有的门宦内的某个群体，与原有门宦发生矛盾，脱离出来，另立山头。东乡族社会更是如此。

第四，不同地区同一门宦之间的争夺。东乡族同一门宦的信教群众，分布在不同地区，如虎夫耶门宦分布于甘肃、宁夏、青海、新疆等地。一旦某一个门宦的教主去世，新教主产生之时，也是冲突和矛盾产生之时。地区的教民意见不一，都希望本地区的人能够成为教主的接班人。有些情况下，地区间就会引起矛盾，并不断激化，最终产生冲突。

个案：原居住地派别矛盾对移民新区的影响

在我们这个移民地方，教派门宦之间的差别还是比较明显的。这种观念也是很强的，有的人也不到别的教派门宦的寺里去做"乃麻子"（礼拜）。这种思想的根源还是与老家有很大的关系，因为那里的教派门宦观念强，且不同教派门宦之间的交往也不是很多，只是到一些大的宗教活动时，有些可以请一些其他的来参加。特别是一旦遇上教派之间的矛盾，老家一定会影响到我们这个移民地方。记得是去年的时候，老家那里出了问题，是我们这个教派内部的两个不同的群体之间发生了事情，一派是教主的大儿子；另一派是教主的二儿子，都是因为教主去世了，争夺教主权利。消息就很快传到这里，现在的电话很方便。我们这里的有些人就组织起来，准备前往老家那里闹事。最后，被我们这里的政府发现了，就制止住了，没能去成。可是，我们这里也闹起来了，还是我们这里与老家闹矛盾的那两派相同的教派。在我们这里政府的制止和管理下，虽然没有闹起来，但是梁子（矛盾）已经结下了。（MHW，东乡族，40岁，农民，清真寺）

总的来说，"人类文明史的发展表明，任何一个宗教的发展进程中，不同学派、教派的形成、发展、分化与重新整合是一个普遍的社会文化现象。就伊斯兰教而言，从世界范围内来看，不同教派、学派的此起彼伏、推陈出新也是一直存在的社会文化现象。教派、门宦关系问题是中国伊斯兰教的一个非常重要的问题，它不仅涉及伊斯兰教的教义思想、礼仪修持、历史变革及文化变迁等内容，而且与当代民族、宗教问题及西部社会的稳定与发展紧密相关"[1]。移民新区的东乡族社会，宗教派别联系越紧密，矛盾和冲突越多，尤其是门宦之间和门宦内部，出现这种现象的原因，主要是因为伊斯兰教在世俗化过程中，信教群众不再以宗教为主要"看守"，而是更加注重与宗教有关的经济和权利等世俗利益。

三 移民新区宗教派际间的适应与重组

围寺而居是中国穆斯林共有的居住文化模式，教派门宦的多样是甘肃回族和东乡族共有的普遍宗教文化现象。东乡族的教派门宦现象更普遍，而且对东乡族的影响也比较深。鉴于此，政府在移民的过程中基本按照原居住地的居住模式，将迁入小金湾的东乡族，按照原有的不同教派门宦设置不同的村和组（队）。但是有些同一村和组（队）中，分布着不同教派门宦的群众。

在调查中，我们发现，当地有三大宗教派别之间较为独立，互不来往，分别是新教伊赫瓦尼派、老教的四大门宦（哲赫忍耶、虎夫耶、库布忍耶和嘎得林耶）和新新教"赛来菲耶"，而联系紧密、走动较为密切的为四大门宦之间，特别是在宗教活动方面，来往较多。而其他不同教派的东乡族，邻里之间在日常生活中互有来往，但是在宗教方面很少来往。因此，从整体来看，当地教派分化细、区别鲜明，受原居住地的影响比较深。

但是也有不同宗教派别共建一座清真寺的现象。如移民新区的小金湾"东金清真寺"是由"库布忍耶"和"嘎得林耶"两个门宦共同修建的一座清真寺，其教民共100余户，"库布忍耶"占20%，其余近80%为"嘎得林耶"，另有三户信仰"哲赫忍耶"。

---

[1] 杨桂萍：《宁夏吴忠市伊斯兰教教派、门宦关系调查研究》，《中国穆斯林》2008年第3期。

东金清真寺是当地宗教不同派别之间和谐、团结的典型个案。我们对该寺掌学阿訇进行了访谈，他告诉笔者，这里的教民很团结，相互之间也没有矛盾，就在谁主持清真寺的阿訇方面，教民更加宽容，哪个门宦的阿訇都可以，他属于库布忍耶。阿訇也很宽容，在东乡族穆斯林的不同派别的"尔麦里"仪式上，严格按照不同的派别的仪式，如"库布忍耶"阿訇在"嘎得林耶"教民家庭举行尔麦里仪式时，按照嘎得林耶门宦的仪式进行。

三个宗教派别共建一个清真寺的现象，在东乡族原居住地传统社会中是非常少见的。弱势群体之间的互帮互助、团结一致，是其生存和发展的基础，这是移民社会所表现出的共性特征。小金湾"库布忍耶"和"嘎得林耶"东乡族信教群众，与其他教派特别是与"伊赫瓦尼"相比，人数相对少，处于一种弱势地位。所以，这些不同的宗教派别之间的结合、共处也是生存使然。居住地改变使他们原有的一切社会关系都被割断，尤其是原有的社会资源几乎全部失去，而伊斯兰教宗教信仰和宗教活动是其生活的根本。因此，在移民社会中，他们重新构建社会关系，共享宗教资源，适应新的社会环境，成为自然而然的事情。

第二节 移民宗教生活的新变化

宗教观念作为一种社会意识，在民族社会中，是长期积累的结果，渗透到信教群众生活的各个方面，也塑造了一个远而又近的精神世界。伊斯兰教观念是历史文化的一部分，又是一种社会力量，影响到东乡族的各个领域。我们通过对东乡族移民前后的宗教观念进行对比研究后发现，移民对伊斯兰教的理解趋于世俗化。

一 移民宗教观念的变迁

伊斯兰教观念是扎根于东乡族的一种普遍的社会现象，它随着社会的发展也在不断变化。这种变化与信教群众的居住环境、生产方式、经济水平、生活水平、文化素质等息息相关。

（一）移民前的宗教观念

移民新区的东乡族原居住地东乡县，自然环境恶劣，交通不便，信息闭塞，生产力低下，人们的经济落后，生活水平相对较低，文化素质较低，与其他地方不能相比。而唯独首屈一指的可属他们的宗教情结，即浓厚的宗教观念。这种现象，我们在其他类似的地方也可以看到，比如宁夏的西海固地区。我们也发现，越是贫穷落后的地区，宗教越发达，人们的宗教观念越浓厚。通过调查，东乡族移民迁前宗教观念浓厚的原因主要为：第一，特殊的地理自然环境，塑造了东乡族落后的物质生活。当面对残酷的现实时，他们无力改变当地的物质生活。因此，他们即将生存的依靠主要寄托在伊斯兰教上，该宗教的一些思想，建构了东乡族丰富的精神世界。第二，浓厚的地方宗教氛围，作为一种民俗控制，无形地监督着当地东乡族的宗教观念和宗教行为。移民前的东乡族村落，形成一种大家都内心清楚而无人明言的风俗，也就是斋月里午饭时家里厨房烟囱冒烟者、礼拜时不去清真寺礼拜者，别人都会看不起他们，甚至在子女婚配时，也无人与他们结成亲家。

个案：眼神里的宗教观念

小马是一位东乡族商人，他小时候的记忆中，父母教育他最多的是好好礼拜，虔心向主（真主）。父母从未教育他好好念书，改变自家的生活。当他结婚后，生活压力负载在他身上时，他不再希望过着父母那样的生活，更不愿在大山深处贫瘠的土地上做难以糊口的劳作，要走出东乡县，打工挣钱。可是，父母依然要求他坚持过祖祖辈辈都过的生活，顺应安拉。当他第一次准备离开家挣钱时，父母反对的眼神让他刻骨铭心。父母说，出去外面不像家里，把礼拜就丢了。但是他还是坚持自己的想法，先打工，后做生意。几年后的一天，当他因为和别人谈好生意，没有时间去礼拜，途经自己村落的清真寺时，恰巧是中午礼拜结束之时，邻居们都结束了礼拜，正从清真寺门口出来，都用异样的眼神看了他几眼，没有人问过他一句话，也没有人理睬他。

(二) 移民后的宗教观念

移民后，东乡族都搬迁到自然环境相对较好的川区，经济生活都大大提高。人们的闲暇时间较多，此照移民前的东乡族来说，应该有更多的时

图 5-4　打台球的东乡族移民新区青年

间到清真寺去礼拜，按他们自己的话说，就是应该好好"抓教门"了，但是事实并没有这样，笔者在调查过程中所观察到的一些现象足以证明这一点。现象一，小金湾为纯东乡族移民区，乡政府周围的商业活动点，几乎全是东乡族，其他民族很少。但是东乡族开的商店，卖烟卖酒，有的商店门口或者侧房专门设桌椅，供来者喝酒相聚。据了解，来者多为当地东乡族。现象二，清真寺礼拜者，多为老年人，年轻人进去的很少。现象三，调查中，笔者发现东乡族年轻人戴着白帽，走在大街或者村道上，嘴里叼着香烟的情况比较多见，这在原居住地是比较少见的。现象四，妇女的变化，移民新区的各个移民点，东乡族妇女出门打工，骑摩托车、电动车者比较多，这在原居住地是难得一见的，因为受宗教的影响，东乡族妇女一般是不会出门打工的，更不能驾驶摩托车。

通过这些现象，笔者发现移民新区的东乡族宗教观念发生了很大的变化，表现出淡化趋势，其中青年人的变化最大。究其原因，主要是因为外来信息的影响较大。移民新区，都处在交通相对便利、人员流动频繁、社会交往较多的地区，尤其是一些现代城市生活方式的信息传入东乡族当中，对传统观念冲击比较大，尤其是对宗教观念的影响更大。调查中，一位当地中学的东乡族老师告诉笔者：

我在老家不敢抽烟喝酒，烟瘾犯了，就到没有人的地方偷偷地抽，害怕别人看见。到这里就啥都不管了，也无所谓了。现在我们这里的年轻人抽烟喝酒的比较多，这里的宗教观念已经没有老家那里强了，教门远远不如老家了。没有办法，这是社会发展的必然。（MJT，东乡族，35岁，教师，饭店）

二 移民宗教生活的调适

伊斯兰宗教生活是东乡族群众社会生活中不可或缺的一个重要部分，而且宗教活动较多，仪式复杂，要求严格。随着生活环境的改变，移民新区的东乡族宗教生活也发生了变化。

（一）入乡随俗：门宦宗教仪式的适应

移民新区瓜州腰站子、玉门小金湾、古浪直滩，东乡族各个教派门宦人数相对多、居住相对集中者，属小金湾，其他两个新区各个教派门宦的东乡族都是分散居住，而且有些门宦人数也很少。由于没有自己所属的门宦清真寺和宗教职业者，伊斯兰教的宗教仪式，一部分是依靠宗教集体活动来完成，所以他们在家里举行宗教活动，如为了纪念已故亲人而举行的"尔麦里"仪式时，一般都会邀请其他门宦的阿訇，帮助他们完成宗教仪式。这种现象已经是一种普遍存在的事实，大家都已认可，改变了移民前宗教仪式上的门宦界限分明的情况。在他们看来，教派相异，门宦有别，宗教仪式也各有特点，但是伊斯兰教信仰者的宗教活动的目的追求，却是一致、相同的。在小金湾的调查中，一位门宦的阿訇告诉笔者：

我所服务的这座清真寺是"哲合忍耶"和"虎夫耶"两个门宦共同建立起来的清真寺，其中也有几户"库布忍耶"。在日常的礼拜中，没有区别，我们也就当作一个门宦的对待。但是，一些"尔麦里"仪式却都有自己的特点，虽然我们在仪式上念的经都是《古兰经》，但是有各自门宦的规定。因为我们门宦之间都相互比较了解，所以，我到不同门宦的教民家里主持"尔麦里"仪式时，都会按照他们门宦的要求，念或者不念《古兰经》。（HAH，东乡族，43岁，阿訇，清真寺）

图 5-5　移民新区的东乡族老人

类似的现象在其他移民新区也比较多见。虽然在移民初期部分宗教派别之间矛盾时有发生，但是随着时间的推移，移民的原有社会关系在移民新区的缺失，使他们在宗教仪式上无助，选择就近的其他派别来帮助，成为三个移民新区共有的特点。从移民自身来看，这种现象也具有一定的被动性，某种程度上也带来了困难。从移民社会整体来看，宗教仪式上派别之间的互动和交流，极大地促进了宗教派别之间的关系和谐，更有助于当地社会的稳定和团结，进而促进当地发展。

（二）以家为寺：群众礼拜场所的调适

移民前，东乡族都有自己的清真寺，而且大都围寺而居，他们都会在清真寺完成每天的五次礼拜，在他们看来，在清真寺礼拜"色瓦布"（宗教术语，为意义、好处之义）大。在移民新区，小金湾大都是围寺而居，而其他两个移民新区，清真寺相对较少，且居住分散。笔者在调查中发现两种情况：一是有些东乡族住家与清真寺之间的距离比较远，只有到每逢周五，到清真寺去礼"主麻"，其余时间的礼拜都在家里；二是有些东乡族居住区没有建立清真寺，将一个居民家里的一个房屋作为礼拜的场所，代替清真寺。每到举行集体宗教仪式，如"主麻"仪式时，大家聚在村落的"打谷场"内，一起完成宗教功课。

造成没有清真寺而"以家为寺"这种结果的原因也是多方面的，在移民新区的瓜州腰站子，主要由政府原因所致。按照瓜州管理的要求，修建清真寺必须取得当地政府的同意，且严格遵循宗教场所审批制度。而当地政府对宗教的管理也比较严格，新建清真寺政府都不会审批。古浪直滩移民新区，自然环境相对于腰站子和小金湾而言，土地较为贫瘠，农业灌溉缺水，经济水平较差，人们都处于解决温饱问题的线上。由于清真寺一般都是由信教群众自筹款项、自我管理而修建的，所以，他们没有能力负担修建清真寺的费用。笔者发现，这些东乡族移民的情绪很不稳定，对政府有意见。从长远来看，不利于移民新区社会稳定和发展。古浪移民新区的一位中年人告诉笔者：

> 我们这里没有一个像样的清真寺，与老家比起来差的很远。很多寺都很简陋，就像一个家院，不像寺。哎呀，这与我们自身有很大的关系，但是政府应该也说不过去。移民应该是往好的地方搬迁，但是政府把我们搬迁到这个地方，我们感觉不是很好，这里比老家稍微好一点，好的地方就是这里是平地，没大山。这里风沙大，水也是很缺的，土质不是很好，庄稼的收成一般。我们的手头都很紧，和老家一样，依然很是缺钱。最起码连自己的清真寺都没有钱修建，对于我们来说，没有清真寺，也是一件很可怕的事情。（YWG，东乡族，32岁，农民，村头）

（三）经儒兼并：宗教神职人员的新变化

伊斯兰教神职人员——阿訇，不仅是一种宗教职业者，他们既是穆斯林世俗社会中一座为教民引路和指明前行方向的灯塔，也是穆斯林精神世界里的一个纯洁而又神圣的象征符号。阿訇群体对穆斯林社会的影响是全面而又深刻的。移民新区的东乡族穆斯林社会中，阿訇发挥着不可替代的作用，其作用体现在他们自身的新变化方面。

在传统东乡族社会中，由于职业的神圣性和特殊性原因，阿訇在穆斯林的心目具有特殊的不可替代的地位。他们专心研究以《古兰经》为主的伊斯兰教经典，传授宗教知识，而将其从世俗生活中独立起来。在这样的社会中，阿訇群体每天接触到的只有经典和其所在寺坊周围的教民，与外界几乎没有联系。正因如此，阿訇群体在其所在的东乡族穆斯林社会

图 5-6　移民新区的东乡族阿訇

中，威望高，影响大。他们的言行，成为当地东乡族教民学习和模仿的楷模。移民前东乡族社会，这种现象比较普遍。而移民后的东乡族社会中，阿訇群体发生了较大的变化，主要表现在以下几个方面：

第一，精通《古兰经》的基础上，兼懂汉文化，尤其是汉文字的读写，如他们自己所言"会汉文知识"。之前，很多阿訇连自己的汉字姓名都不会写。这样的阿訇，被称为"单面人才"，而伊斯兰文化和汉文化兼通者，被称为"双面人才"，当地移民都喜欢聘请后者。小金湾移民新区一个较大的"伊赫瓦尼"清真寺掌学阿訇，为高中毕业生，汉文化水平相对较高，伊斯兰宗教知识在当地可属首屈一指。调查中，一位老人这样说：

> 我们寺里的阿訇水平相当高，老家有好几个清真寺要搬（聘请）他呢，我们寺管会和教民都不同意。他们搬了好几次都没搬成。这样的阿訇对我们的作用很大，因为这个阿訇懂汉文，知道的比较多，能够分析我们这里出现的一些问题，然后用《古兰经》解释，再按照伊斯兰教的要求劝说我们，如何如何。以前的一些老阿訇，虽然他们的宗教知识很高多，但是他们没有汉文化基础，在一些劝说教民的"瓦尔兹"（宗教演讲）中，只是将《古兰经》内容翻译成我们的东

乡语或汉语。通过比较我们也认识到汉文化的重要性，念经人如果汉文化高，对我们伊斯兰教的理解也就更加深，再给人的讲解，又很清楚。（MJC，东乡族，61岁，农民，清真寺）

第二，阿訇自己走出被教民所尊奉的纯粹精神世界。移民前的东乡族社会中，阿訇被限定在清真寺及其周围的教民当中，走出去与外界接触的机会很少。而移民后，阿訇开始关注宗教以外的世界，比较突出的是，一些阿訇开始看"新闻联播"，关注国家和社会上的一些重大变化，有些条件好的清真寺，给阿訇拉上了互联网，买上了电脑，尽管这样做的只是少数。据了解，这样的阿訇在履行自己的宗教义务时，能够做到与世俗社会相联系，不但能够带动当地宗教发展的与时俱进，而且也促进了当地社会发展的与时俱进。

第三，阿訇群体向年轻化、知识化趋势发展。移民前东乡族注重阿訇的德高望重，年龄越高的阿訇，在当地宗教界的名望越高。移民后的东乡族社会，逐步改变了这种观念，教民评价阿訇的一个很重要的标准就是知识，除了伊斯兰宗教知识外，还看他们的汉文化知识。于是，一些年轻的阿訇，由于他们有丰富的汉文化知识，而受到当地东乡族的推崇。笔者调查走过的清真寺，掌学阿訇都比较年轻，50岁以上的阿訇很少见。

这些阿訇的新变化是生活发展的必然结果，他们推动了当地社会的发展。移民新区东乡族与四周的汉族相邻，在阿訇的作用下，当地东乡族改变以往保守、封闭的传统观念，致使教民走出去，与外界联系频繁、紧密。这样，一方面走出去者，接受外界的观念，使其自身有所变化，可以带动一家人的变化；另一方面，外来信息被带入，对当地整个地区影响大。我们通过三个不同的东乡族移民新区可以看出，小金湾由于地理位置和自然环境的优越性因素，当地的人员流动性大；尤其是古浪移民区，由于观念等多种因素所致，人员流动性不大，造成一种恶性循环，这个移民区经济社会发展相对缓慢得多，宗教神职人员的整体素质不如其他两个移民区。

通过笔者对移民新区阿訇群体的了解，当地阿訇群体新变化的原因有两个。其一，政府统一管理的作用，当地政府对宗教神职人员的管理要求与传统阿訇任职不同，掌学阿訇必须取得资格证书，没有资格证书者，一律禁止在清真寺任职。而资格证的取得，除了统一考察宗教知识外，汉语知识也是一门必考知识。其二，当地移民自身的作用，当地政府，如瓜州禁止清真寺招收学徒，所以当地一些没有考上高中和大学的学生，选择回到老家清真寺学习伊斯兰教知识，学成后考取阿訇资格证，回到移民新区，担任掌学阿訇，这也是当地阿訇来源的主要渠道之一。

第三节 经堂教育的变化

经堂教育是西北穆斯林社会内部民族传统文化传承、发展的重要教育模式，也是培养合格教民、普及社区地方性知识的"主要场所"，是穆斯林社会不可或缺的一部分。在涂尔干看来，宗教是一种社会系统的黏合剂。东乡族宗教神职人员的培养、传统民族宗教文化的传承与发展，都离不开经堂教育。然而，笔者在移民新区调查过程中，发现当地经堂教育存在一些很大的变化。主要表现在经堂教育的缺失方面。

在调查中，笔者发现，移民新区的大多数清真寺都没有经堂教育。究其原因，有两个方面。第一，政府政策所致。如移民新区的清真寺，尤其是瓜州的腰站子东乡族移民区，经堂教育被限制，按照 2010 年瓜州县政府文件要求，"宗教活动场所举办经堂教育和培训班，如伊斯兰教清真寺举办经堂教育等必须经县宗教团体同意，报县宗教事务部门批准。未经批准，任何组织和个人不得在任何地方私自办班讲经"。实际当中，清真寺招收学徒、办经学班的情况非常少。致使当地经堂教育被中断，当地宗教神职人员的培养成为问题，大多数阿訇从老家聘请，或者将当地的孩子送到老家清真寺接受传统的经堂教育。笔者在瓜州调查时，一位清真寺管理者向笔者讲述了东乡族移民的担忧：

> 我们在这里，生活比老家好了，但是宗教成为未来很大的问题，尤其是念经人的培养问题。政府严格控制我们在清真寺招收满拉（学徒）。一个好的清真寺应该有很多满拉，而且能够培养出很多宗教知识很硬的人才，为我们的宗教努力。寺里只有一个阿訇，再有一些礼拜的老人，没有满拉成何体统？到教民家里干"尔麦里"时，没有人念《古兰经》，我们的宗教活动，不可能是阿訇一个人来完成，满拉就像你们学生，学生是老师的财富，满拉是阿訇的财富，没

有学生学校还有存在的必要吗？（AZH，东乡族，39岁，农民，清真寺）

国家制度在当地宗教教育中也造成适应不良状况，尤其是阿訇的生活补助问题，如：

> 为落实好党的宗教政策，切实解决宗教界教职人员生活困难问题，瓜州县依照《甘肃省宗教人士生活补助费管理办法》相关规定，深入宗教活动场所认真调查摸底，对教职人员资格证书、户籍情况严格审查，按照定编定员、超编清退，一年审定一次，实行动态管理的原则。2012年度经调查审定，报县政府审核同意，将符合条件的18名宗教教职人员纳入宗教界人士生活补助范围，县财政每月补助生活费2850元，全年共计34200元。自2010年以来，共为25名教职人员发放生活补助费88200元。[①]

这样一来，就改变了传统东乡族社会中对宗教神职人员的态度，不利于穆斯林内部社会的团结稳定和发展。在东乡族传统社会中，阿訇的学粮（费用）都由教民承担。加之阿訇任职的政府管理与干涉，从某种程度上来说，收回了教民宗教自办、自我管理的权利。伊斯兰教神职人员，都是教民民主选举产生，这样产生的掌学阿訇，会得到教民的大力支持。一些由政府命令的掌学阿訇，有时候教民都会有抵触心理，这违背了宗教自身发展的规律，不利于民族社会的团结稳定。经堂教育的缺失，东乡族宗教神职人员的培养断裂，后续的社会问题会越来越多。

第二，世俗教育对经堂教育的冲击比较大。东乡族受不重视世俗教育的历史原因的限制，很长一段时间都是依靠土地而生，民间称其为"土里刨着吃"。随着当地世俗教育的发展，一些通过世俗教育而在相关政府和事业单位上班的东乡族人，通过当地人所谓的"拿工资"，给他们的家庭带来实惠的经济收入。在这种现实利益的驱动下，多数家长选择子女接受世俗教育即学校教育，而转变了在清真寺"念经"的传统观念。加上现代社会的影响，即便没有考上学的孩子，父母送到清真寺接受经堂教

---

① 资料来源于瓜州县政府，2012年7月16日。

育，他们大都不愿意待在清真寺。一位曾经在清真寺接受过经堂教育的小伙子说：

> 我没有考上高中后，由于我们这里不让阿訇教满拉，所以我的父母就把我送到老家的清真寺去学经。我去半年后就回来了，再也不想去念经。因为离家远，想念家里，再说清真寺管得严，一天除了礼拜就是念经，也不能出去，感觉待在寺里寂寞得很，没有意思。我感觉还没有打工有意思，再说外面的世界自由，想干啥就干啥。（HWJ，东乡族，25岁，农民，市场）

类似的现象在西北穆斯林社会普遍存在，这也体现出世俗化对宗教的影响力。"经堂教育是伊斯兰文化教育的主要形式，是传承宗教信仰和延续文化命脉的重要途径。"[①] 东乡族移民新区伊斯兰教经堂教育的缺失，从东乡族自身来说，教职人员的培养、民族传统文化的传承与发展，都会出现问题。

移民新区的东乡族文化处于一种"文化孤岛"之中，从具有"小麦加"的古河州伊斯兰文化地区，移入周围均为汉文化氛围的"大社会"中，其"小社会"的发展，不仅是经济社会的发展，还应该包括民族文化的发展。移民新区东乡族经济社会得到了一定的发展，这取决于政府和他们自身的各个方面，诚然宗教调适也发挥了较大的"能量"。不改变移民前宗教派别"泾渭分明"、各自独立、互不往来、封闭保守的观念，就没有移民后经济社会发展的现状。这些宗教观念的改变，也源自外在社会的影响和冲击，之后宗教做出了调适，适应了社会的发展。伊斯兰教是东乡族文化的核心，对于处于异质文化强势的东乡族文化发展来说，该民族自身发挥了关键性的决定作用，但是政府相关部门的管理制度和政策也是一个不可忽视的外在因素。政府在引导民族文化发展过程中，首先要全面掌握该民族的文化，"不了解处于文化核心的宗教信仰就不能理解这种文化所取得的成就，撇开宗教就不可能对文化做出完整的解释"[②]。受国际

---

① 丁士仁：《中国经堂教育溯源》，《回族研究》2012年第2期。
② 王晓朝：《文化视域与新世纪宗教文化研究的基本走向》，《世界宗教研究》2002年第3期。

和国内宗教问题的影响，伊斯兰教在中国的某些地区，被一些邪恶势力所利用，对当地群众以及人民的安定带来严重影响，政府不得不采取措施进行一定的限制。但从少数民族文化发展来说，却是不合适的。所以，移民新区东乡族宗教发展问题，是我国伊斯兰教发展存在问题的一个个案。这也是我国现在和未来值得重视和深入研究的一个问题。

本章小结

涂尔干指出："宗教明显是社会性的。宗教表现是表达集体实在的集体表现；仪式是在集合群体之中产生的行为方式，它们必定要激发、维持或重塑群体中的某些心理状态。"[1] 显然，作为社会性的宗教，在社会发展过程中，必然会做出变迁与调适，以适应新的社会文化环境。

东乡族普遍信仰伊斯兰教，宗教生活在他们的社会生活中占有重要地位。东乡族生态移民在离开原来稳定熟悉的生活环境，搬迁到异质性高的汉族地区之后，其宗教生活必然发生变化。当前东乡族生态移民宗教生活的变迁实为一种"适应性变迁"，也是东乡族生态移民对于时代发展中的自觉适应，这种适应性既有历史的维度，也有现实层面的展演。作为一种得失并举的时代变迁类型，其"失"的一面在当前更多地展演并体现在现实中，尤其是面临着现代化和世俗化的冲击，乡村东乡族伊斯兰教在移民新区介于传统与现代之间，并在趋于现代中呈现出的文化断裂，这里面既有对传统的割裂，也有对传统的修订，以至于东乡族生态移民普遍地认为教门式微。这种认知是一种纵向对比的感性认识，却忽略了这种表象中的式微隐藏的是时代新境遇中困境中的抉择和暗潮涌动的发展新机遇。对于乡村回族伊斯兰教来说，这既是挑战，也是机遇。只是如何在"失"的挑战中实现自我定位。这是实现当前乡村伊斯兰教良性发展的关键。宗教生活适应作为一种社会现象，其背后暗藏着的是作为宗教信仰主体的人对宗教态度的变化，如此宗教传统的"得"与"失"也最终体现在新的时代境遇中信仰主体的宗教观念和宗教信仰实践的嬗变。从这个角度来看，理地的面对宗教传统的时代变

---

[1] [法]爱弥尔·涂尔干：《宗教生活的基本形式》，渠东、汲喆译，上海人民出版社1999年版，第11页。

迁，笔者认为作为东乡族生态移民宗教生活适应应该是一种时代自觉，这种调适并不是以彻底世俗化为目的，而是有着自身的调适与发展的底线，既有捍卫宗教的神圣性，又有着以宗教世俗化为工具来达到伊斯兰教的时代发展。

第六章　社会交往与日常生活适应

一个民族的社会发展，总是离不开生态环境的影响和制约，而生态环境在一个民族社会发展中的作用又与其发展的程度相适应。人与生态环境的相互作用，实际上就是两者不断调适的过程。[①] 移民后的东乡族，随着居住环境的改变，其社会结构发生了翻天覆地的变化。社区的构建为他们成为迁入地真正成员提供了条件，但这一过程必将经历一个生产、生活、观念等方面的矛盾与冲突，才能最终由"客居"变为主人。在这一过程中，社会生活方面的调适与适应，也就成为移民在社会适应过程中的一个重要问题。

第一节　对迁入地生态环境的适应

生态移民原则上是对自然条件特别严酷、人口严重超载、欠发达地区的贫困居民实行有组织的迁出。但对于生态移民自身来说，迁移后的社会适应过程是一个漫长而复杂的过程，其中，对移民新区生态环境的适应是他们首先要应对和调适的过程。

一　移民前后生态环境的差异

东乡县位于甘肃省中部西南面，临夏回族自治州东面，东经103°10′—44′，北纬35°30′—36′之间。属亚热带气候。气候寒冷干燥，7月平均最高气温17.7℃，具有高原气候的特色，亚热带气候特点不明显。总的气候特征是：四季不分明，冬长无夏，春秋相连；冬无严寒，夏季温

[①] 方素梅：《生态环境与少数民族——广西少数民族社会发展诸种外部因素探讨之一》，《广西民族研究》1992年第4期。

凉；无霜期短，日照丰富；降水稀少，分布不均，雨季来的较迟，易发生干旱。①

移民新区主要在瓜州县（原安西县）和玉门市境内，位于甘肃省河西走廊西部。如瓜州属于典型的大陆性气候，其主要特点是降雨少、蒸发大、光照长、年平均降水量45.3毫米，蒸发量3140.6毫米，年平均气温8.8℃，平均最高气温24.9℃，最低气温-10.4℃。另外，风沙大是这里的另一特征。风沙不仅影响着农作物的生长，也影响着移民的心理。

从以上对移民迁入后生态环境的对比中，我们可以清楚地看到两地在气候方面的差异。气候是移民最先感受到的自然条件之一。气候作为一种重要的自然条件，对人们的影响非常大，不仅影响着东乡族移民的社会生活适应，还对于塑造他们的心理素质具有重要作用。

二 移民对迁入地生态环境的适应

由于东乡族移民长期生活于东乡地区，他们"故乡情结"深厚，对原有的生活环境留有深厚的感情和深刻的印象。所以，他们对新环境的主观感受是以原环境为标准的，他们的主要感受是在气候的适应方面。

移民前，东乡族往往带着对原居住地的深沉眷恋，以及对迁入地的无限憧憬与幻想。当他们来到移民新区后，最直接感受到的是当地的自然环境状况。由于老家的生存环境已在他们的记忆深处留下了深刻印象，因此，他们在面对新环境的气候时，仍以"老家"的自然环境标准来衡量移民新区的生活环境，这就在主观上形成了差距。进而，他们表现出迟疑和彷徨，在心理和情感上不太愿意接受新的气候环境。尽管他们在主观上，难以很快接受这样的生活环境，但是为了更好地生存，他们最终适应了这样的生存环境。调查中，他们说：

> 我们老家根本没有蚊子什么的，夏天特别舒服。这里就不一样了，每到夏天就特别难受，这边的天气太热了，最高的时候有40度，晚上都热得睡不着觉。还有这里蚊子特别多，我刚来这里时，有一次指头被蚊子叮了，特别痒、疼，以为自己的手有关结炎什么的，到花

---

① 东乡族自治县地方史志编纂委员会：《东乡族自治县志》，甘肃文化出版社1996年版，第71页。

海乡（那时候还是乡，后来改成镇了）卫生院去看了，把人家笑坏了，说是蚊子咬的，过了好多天才好。现在大家都习惯了。有些人家里还拉了蚊帐，可我们都是大炕，也不好弄，所以只能用些杀虫剂什么的，现在比刚来时好多了。哎，每到热得难受的时候，就想起了老家。（MCL，男，东乡族，45岁，农民）

尤其是移民新区的风沙在东乡族移民气候适应过程中，给人们留下了深刻的影响，他们当中流传着"一年一场风，从春刮到冬"俗语，来描述移民新区的风沙天气。当然，作为生态移民是为了远离原有恶劣的生态环境而选择迁移的，面对迁入地新的恶劣的气候条件时，他们所能做的只有面对现实。因为，好和坏总是相对的，他们更愿意相信迁入地生存发展环境优于迁出地。

> 我们是最早来到小金湾的人，当时没有住的地方，大都住的是地窨子，挖个坑，上面盖上草，遮风挡雨。后来政府给每家盖了两间土坯房。没有电，点的是煤油灯。吃水也不方便，用扁担在几里外的地方担水，路也不好，都是土路，这里每年到春秋两季，风沙非常大。每次吃完饭，碗底都会有一层沙。风沙大的时候，学生娃们放学回来，只能看到两个眼睛转，身上都是土。刚来土地也没有改良过来，收成不好，连一家人的口粮都不够。记得那时候，我经常和花海镇的汉族人家借面吃。当时，也有人来一看就走了，但是，大部分人留哈（下）了。（MYL，男，东乡族，58岁，农民）

面对肆虐的风沙，东乡族移民萌生了改善生态环境的想法。笔者从访谈中了解到，自从他们搬迁后，一直没有停止过植树造林。如今的东乡族移民新区，到处是绿树成荫，不管是房前屋后，还是田间地头，到处都是各种品种的树木。

> 我们搬到这里来的时候，到处都是黄沙，光秃秃的。我们夏天在田地干活累了也没个地方遮太阳。来的第二年春天，政府就给我们发树苗，让我们栽树，乡上的干部都亲自指导我们栽树。那年栽的树成活率不高，后来情况逐渐好些了，活的树也多了。现在我们这里的风

沙明显比那时候少多了，都被树挡住了。（MYL，男，东乡族，58岁，农民）

移民对迁入地的生态环境适应是其实现社会适应的基础，也只有适应了生态环境才有可能把移民新区真正当成自己的"新家"。从邻里归属感来看，对生态环境的适应是他们融入当地社会的第一步。

（一）以生计方式的改变应对生态环境的适应

尽管部分移民对移民新区气候条件满意度不高，但多数移民表示可以逐步习惯现在的生活环境。尤其是为了生产生活，对当地农业生产活动的适应，迫使他们努力适应当地的生态环境：

我们是依靠土地为生的，这里的土地比老家还是好一点，因为都是水浇地，虽然气候和老家不一样，有时候难以适应，但是为了生活和生存，我们必须得学会适应，周围的汉族人种什么，我们就种什么，什么时候种什么东西，我们也是模仿他们的。这是我们在这里能够立住脚而必须去适应的。（YDW，男，东乡族，49，农民）

（二）移民新生代对当地生态环境完全适应

经过20年的新区生活，移民大部分已经习惯了河西地区干燥、炎热、多风沙以及蚊虫叮咬，因为不适应这些自然条件而返迁的人很少，特别是在迁入地出生的年轻一代，对老人记忆中"老家"气候凉爽、无蚊虫叮咬的环境没有印象，他们对当地的生态环境已完全适应：

我们也没有在老家生活过，更没有感受过那里的环境，这里的环境就这样，从小就适应了。现在也不存在对这里环境的适应与不适应。反正这里就这个样了，适应了，还得生存，不适应，还得生存。（MCH，女，东乡族，16，学生）

总之，通过移民自己对移民新区生态环境主观感受的分析，我们可以看出，多数移民认为搬迁后对生态环境的诸多方面已经习惯。因此，应该肯定的是，他们经历了从不适应到适应的过程，或者正在逐渐接受和适应迁移后的生态环境。适应新的生态环境是移民稳得住的一个前提条件，也是他们通过再社会化和生存发展的必然条件。

第二节 甘肃东乡族生态移民社区社会关系网络的重构

东乡族生态移民作为政府政策性移民，无疑是一种制度安排的社会现象。然而，"一切制度的形式是人在一定的环境之内造下的，不变的并不是它的形式，而是人用它来满足的根本需要和满足时的效力原则。这是手段，同一目的在不同的环境里可以用不同的手段来达到"[①]。在环境社会学看来，生态移民是手段，而社区构建才是根本内容。[②] 生态移民的社会适应过程，就是社区社会关系网络重构的过程。

一 社区空间与人口

东乡族生态移民属国家政策安排下的工程移民，其移民地由上级政府根据各地实际情况选点，并统一规划，主要以大农业安置为主和"三靠近、两方便"（即靠近集镇、靠近交通沿线、靠近生产用地，方便孩子就学、方便就医）为原则来进行选址。

玉门市小金湾东乡族乡地处玉门市东部，距玉门市75公里，距最近的乡镇花海镇20公里处，位于花海镇和大金湾乡中部。区域内有丰富的水土资源优势和独特的气候条件，平均海拔800米左右。据花海镇一位当地汉族居民说：

> 这里以前叫金湾，几乎没有人，只有六家徐姓人家住，所以又叫六家村。从1992年开始陆续有东乡人搬迁到这里来，政府之前给他们推了好多地，也盖了些房子，每户2间主房，还有一个小厨房。小金湾的南边也移来了好多汉民，为了区分两个地方，那边叫大金湾，这边叫小金湾。(LGJ，汉族，58岁，农民，花海镇市场)

开发性移民总是跟地窖子有着天然的联系。东乡族生态移民也不例

[①] 费孝通：《社会学初探》，王延中、张荣华整理，鹭江出版社2003年版，第139页。
[②] 包智明、任国英：《内蒙古生态移民研究》，中央民族大学出版社2011年版，第242页。

图 6-1　小金湾社区街道

外，从上节部分内容就可以证明这一点。但正如中国过去 30 年发生的翻天覆地的变化一样，东乡族移民新区的变化也是效果非常明显，速度非常快。当东乡族人作出定居河西的决定时，他们的斗志就被激发了出来。更多的吃苦耐劳、勤奋刻苦的东乡人陆续搬迁到这里，使当地的条件也在不断改善着。

1998 年，东乡自治县与玉门市办理移交手续，并随即成立了小金湾东乡族乡。到笔者 2012 年夏天调查时，小金湾东乡族乡有五个行政村，在册户数为 1359 户，在册人数为 5285 人，农村劳动资源 2109 人，从业人员 1945 人；外出务工人员共计 1257 人，其中男性 1226 人，女性仅为 133 人，外出务工人员占全村总人口数的 36.8%，其中 90% 以上为自发外出务工者；且外出务工人员呈现文化程度普遍不高的现象，文化程度在初中及初中以下的务工者占到外出务工总人数的比例不到 10%，由于文化程度较低的原因多数务工者选择了较为简单的建筑业从事体力劳动。小金湾东乡族乡行政区域面积 22.4 平方公里，耕地面积 21000 亩，均为水浇田；人均土地面积 3.97 亩，由于部分荒地尚未开垦或盐碱程度大而不能耕种，实际耕地面积比统计数据略小。

由图 6-2 可知，小金湾东乡族乡五个行政村以乡政府（集市）为中心集中在一起，所以笔者将整个乡视为一个大的社区。

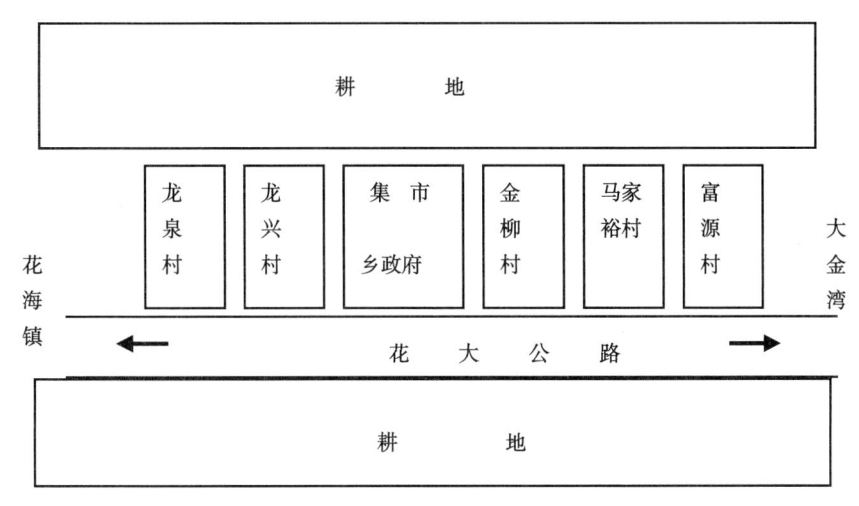

图 6-2　小金湾东乡族乡平面图

小金湾东乡族乡人口结构如表 6-1 所示。

表 6-1　　　　　　　小金湾东乡族乡人口结构表　　　　　　单位：人

村名	龙泉村		龙兴村		金柳村		马家裕村		富源村	
总人口	1128		1265		974		813		1105	
男女人口	男	女	男	女	男	女	男	女	男	女
	579	549	637	618	493	481	410	403	559	546

资料来源：小金湾东乡族乡综合办公室提供，2012 年 7 月。

二　社区基础设施建设

走进小金湾东乡族移民新区，映入眼帘的是平坦的柏油马路、宽阔热闹的街市和一排排整齐的具有伊斯兰风格的各式建筑和民房。有政府办公大楼、学校教学楼、教师公寓楼、文体中心、各式商铺，等等。一排排茂盛的白杨、沙枣树矗立在庄前屋后、田间地头。谁曾想到，20 年前这里还是杳无人烟的荒滩戈壁，使得刚搬迁来的东乡族移民受尽磨难和艰辛。经过政府的规划、资助和移民们的不懈努力，一幅崭新的富有特色的移民村景图呈现在世人面前。在乡政府和村委的牵头下，小金湾东乡族乡各村村容村貌的整治已初显成果，花大公路两旁的耕地整齐地排列，整齐划一的门楼让人有些目不暇接，这算是移民村的一大特色。村中的道路已经全部硬化，一幢崭新的教学楼已经拔地而起。走进民族学校校园，已经是学生们放学时刻，他们排着整齐的队伍，向不同方向离去；电脑室、实验室、图书室，样样俱全。中心卫生院也在政府的扶持下修建起来，目前，移民村的居民已基本加入了国家的农村合作医疗保障范畴。

清真寺则是小金湾的另一大特色，每一个村都至少有一座清真寺，或在村头，或在村中，也有的正在改修之中。秀丽的砖雕、木刻让人惊叹，虔诚的穆斯林老人穿着"准北"从四面八方赶来礼拜。谁曾想这些清真寺的修建给他们的经济带来多大的困境，然而，物质生活的艰辛却阻挡不了他们对精神生活的追求。清真寺修建的那样大气，甚至豪华，确实让周边的汉族居民在羡慕中有些无法理解。

图 6-3　小金湾卫生院

民俗新城是小金湾东乡族乡的又一大亮点。小金湾东乡族乡按照"科学规划、突出特色、合理布局、配套建设"的思路，将位于富源村的 400 亩乡集镇区做了科学长远的建设规划。以"三纵四横"七条道路为集镇框架，建成"建设风格突出伊斯兰民族风格，经营内容突出民族风情和民族文化"的伊斯兰特色民俗集镇。自 2007 年以来累计投资 5000 万元，新建前店后宅、下店上宅商铺 459 户，集镇常住达到 1200 余人，硬化集镇道路 8.7 公里，硬化人行道 17.4 公里，绿化面积达到 6 公顷，自来水管、排污管道、电话、宽带、有线电视入户、路灯等配套基础设施齐全，现代化小集镇功能完善；建成高档次民族学校、汽车站、信用社、水管所、卫生院、派出所、畜牧兽医站等公共服务机构及附属配套设施。2011年通过政策引导，吸引民间资金900万元，争取项目资金200万元，在乡集镇建成中心幼儿园、邮电所、清真屠宰厂等公共服务设施，使集镇服务功能更加完善。

据乡政府办公室工作人员介绍，近年来，小金湾东乡族乡加强项目建设和固定资产投资工作。2010—2012年，累计建成工业项目15项，农业及三产服务项目12项，小城镇基础设施项目32项，年均固定资产投资达到6000万元以上。其中，投资1700万元生产粉煤灰加砌块的华隆建材项目已经投产；投资30万元的清真屠宰厂已经投入使用；投资1500万元的锦程纺织厂已经完成设备安装调试，进入了试车生产阶段；投资280万元的乡中心幼儿园已经竣工；投资320万元加油站已开工建设。这些项目的建成，可有效拉动小金湾经济的快速增长和社会各项事业的持续发展。

三 东乡族移民社区社会关系的重构

东乡族移民居住地的改变，从"熟人社会"搬迁到一个全新的"陌生人社会"，发展到"半熟人社会"或"熟悉的陌生人社会"，原有的社会关系逐步瓦解，新的社会关系网络逐步形成，期间经历了一个相对漫长的从陌生到半熟悉的适应过程。正如李培林在《村落的终结》中对羊城村的描述一样，这个处于汉族包围之中的少数民族移民村，似乎不理睬周围世界的变化，而是按照一种农民的睿智，一方面采取各种圆滑、权宜和灵活的方式，汲取那些有利于自身的新东西，另一方面，仍按照似乎千年不变的传统逻辑行事。[①] 东乡族移民的"身"已经进入现代社会，但他们依然遵循着"外圆内方"的策略，我行我素，他们的"心"还是处于传统之中，仍然是一个由血缘、地缘、教缘等社会关系网络构成的生活共同体。他们将原有的村落社会关系网络移植到了新区。也正如李培林所言，他们之所以对村落社会关系网络还有那么大的依赖性，是因为他们面对一个全新的陌生社会，具有共同抵御风险和外部压力的需要。

（一）社会关系重构

东乡族移民社会适应中的社会关系重构中，表现出明显的时段性。

---

① 李培林：《村落的终结：羊城村的故事》，商务印书馆2010年版，第82页。

1. 初期——地缘关系和干群关系

在传统少数民族山区，社会关系主要由血缘、地缘、教缘关系构成，这些关系构成了他们所有的社会资本，并且同时起着作用。移民搬迁使原有的社会结构发生巨大变化，移民原有的社会资本也骤然解体，这给他们的生产生活带来诸多不便，他们不得不寻求发展新的社会关系来摆脱眼前的困境。"远亲不如近邻"，东乡族移民邻里的互助给初期移民解决了生产生活的不少问题。同时，政策性移民在搬迁初期，政府的优惠政策和支持是他们最坚强的后盾。移民原有社会关系特别是亲属社会关系正在趋于瓦解，遇到困难寻求帮助的对象自然从亲属转向迁入地政府（或许是二者兼而有之），面对陌生的社会环境和值得怀疑的当地汉族居民，寻求当地政府及干部的关怀和帮助，就成为移民的主要心态。这使移民与政府干部之间的关系显得日常化。

个案：地缘关系给予的帮助

刚搬到这里的时候，由于很多土地没有改良过来，我们的小麦收成不是很好，一年中的庄稼都不够一家人吃饭。当初也没钱，向邻居们借钱借粮都很困难，因为大家一样穷。所以只能向花海镇那边的汉族熟人借小麦，然后到秋收后，再还给人家，以后没有了再继续借。这样的日子我持续了好几年啊。如果没有这个汉族朋友，我很难度过当时的困难。（WZQ，男，东乡族，52岁，农民）

2. 中期——血缘、亲缘关系

移民搬迁几年之后，新居地的优势逐渐发挥出来。已经尝到甜头的前期移民将还在老家的亲朋好友吸引了过来，不断地有大批的东乡族人口移民来到这里，随着自己原有血缘、亲缘关系圈的增大，他们的社会关系向这一方面转换。

个案：亲人之间的拉拢

我兄弟两人，我是2004年搬来的，我大哥在这里，是他把我叫上来的。我来到这里后,感觉还可以,然后就通过各种办法,把我的一个姐姐也搬到这里。还有两个妹妹在老家,他们不愿上来,因为人家条件都好。但是我的一个妹夫,又把他的一个兄弟,让我兄弟俩帮忙,搬迁到这里了。人到哪都一样,只要生活好,但是我们离开的人,一般都是感觉老家没有这边生活好。所以大多数人,都是在亲戚的拉拢和帮助下,来到这里的。前几年政策好,不管是政府组织搬迁的,还是自愿来的,都能按照政府搬迁的对待,这两年不行了,尤其是户口不好解决了。(HJH,男,东乡族,40岁,农民)

3. 后期——血缘、亲缘、教缘、业缘关系

经济的发展,为移民精神生活的追求提供了条件。普遍信仰伊斯兰教的东乡族移民的教派、门宦观念逐渐恢复,各教派、门宦清真寺逐渐修建起来。清真寺的修建使他们从精神的共享中掺入了物质的成分。他们的生活交往圈开始稳定下来。同时,新居地经济活动的增加,比如,许多剩余劳动力外出打工、做生意等,这使他们的业缘关系不断增加。

表6-2　　　　　　　　　　第一帮助人的关系类型

关系类型	本家亲属	亲戚	同教派的人	邻居	其他人	合计
比率(%)	39.7	26.0	16.9	14.9	2.4	100

资料来源:笔者问卷调查资料,2012年7月。

总之,调查发现,内亲外戚是东乡族人在移民生活关系的主体,本家亲属为主,亲戚次之。建构了东乡族同质性较强的社会,其中同教派、邻里等社会关系网中与移民大多是相同社会地位的人,相似性极高,他们不具有移民迁移时所需要的资源。这些资源在社会初期发挥了主要作用,但是也有缺陷,如以血缘关系为核心的交往格局,社交圈狭小,与当地其他民族居民关系比较疏远,存在较大的心理差距,倾向于内群体认同,而对当地社会、当地居民的认同度较低。当社会结构发生较大变化时,社会关系表现出明显的流变性和时段性,但最终在注入新的社会关系的情况下,又回归到原有的社会关系逻辑和模式。当然,其社会关系的范围和性质却发生了较大变化,但其同质性在乡村社会中依然起着重要作用。我们相信,东乡族移民这种"传统的"社会关系网络构建,在移民初期,甚至在相当长的一段时期内,在移民搬迁后的适

应过程中起着重要的作用，其作用和能力在一定范围和时期内也是促进自身顺利发展的必要桥梁。

（二）东乡族移民关系重构的特征

1. 结构性特征

东乡族移民社会关系的结构性特征：社会关系系统分化为两个完全不同性质的子系统：一个是由家庭、亲属、教派、门宦内部的社会内核关系，另一个是由业缘因素形成的社会外围关系。内核关系满足了他们的情感需求，而外围关系关乎着他们的经济利益，如表6-3所示。

表6-3　　　　　　　　东乡族移民社会关系结构

	内核关系（血缘、亲缘、教缘）	外围关系（业缘）
关系发生的范围	家庭、亲属、教派、门宦	家庭、亲属、教派、门宦外
关系重构的功能	情感满足、物质、心理支持	利益获取
关系依赖强度	紧密	松散
关系持续时间	持久	短暂
关系的可替代性	不可替代	可替代

2. 同质性特征

东乡族普遍信仰伊斯兰教，在宗教内部又有教派、门宦之分，同质的宗教文化使他们内部具有强烈的认同感。对异质文化和非穆斯林有着天然的抵触，共同的文化是他们社会交往的基本原则，对于非穆斯林和非教派内其他社会关系的维持在某种程度上表现出利益追求的倾向。因此，东乡族移民社会网络的同质性较强，其交往往往表现出很强的内倾性，缺少与周围汉族居民的沟通和互动。可见，移民的交往对象同质性较强，异质性不明显。

由此可见，东乡族移民社会关系有一个从瓦解到重构的过程。东乡族移民在长期互动和交往中逐渐形成了一个暂时比较稳固的关系网络，这种关系网络维系的纽带主要有血缘、地缘和教缘等内部因素，这一特征决定了东乡族移民社区社会关系的相对封闭性；同时，虽然同质性关系起着关键作用，但我们也能看到，异质性网络正在逐渐形成，这也在某种程度上说明东乡族移民社会关系网络趋于开放性。

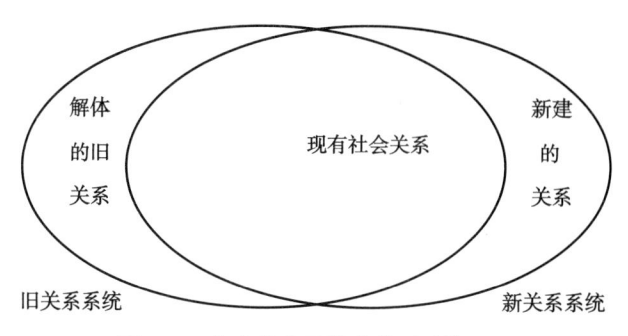

图 6-4　东乡族移民社会关系重构图示

第三节　移民生活方式的变迁与适应

搬迁到移民新区初期，东乡族都完全保留着自己原有的生活习俗，但随着社会的发展，经济、文化水平等各方面的提高，以及与当地汉族居民越来越多的接触，他们的生活方式也逐渐发生了变化。

一　居住方式的适应

住宅不仅仅是供人居住的房屋，还关联着人们的衣食住行、物质生产、人际交往、修养娱乐、文教卫生、个人发展等各个方面。所以，安居住宅将从多方面对移民在新区的生活及心态产生一定的影响。

(一) 住宅的前后变化

东乡族把居住的家院叫庄窠，多半依山而建，周边有一丈多高的土墙围住，有的四面盖房，有的三面盖房，也有的只盖一面房，多为土木结构的横对两面房，除了门窗及梁檩椽用木质以外，其余都用泥土砌成。其中最好的"上房"要给老人住，家中其他人住房叫"乔也格"（厢房）。厨房设在"上房"与"乔也格"相连的角落里，与住房分开，除做饭外，还要作为洗"大净"的浴室。牛羊圈与厕所多盖在门道的窝角里。与迁入地住宅相比较主要有以下变化：

(1) 住宅面积增大。就面积而言，总体上搬迁后住宅面积比搬迁前有所变化，有的人家增加了，有的人家反而减少了。因为他们到迁入地之前政府对宅基地用地早已规划好，不允许随意增加住宅面积。

(2) 住宅结构优化。房屋的结构发生了较大变化，原来的庄窠变成了两个院落：前院、后院，宽敞、明亮、整洁、大方成为前院的特点，钢筋、水泥、瓷砖、玻璃成为主要建筑材料。

（3）住宅功能设施有增加。在功能方面主要因农业生产和发展副业需要而相应增加了类似饲养、仓库等设施，主要用来放置农具等。其他功能与原居住地没有大的变化。

（4）对迁入地住宅比较满意。应该说，迁后移民住宅条件至少不比搬迁前差，且大都有所改善。反映在移民对住宅的评价上，认为结构格局比迁前合理的超过80%，认为厨房、卫生等设施比迁前有所改善的超过80%，认为住房位置比迁前好的也超过90%。总体来看，迁后住宅条件比迁前好的达65.3%，认为迁后不如迁前的占18.3%。以上数据说明，东乡族移民对现有住宅条件是基本肯定的。

（5）迁入地住宅分布集中。在移民前因为东乡县山大沟深，居民的住宅分布较为松散，没有整块的平整地带可以整齐划一地安置居民住宅。但在迁入地地势较为平坦，可以集中规划修建。如疏勒河流域东乡族的移民基本上采用"块状集团式"和"卫星放射式"的布局安置。这种布局集中紧凑，用地经济，工程投资费用节省，施工方便，便于开展政治、经济、文化生活和社会福利设施修建。

除了以上变化之外，在住宅风格上也有所保留，如崭新的砖房、瓦房，依然保留着伊斯兰建筑的风格。

（二）住宅变化的原因

（1）为了适应生存环境。原居地的土坯房，现在变成了混凝土结构，前面都有走廊，主要功能是为保证夏天凉快和防风沙。

（2）为了融入新环境。住房结构选择了与当地异民族相同的住房样式，从社会适应角度来看，似乎可以理解为有意与周边的民族在住房上趋同，有想早日融入新环境的意识。

经过20多年的发展，随着移民群众生活水平的不断提高和政府扶持力度的不断加大，当年的土坯房逐渐退出了舞台，成为历史记忆。取而代之的是他们安装了玻璃、铺上了地板、购置了现代家用电器的新式住房，但仅需粗略观察就可以发现，这些外来现代因素的引入，正在诱发新一轮的社会文化调适。以住房为例，现代性的钢筋水泥走廊式的大面积住房，的确能阻挡大部分的风沙，但其保暖能力远远不如土坯房，特别是在冬天的夜晚，一个火炉根本解决不了保暖问题。就此可以预言，当这些新式住房的居住者感到生活不便时，特别是与原居地传统住房的舒适度相对照时，对这些现代的新鲜事物的仿效热情肯定会有所降温，或者由新的现代技术改造的土坯房，或者进行住房建筑彻底创新而探索新的建筑形式。当然，未来的结果肯定是上述各种努力的复合形式，调适的终点肯定会出现一种新的东乡族自己的住房模式。①

二 饮食的适应

不同的地区、不同的民族、不同的人口群体，在饮食方面的表现形式也有很大的不同。东乡族的饮食方式、结构、习惯与汉族相比有很大的不同，饮食习惯的形成是在多方面因素的影响和作用下形成的。比如东乡族特有的饮食习俗是气候、地理环境、收入水平、宗教信仰、生活习惯等综合影响的结果。但是无论怎样，对于东乡族生态移民们来说，随着生存环境和生活方式的变化，搬迁后的饮食质量提高了很多，逐渐改变了过去以土豆、面食为主的较为单一的饮食结构，随之而产生了丰富多彩的饮食品种。这些变化，一方面归因于自然环境的变迁，如老家冬暖夏凉，而这里季节特征明显。老家山坡地适合种植土豆，而这里有些地方不能种植土豆，如小金湾东乡族乡的土质不适合种植土豆，人们吃的土豆都是从市场买的。另一方面，就是移民生活水平的不断提高。收入的多元化和大幅度提高，使他们有更多的钱来支配，进行日常饮食的改善。

1. 保留着原来的饮食习俗，但与迁入前相比要简单得多。

以下案例从一个侧面反映了东乡族移民饮食习俗在新环境下对饮食习俗持有的态度和做出的适应性反应。大蒜是东乡人饮食不可或缺的佐料，有一位老人说："我们在老家条件不好，中午经常是煮土豆就着大蒜吃，来到这里，一方面大蒜少了，另一方面这里的天气热，大蒜吃得多了不好受，所以这里吃的大蒜远远没有原来那么多了。"

2. 在婚丧等重大场合里的饮食品种，要比老家丰富得多。如笔者在2012年8月参加了瓜州县腰站子东乡族乡扎花营移民村二组清真寺的请新阿訇仪式，仪式非常隆重，吃的除了通常的烩菜和油香、撒子外，还有东乡手抓羊肉和鸡肉。据学董老人讲，在老家是不可能有这么好的吃食的。一般只有烩菜。

---

① 陈建文：《人格与社会适应》，安徽教育出版社2009年版，第172页。

图 6-5

3. 最具特色和牢固的饮食习惯也在环境的变化下迫使改变。

东乡手抓羊肉是东乡人的一大特色，笔者曾在东乡县城吃过几次，感觉的确十分鲜美。但在移民区的手抓羊肉味道就不是那么好了，老家的羊都是在野外的山上放养的，这里的却是圈养，而且气候条件也有很大差别，所以新区的手抓羊肉没有老家的好吃，吃的人也就少了很多。当然手抓羊肉依然是大多数老人的最爱。

还有一些在穆斯林聚集地区绝对不会改变的饮食习惯也在这里悄然发生。如一位东乡族移民这样说：

我们平时的生活中，烟酒从来都不动的（从不抽烟喝酒的意思）。有时也进汉人家串门，但不吃汉人的饭，不喝汉人的水，水果类可以吃。现在社会开放，人都四处走动，总会有些应酬，尤其像我们生活在汉人中间，每天都要和汉人打交道，不知不觉开始抽烟喝酒，但一定都要回避长辈和阿訇。（MHL，东乡族，42 岁，农民，MHL 家）

4. "入乡随俗"的适应性变化。

个案 1：我们东乡族是不过春节的，但来到这里，周围都是汉

图 6-6　东乡族移民新区饮食

民。我们过古尔邦节时，有的汉族朋友来给我们过，他们过春节时，我们也有时候过去玩。我们也给孩子们买些新衣服、水果之类，做一些好吃的，让孩子们高兴。但我们不会贴春联，也不拜年。((MHL，东乡族，42岁，农民，MHL家)

个案 2：我是 10 岁随家人搬到这儿的，现在也被汉化了，我抽烟，除了我母亲和我们的阿訇，别人我都不管。但在老家就不一样了，那儿的环境不一样，我也经常回去，我哥是东乡县的阿訇，我回去在县城里也不敢抽烟，只有待在宾馆或者在厕所里偷偷抽，我们这里都被汉化了。(MGM，东乡族，33岁，教师，学校办公室)

个案 3：因为气候等自然环境的差异，原居住地农民家都不种植蔬菜和水果，一年里很少吃这些东西，加之生活水平不高，也不怎么购买。正如在调研中有人说，刚来时吃不习惯西红柿，但这里有很多人都在地头和小院种植，吃的机会也就多了，慢慢地就觉得好吃了。

三　服饰的适应

人类对服装最基本的需求是遮羞与御寒，但衣着服饰是一种社会文化，它还反映一个民族的观念、习俗、风格，甚至宗教信仰等。民族服饰也是受自然环境和生产方式影响的产物。如东乡族老人普遍喜好戴烟黄色天然水晶石磨的墨镜和茶镜。这一习俗可能因其常年居住在海拔两千米的山区，光照和紫外线强烈，尤其是冬季雪后阳光耀人，为保护眼睛而形成的。另外，服饰对少数民族来说，是作为一种生活模式和文化传统而存在的。如"仲白"是东乡族阿訇、满拉①、哈吉②和经常做礼拜的人喜穿的一种礼服。人们穿上仲白，会给人一种庄严朴素之感。由于仲白是上清真寺聚礼和婚嫁、丧礼或探亲访友时的礼服，必须经常保持洁净，若不慎被秽物污染，要立即清洗干净。东乡族妇女因受宗教影响，一般都戴盖头。自民国以后至今，仍盖头长至腰际，头发全被盖住，只露出面孔。这是因为伊斯兰教经典规定，妇女的头发是羞体，需要遮掩。

图 6-7　东乡族新娘子

但是，据笔者在小金湾和瓜州县腰站子乡的观察，那里的东乡族移民

---

①　满拉是在清真寺中念经的学生，有两种类型，一是清真寺里的常住满拉，即住学满拉；二是临时性的满拉，如假期临时到清真寺念经的学生。此处指住学满拉。

②　"哈吉"是完成朝觐功课的穆斯林。

们穿着打扮方面和当地农村人之间的差异已经不明显。从某种程度来讲，在服饰方面，白帽（男）盖头（女）几乎已经成为这一民族的显性符号标示。按理说，迁移后的东乡族人应该是大多数人都戴白帽（男）、盖头（女），但是在调研中，戴白帽、盖头的人远远没有想象得那么多。另外，穆斯林在服饰方面一般相对保守，特别是东乡人，在用料一般都选用厚实的布料缝制衣服。笔者在调查中发展，如今，东乡族移民女子中，穿牛仔裤者随处可见，尤其成为年轻女性的最爱。这在小金湾市场商铺里销售的服装和居民家中着婚纱的女子结婚照上可见一斑。

> 我们东乡男的都戴号帽，在老家，因为相对冷，戴帽子还能防冷。但在这里，天气特别热，戴了帽子会更热，还有，这里风沙大，一不注意帽子就被风刮跑了，有时风大的时候，还得追老远才能追上。所以，这里戴帽子的人比起老家少多了。（MED，男，东乡族，33岁，农民）

假如这些东乡族群众没有通过移民搬迁来到汉族地区，仍然居住在原来封闭的山区，他们的服饰虽然也会相对于20多年前要发生变化，但是这种变迁的速度一定不会那样快，规模不会那样大。男人号帽的减少，是对自然生态环境（气候等）条件适应（风沙大）的结果。

四 休闲娱乐生活的适应

移民之前，移民的文化与闲暇生活非常简单，大体有两个方面：一是宗教生活，主要以上寺做礼拜为主；二是娱乐生活，主要是看电视、听广播。东乡族基本上是全民信教，即使远离故土也保留着他们的宗教信仰，于是，他们日常生活便与宗教息息相关，上寺做礼拜是东乡族信教群众生活中最基本的也是不可缺失的一部分。据了解，70%以上的村民的生活都是如此，特别是中老年人。年轻人除了上寺外，也看看电视，听听广播，但是由于缺少接收设备，电视、收音机能收到的频道有限，接触不到大量信息。原住地文化生活可谓单调、乏味。

移民搬迁后，家家户户安装了"户户通"，文化与闲暇生活逐渐变得丰富起来，老年人除了上寺做礼拜外，也能通过更多的电视频道了解国内外发生的事情，尤其关于中东穆斯林国家的新闻是他们关注的焦点。那些不能外出打工的或有打工经验的年轻人常常通过手机上网、听音乐等，但很少走出去参加乡或村里举办的各种比赛活动。为了丰富村里的文化活动，县上积极组织电影放映队到村上定期放映电影，村上也主动办起了"农家书屋"。书屋中的图书以文学、科技为主，也包含一些普及型读物。搬迁在很大程度上拓展了移民的文化与闲暇生活空间，开拓了移民的文化视野。

移民新区现代化发展速度远远高于移民"老家"的发展速度，信息来源渠道，以及与外界的联系，也多于移民前，一些现代化的娱乐设备如 VCD、DVD、电视、互联网，已经进入东乡族家庭，尤其是电视和互联网新媒体对东乡族生活方式的影响比较明显，推动着当地对现代化的适应。

第四节　民族关系

东乡族移民被安置在河西地区形成"大分散、小集中"、与汉族群众交错杂居的格局，正是因为这种居住格局，使东乡族移民的民族意识不断增强，同时也不可避免地产生了民族关系，民族关系的好坏不仅是东乡族移民社会适应的一个指标，也关系到他们的生存发展与长治久安。

民族关系是一种群体关系，在东乡族移民新区里，民族关系主要表现为东乡族与当地汉族之间的关系，尽管在移民中有部分回族，但由于其人口数量非常少，回族与东乡族有着同质性文化要素，所以不管是在移民眼中，还是在当地人眼中，回族都属于东乡族，也有人把他们都称为回族，当然这与当地人缺乏对于少数民族的了解有关。因此，本书民族关系主要指东乡族、回族与汉族的关系。

一　移民新区民族关系的特点

（一）民族构成的多样性使东乡族移民的民族意识增强

首先，从民族构成来看，较原居地，现有居住区呈现民族成分的多样性特点。大东乡原居地，据《东乡自治县社会和国民经济统计资料》（内部资料）显示，2000 年东乡全县人口为 259351 人，其中东乡族 213212 人，占总人口的 82.21%；回族 12397 人，占总人口的 4.78%；汉族 33664 人，占总人口的 12.98%；其他民族人口 78 人，占总人口的

0.03%。东乡族主要分布在山区,那么,在山区,几乎是纯一色的东乡人。而在移民新区,以瓜州为例,2010年全县总人口为148798人,其中东乡族人口5868人,占全县总人口的比例仅为3.94%。

其次,移民的民族意识增强。每个民族都有自己的共同文化背景下的心理素质,其具有相对稳定性,但也会随着时空的改变而改变。民族意识总是在与其他民族接触中产生的。东乡族移民来到汉族地区之后,他们的民族意识较之原居地不断增强,具有自觉性。在河西这样一个大环境中,东乡族移民的民族认同感不断加强,即使遇到原来素不相识的人,只要是同一民族就会产生"他乡遇故知"的感觉,关系自然就会融洽;在脱离了本民族原有的居住与文化环境,在与当地主流文化交往的过程中,东乡人无意识地暗中比较,原有的民族文化传统、宗教信仰反映到心理上的暗示会更加强化,民族自我意识不断增强。

(二) 居住地的交叉性和生活的交融性,形成了民族关系的互融性

东乡族移民安置在河西地区形成了"大分散、小集中"的交叉性,各民族人口交错杂居,呈现出"你中有我,我中有你"的格局。比如古浪县东乡族移民共五个自然村,分布在大靖镇、海子滩镇和直滩乡,五个东乡族村与当地汉族形成了交错杂居的格局。随着生态移民工程力度的加大,少数民族成分和人口数量将会进一步发展和扩大。

各民族人口交错杂居,使他们生活在共同的地域范围内,民族间交往趋于频繁,他们互相了解,互相学习,促进了民族间的团结与社会经济文化交流与发展,各民族共同因素不断增多,民族的独特性也表现出了很强的包容性,从而形成民族关系的互融性:

> 由于长期交往相互了解的原因,我们这里的汉族人也知道我们的风俗习惯和节日。每到开斋节,我的几个汉族朋友都会来到我的家里给开斋了,嘿嘿,这在老家看来是"使不得"的。但是,我想得开,都是人嘛。不过教不同,但是理都是一样的。我有时候在他们家里,有事的情况下也会去参加的,但是到过年时不会去的,因为他们家都会有"大肉"。比如孩子结婚,我人不去,但是礼去呢。这样一来,我们的关系处得还是很融洽的,也是很好的。(LFG,男,东乡族,35岁,教师)

(三) 贫富差距与共同富裕，形成了经济上的互惠性

东乡族人原地处偏僻山区，交通不便，信息闭塞；自然条件恶劣、人口文化程度较低，经济文化发展滞后。移民搬迁的经济投入又使他们的状况雪上加霜。移民搬迁后，由于底子薄、不适应等原因给移民带来了诸多困难，尽管近年来在他们的不懈努力下，社会经济文化等方面快速发展，到目前为止，已基本解决温饱问题，但对当地原居民相比，经济上表现出明显的层次性。

个案：不同民族之间的互助

> 我们这里东乡族居住在一起，汉族人住在一起，但是我们都是邻村或者邻庄，从大的方面看来，我们这两个民族在这里是邻居。俗话说，远亲不如近邻，近邻不如对门。我们在一些方面都会有互相帮助的。比如在农业产品的出卖上，有些汉族大户生意人，都会帮助我们出售一些经济作物，比如棉花、红花等等。给我们这些东乡族农民帮了不少忙。我们东乡族有些人的饭馆生意做得比较好，有些汉族人想开饭馆，就寻求我们东乡族的帮助，怎么经营好等方法，我们都会告诉他们的。我们这里附近的几个汉族人在一些交通要道上也开了饭馆，挣了大钱，现在人家开饭馆的东乡族和汉族关系都很好，虽然一家不吃一家的饭，但是在经营之道上，还是互相切磋的比较多。我们也尝到了互相帮助的甜头。因为人是不能离开别人帮助的，在有些方面，我们知道一个人不会了解所有的东西。(YFH，东乡族，农民，35岁，市场)

共同团结奋斗、共同繁荣发展是当前政府倡导的民族关系核心价值理念，也是当代各民族发展的内在要求。东乡族移民与当地汉族居民相互依赖，"谁也离不开谁"，他们必须优势互补，取长补短，加快相互之间资本、信息、技术等方面的交流与共享，共同促进经济发展，实现各民族的共同繁荣发展。

(四) 资源的有限性与文化的差异性造成了彼此的摩擦

人类社会的存在和发展的基础是建立在对现有资源消耗之上的。河西

地区虽然地大物博,但土地、水、市场等资源相对于河西居民发展的物质需求而言,是远远不够的,极大地约束着人们的生产生活。虽然总体上看,东乡族和周围的汉族关系和谐,但是也在资源竞争上有些矛盾和摩擦:

> 我们这里的土地都是水浇地,虽然不是很值钱,但是可以说是人们都很重视,记得我在一次耕地的过程中,由于对拖拉机的操作不熟练,把汉族人家的地埂给犁了一块儿,人家就不答应了,和我吵起来了。最后引起人家对我们东乡族的整个不看好,发生了很多不愉快。我们之间的关系不再那么好,交往也不多了。(MDL,东乡族,41岁,农民,清真寺)

二 影响移民区民族关系的因素分析

(一) 经济发展的不平衡性

在移民社会,不同民族之间的经济发展水平的差异,也会影响到当地民族关系的发展。对东乡族移民新区来说,只有不断缩小汉族和东乡族之间的经济发展差距,才能体现二者之间的平等。当然,由于民族自身的原因,达到完全一致的富裕是无法实现的,但是政府在引导各民族致富方面,有发挥政府的职能作用。尤其是对于资源的开发、利用和分配上,要体现公平合理,否则会引起民族不满的情绪,进而影响经济的发展和民族团结,以及地区的社会稳定。同时,稳定的社会、民族的团结又是移民社会各民族经济社会发展的基础,因此,笔者在调查中发现,汉族和东乡族之间的经济整体上有差异,汉族经济好于东乡族,特别是移民初期,东乡族移民大都对当地政府有不满的情绪,主要是基于经济生活上的不满。这种不满也是来自与其周围汉族之间的比较。如果这种经济社会发展的不平衡持续时间长久的话,就会带来社会不公平,进而影响到民族关系的正常发展。因此,经济发展的不平衡是影响民族关系的一个主要因素。

(二) 文化的差异性

东乡族移民新区,以东乡族伊斯兰文化和当地汉族文化为主,二者之间的差异也比较明显。不同文化背景下的民族在交往过程中,两种文化之间的接触和碰撞也是难免的。甚至基于文化上的一句话或一个行为举止,都会影响到民族关系的发展。要使民族关系和睦相处的前提是相互了解，只有在相互了解彼此之间的文化基础上，才能避免因文化的差异而带来的文化摩擦，进而避免民族矛盾的产生。调查中，笔者在当地不同民族的居民中，都能够感受到文化对民族关系的影响：

> 我们和汉族之间不光是在宗教方面的不同，而且很多民族的风俗习惯都不同。刚到这里的时候感觉很不适应，又感觉这里对我们的发展不好，影响我们的关系。我们礼拜前，都要大声念礼拜召唤词，在他们看来，把他们吵得不行；但是他们在过年的时候放炮，我们也感觉吵得不行。再说我们教门规定不许放炮，也反感放炮。如果我们不好好了解对方的话，有可能会相互之间干仗。还有很多对象，总是感觉无法接受。（HFL，东乡族，43，自由职业者，市场）

因此，我们看出，文化之间的理解非常重要，文化的差异性是影响民族关系的一个重要因素。对于东乡族移民新区来说，社会的稳定和发展，取决于当地民族关系的和谐与否，而文化和谐是解决民族关系和谐的首要问题。

（三）政策的因素

移民新区当地政府的政策对民族关系的影响也不能忽视，政策的不平等性，会将对政府的不满逐渐转嫁到对其他民族的不满。政府的一些惠民政策，作为一种有限的公共资源，是各民族争抢的主要对象，然而，政府一般都会向相对弱势群体倾斜。移民新区相对的弱势群体为东乡族，所以，一些好的政策一般都会向东乡族倾斜，低保的覆盖率，东乡族远远高于当地的汉族，扶贫款的数额、扶贫的支持力度，当地汉族也不及东乡族。这就让部分汉族由最初对政府有情绪，指责政府不公平，最后演化为对东乡族的敌视和不满。他们认为是移民抢占了他们的资源，在很大程度上不接受当地东乡族移民：

> 自从东乡族搬来以后，我们这里就过得不安宁，由于政府把大块土地都给东乡族了，而给我们的很少。一方面是政府的不公平，另一方面是由于我们汉族人不和政府去要，有的东乡族人经常到乡政府的大院闹事，一闹政府就给救济款。估计我们的很大一部分就让他们抢

去了。他们有的人吃着两份低保，而我们有些人一份都没有吃过。关于这一点，我们对他们很是反感。(ZHW，女，汉族，42岁，农民)

目前，移民新区谁占有了更多的资源，谁就有发展的空间，资源竞争是当地一大突出问题。为了更好生活，对资源的竞争各民族都表现得比较激烈，进而也会影响到民族之间的利益冲突，因利益在当地东乡族和汉族之间引起的矛盾比较常见。所以，政策的平等对当地民族关系的影响也是比较大的。

综上所述，东乡族生态移民大多在安置区生活了近20年时间，在他们自己看待这段时间的移民社会生活，具有这几个特点：

第一，移民对物质文化的适应较快，相反，在精神文化方面的适应要慢得多，这从某个方面说明了"文化堕距"现象。他们认为，现在的物质生活发展了，精神生活却倒退了：

我们搬到这里来，生活确实发生了翻天覆地的变化，饭桌上的菜比以前好多了，房子比以前更好。总的来说生存环境比起老家来说，不知好几倍。但是，我们的教门不如老家，年轻人不进寺门，有些开始抽烟喝酒。一方面我们自身的问题多，另一方面社会的影响比较大，这是一个汉族多的地区，受他们的影响，一些年轻人的宗教观念淡薄了。(MES，男，东乡族，56岁，阿訇)

第二，适应程度与时间呈正相关关系。时间越长，他们的社会生活适应就快；反之，很慢：

来得早的人，都没有什么怨言，我们后面来的都感觉不舒服。尤其对把我们叫上来的亲戚，我们经常抱怨他们，这个地方并不好，为啥把我们拉拢上来。他们就说，慢慢就好了，就适应了，刚来不习惯很正常，需要一个过程。后来我们就感觉这个地方还是可以的，我们都要这样的经过。(LHM，女，东乡族，43岁，农民)

第三，文化程度的高低，直接影响着移民的社会生活适应程度：

以前感觉不到文化的重要性，在这里我们就吃了没有文化的亏了。有文化的人一到这个地方就适应，很快学会这里的生活。比如大棚种植技术，我们没有文化的人，技术员的讲解，我们就听不懂，最起码的种地都感觉不如别人。现在看来，没有文化就不行，所以我们都希望自己的子女不要像我们了，必须得让他们念书，只有这样才能在现在社会上发展起来，要不到哪里都是一样受穷。（MZF，男，东乡族，56岁，农民）

第四，社会生活适应在一定程度上受到安置方式，特别是移民数量的影响。直滩十分支移民仅有二十来户，他们的社会适应较差，一方面移民属于绝对的弱势群体，由于怕固有文化的丧失，不敢大量跟当地人交往；另一方面，小金湾、扎花营移民区人口数量较多，他们存在文化中心主义，不与当地人交往，也使得他们在当地的社会生活适应程度不高。最好的属于直滩乡二咀子移民，人口数量一百多户，他们恰好避免了以上两个极端。适应程度高，发展好。

东乡族传统文化，为了适应当地社会生活，必须先解决文化方面的适应，只有文化上的适应，才能与当地汉族和谐相处，重构和谐的民族关系，进而推动当地各民族经济的发展，促进地方社会的稳定和发展。只有这样才能实现东乡族生态移民工程的最初设想和最终目标。社会生活的适应，是东乡族能够在当地扎根的一个主要原因。

本章小结

生态移民的搬迁，改变了移民原有的自然生态环境，也改变了他们的社会关系网络。东乡族生态移民在对经济、政治、文化等社会生活进行调适的过程中，同时也在用自己的"农民的逻辑"，对原有的被部分瓦解了的社会关系网络进行重新构建。

在对中国的社会结构进行分析时，费孝通先生提出的"差序格局"是一个绕不过去的理论，特别是对于民族学研究者来说尤其如此，它基于对中国乡土社会的深刻观察，精辟地概括了中国乡土社会关系网络的特点。东乡族生态移民的社会关系中，也明显有这一特征。不同的是东乡族移民的社会关系重构是一个过程，而非静态的存在。在这一过程中，作为"理性人"的东乡族生态移民，一方面注重原有"差序格局"中亲缘、地缘、教缘等社会关系，以降低因移民搬迁带来的风险，如在发生纠纷、解决困难和经济资助三个方面，东乡族生态移民首先想到的是本家亲属、亲戚和同教派的人；另一方面他们也在不断扩展着其他"社会网络"，以求得更多的发展机会。

毋庸置疑，东乡族生态移民与当地汉族居民的关系是和谐的，尽管偶尔也有冲突与矛盾，而且这种关系在社会经济文化快速发展的当代，正在向更加健康的方向发展。

第七章　总结与思考

本书以人类学田野民族志的方式呈现当前东乡族生态移民的日常生活实践：在国家行政权力的强力推动下，从开始搬迁到尝试适应，从历经变迁到发展后续生计，少数民族生态移民走过了二三十年的风雨历程。笔者的田野工作显示，尽管更为现代化的社会场域和文化模式正在逐步改变着搬迁农牧民们外显的文化传统和部分习惯性认知，但是基于长期山地或草原生活经验所形成的思维惯性和生活惯习仍然与他们所处的社会环境、所接触的文化模式显得格格不入，这就使得他们的适应、融入与后续产业的发展显得格外艰难。从这个意义上说，少数民族生态移民真正地适应和融入迁入地，不仅需要制度政策层面"客位"外源性的"他者"关怀，更需要移民"主位"内源性的主动改变。当然，作为一项人类学意义上的村落研究，我们无意将东乡族移民村和三江源移民村的田野事实无限扩展为当前整个生态移民工程的经验代表，但是，我们仍然希望能从对这些少数民族移民村田野观察中寻觅到某些在结构层面的共性，并通过理性的讨论，为当前的生态移民工程提供一些适度的建议。

一　有关生态移民社会适应的几点思考

1. 适应：东乡族移民社会适应的"主体"辨析

在人类历史长河中，移民或人口流动现象不绝如缕，可以说，人口的流动这是人类社会的一种常态。即使是有着浓厚乡土情结的中国老百姓来说，背井离乡也是司空见惯，其实人类都是如此，所谓的家并不是既定一成不变的空间，人们总是在流动中远离着老家，建设新家中培育着新的家乡认同。本书研究的甘肃东乡族移民和三江源藏族移民亦是如此，只不过在迁徙的步伐中他们如何适应新的环境，在此建立新的家园，这并不是一蹴而就的事情。因此，关注移民群体的社会适应问题，这是关乎移民群体能否在新家园中安居乐业的一个关键问题。

通过以上章节的论述看到,甘肃东乡族生态移民是一项当下的惠民工程,如何使这项惠民工程惠及东乡族移民,对于东乡族移民来说,这种离乡离土的大迁移,不仅给他们提供了一个发展的机遇,更是一个必须面对的挑战,即面对新的生存环境和人文环境,以及生计模式的空间置换,该如何在适应中更好的生存和发展。自然环境和社会环境的变化,以及各民族间的频繁接触,是促使的一个主要原因,同时,我们也不能忽视调适的内在动因,在移民社会内部存在着发生变迁和调适的内在机制。事实上,对于东乡族生态移民而言,其社会适应不仅是一个怎么适应,在哪些方面去主动适应,更重要的是一个谁去适应,这种适应是政府主导的被动适应,还是东乡族人在文化自觉的基础上,明确自身作为适应的主体性而积极主动自觉适应,这便是一个东乡族社会适应良性机制的问题。

因此,如何构建东乡族社会适应良性机制的问题,这是一个值得反思的现实命题。依笔者之见,构建东乡族移民社会适应机制,就是激发东乡族移民社会适应的主体性。什么是主体性,我们有必要明确这一概念的内涵。主体性问题,既是一个哲学界讨论不休的话题,也是现实中具有指导意义的一种实践范式。众所周知,构成人类实践活动和认识活动的两项基本要素是主体和客体,主体是指从事实践活动和认识活动的人,而客体则是主体活动指向的对象。如此作为实践主体的人,其主体性的内涵是什么呢?根据一些学者的理解,人的主体性是以人性为基础的,但它不是人性的一般表现,而是具体的人性在具体的主客体关系中的特殊表现,是特指人在建立和推进一定的对象关系时所表现出的能力、地位、作用,它体现着人性的精华,即人的自主、主动、自由、有目的的活动和特性。[①] 可以看出,人的主体性在于强调人作为实践的主体其所具有的主观能动性,即主体性意味着人不是一个被动的活动主体,而是一个基于主体需要而具有能动性和创造性和社会适应性。从人的主体性角度来反观东乡族生态安置,如果将生态移民只是简单理解为一个政府主导的搬迁行为,而忽略了整个搬迁实质上为一个完整的系统,因此,我们看到现实中一些东乡族移民对政府行为所具有的抵触心理和行为,从表象上来看,这是移民对政府移民的一种集体拒斥,从深层来看,这是移民一定程度上的社会适应不良而形成的恶果。实践证明,那些大规模的成功的生态移民活动,其成功的

---

① 谷桂华:《新农村建设中农民主体性研究》,《经济研究导刊》2009 年第 8 期。

秘诀就在于尊重移民的主体和主动性，并且在具体的生态移民实践中，政府扮演好其引导和服务者的角色，弱化政府的管理职能，多发挥其引导作用，对生态移民的存在较多的社会干预，这种原本就有促进东乡族生态移民社会适应的初衷，却往往适得其反。

基于此，笔者认为，东乡族生态移民应该处理好这样一对关系，即政府管理与移民社会适应的关系。这就需要做好以下几点。一是作为政府，要在东乡族生态移民的安置和社会管理中，改变大包大揽的行政模式，从管理的角色转向引导和服务；二是尊重东乡移民的文化传统，以及移民在建设家园，实现安居乐业的主动性和积极性；三是东乡族移民具有主动适应新的生存环境的需求，如何彰显其在社会适应中的主体地位，这不仅是一个方法论的问题，更是一个构建东乡族生态移民社会适应良性机制的正确选择。

2. 生存与发展：东乡族移民社会适应的动力机制

东乡族人进入新的环境中，面临着新的生存环境，在各种不利的境遇下该如何来应对？其社会适应是基于外源性动力的促动，还是有其自身的内援性的动力机制。

从外力推动来看。东乡族生态移民的社会变迁与文化调适过程并不属于内发变迁，而是一种外源性变迁。国家力量介入、体制变动、生态环境变化和人口构成，是其主要推动力。政府的扶持是一种拉动力。社会适应的基础动力，来源于技术进步和技术支持。异质文化的传播，对社会变迁具有重要意义。

事实上，真正意义促动东乡族移民自觉社会适应关键在于其内部动力机制。社会和文化变迁的过程，往往伴随着观念和行为的调适。由于外部力量的压力和对先进地区的追赶，在移民内部产生一种奋起之力，这种内启力量正是其社会文化发展的主动适应能力。人的主体性是促进文化演化的内在动力，一旦这种主体性与新的文化资源，新的价值观念相结合，就形成新的文化调适能力，社会文化正是通过这种调适能力得以丰富和发展。而这种内部动力机制的形成，正是基于历史学家汤因比所说的"挑战—应战"的诠释，即一种文化或族群，当面对外来族群和文化的挑战时，都会从内部建立其应对挑战的应战机制。从实质上看，这种应战机制的构建，是族群及其文化生存与发展的必然选择。其实，在现代社会转型加快发展过程中，生态移民群体对新的环境的适应，最大的阻碍就在于原有观念的根深蒂固，难以在与时俱进中适应新的时代发展需要。这种文化滞后的现象，使得移民群体在社会适应中主动性的缺失，更深层次地说，这种主动性的缺失在于适应者的主体性的缺失。其实移民群体社会适应根本动力就在于面临生存与发展的命题时，能够有主动自觉的自我意识的觉醒。生态移民外部力量驱动的压力以及对先发达区域的仿学，使生态移民产生强烈的"我要发展"、"发展才是硬道理"的内在驱动力，这种驱动力才是最主要的社会适应能力。这种自发的主体性使移民群体的观念在更新中得以唤醒，那么，它就会变成一种强大的隐形力量，成为人的社会适应及其文化调适的强有动力，社会文化通过调适能力得以丰富和发展，社会群体正是基于这样一种内部动力机制的存在而自强不息。"在社会化过程中，个体的主观能动性对其社会化的行为乃至成果是十分重要的。如果考虑到环境结构的相对稳定性，从某种意义上说，个体的能动作用甚至具有决定性的意义。也就是说，虽然个体的选择并非随心所欲、毫无制约，但在一定的环境结构条件下，个体的具体行为和结构则更多地取决于个体的主观能动性。"① 事实上，正是有了这样一种内部应战的机制，才使得这种文化与群体生生不息。所以，促动生态移民群体的社会适应，不是一个依靠外力的促动下的被动之举，而是一种主动的内部应战机制的构建。

因此，东乡族移民社会适应的问题，其实是一个关涉其生存与发展的现实问题。从历史上来看，东乡族的形成与发展，就是一个不断适应和本土化的事实。正是这种主动的调适与适应，使东乡族从历史走到了今天。时代发展的今天，面对着新的生存和发展的挑战，对于东乡族而言，应该有一个新的应战姿态，从维持其生存和发展的目的来看，这是必要的，也是必然的。生态移民是国家的一项具有战略意义的惠民工程，那些生存在恶劣自然环境的东乡族人基于这一时代机遇，从大山中走出，开始新的生活；出走并不是一种难舍难离的告别，更是寄托着东乡族人对美好生活的憧憬和向往。这会化作为一种积极的动力，他们也会为此上下求索，寻求群体的小康之路，在这一过程中，他们会从群体的生存和发展的目的出发，主动地对民族文化传统自觉地调适，以顺应时代发展要求，这不仅是可能的，也是现实的。

---

① 郑丹丹、雷洪：《三峡移民社会适应中的主观能动性》，《华中科技大学学报》（人文社会科学版）2002 年第 3 期。

3. 地方性知识：东乡族移民"社会适应"的价值资源

社会适应是一种复杂的文化现象，其间伴随着文化的顺应和抗拒等现象存在。因此，从促成东乡族移民社会适应的良性机制的形成来说，就要正视社会适应中可能存在的各种问题，如何减少东乡族移民社会中的处于其内部各种障碍性因素，这要有重观和发现自我文化价值，开掘其中的有益资源，不可忽视东乡族移民百年来积淀而成的地方性知识，形成有利于文化主体自觉适应的积极因素。"地方性知识"（Local knowledge）这一概念是由人类学家克利福德·格尔茨（Clifford Geertz）提出来的，是与普适性知识相对应，并存在于不同民族和区域中的民间文化形成。这一知识形成于特定的人文地理空间，能够在彼时彼地被其持有者所共享。从这一意义上来讲，尊重地方性知识，是理解民族文化特殊性的路径，也是形成有益于民族社会文化适应的积极动力。东乡族移民的社会适应中，就不应该忽略其民族所特有的"地方性知识"，如何通过挖掘"地方性知识"，形成对东乡族移民社会适应的有益价值资源。

如东乡族社会中的宣讲"卧尔兹"，这就是一个典型的地方性知识，虽然其普遍存在于穆斯林社会中，东乡族人将这一传统宣教形式继承下来，形成一种伊斯兰文化传承的方式。"卧尔兹"是伊斯兰教通过讲解经训宣教的一种重要方式。"卧尔兹"是阿拉伯语的音译，原意是"劝导"、"教诲"、"训诫"等。《古兰经》中说："你应凭智慧和善言而劝人遵循主道，你应当以最优美的态度与人辩论，你的主的确知道谁是背离他的正道，他的确知道谁是遵循他的正道。"（16：125）在中国，"卧尔兹"是中国穆斯林最为司空见惯的宣教方式，在不同时空中具有周期性和随机性的特征。在东乡族社会，"卧尔兹"是在一年一度的"开斋节"、"古尔邦节"和每星期一次的"主麻"聚礼礼拜前，由阿訇在礼拜寺大殿上向前来礼拜的穆斯林讲解教义、教规和劝导大家行善戒恶的演讲活动，从宣讲的内容来看，"卧尔兹"有在利用伊斯兰宗教信仰的传统和伊斯兰伦理道德进行人文教化的现实功能。在时代发展的今天，"卧尔兹"的现实功能需要得到强化和发挥，尤其在东乡族移民的现实生活中，作为阿訇就是根据《古兰经》和圣训，对于穆斯林在宗教生活、社会生活中遇到的问题，所做的符合时代发展和社会进步的阐释。引导东乡族移民与时代同步，面对现实中存在的一些问题，不应该因循守旧，而应该主动适应社会。从这个角度来看，东乡族社会中存在的各种地方性知识，可以成为有益于东乡族移民社会适应的有益价值资源，因此，重视东乡族社会中的地方性知识，通过合理的挖掘和文化再造，形成有利于东乡族移民积极进取，主动适应社会发展的积极动力。

4. 实现传统的现代转型：东乡族移民社会适应的必然选择

移民的适应可以视为一个艰辛的过程，在这个过程中，移民需要对变化了的政治、经济和社会环境做出反应，应该注意到，这种反应不是被动的而是主动性行为。郑丹丹等人认为迁入地生活环境与原居住地生活环境、原有生活方式与新的生活方式、移民在以往的生活中所形成的习惯、心态、文化等，作为一种外部环境，对于他们的社会化过程都有一定的影响。① 郝玉章、风笑天认为适应性是一个继续社会化的过程，他们指出所谓社会适应性是指行动者通过继续社会化，调整其行为模式和心理状态，使之适应于新环境的过程。② 因此，对于移民而言，如何面对这样一个再社会化的事实呢？依笔者之见，再社会化的策略是多元的，具体到具有着深厚文化传统的东乡族生态移民而言，就应该在做好主动的文化适应的同时，理性地面对民族传统文化，在实现文化自觉的基础上，处理好传统与现代间的关系。我们知道东乡族是普遍信仰伊斯兰教的民族，伊斯兰教对其民族而言，不仅是一种信仰，更是一种文化制度、一种生活方式、一种文明、一种根植于东乡族文化生活和精神世界中，并代代相传世世相送的文化传统。以此为基础，所形成的东乡族传统生计模式、生活方式、教育模式等，已成为东乡族文化传统中最稳定和持久的文化因素。当前随着东乡族移入新的文化空间后，在新的环境中，这些伴随着东乡族百年发展的文化传统该何去何从？

从上面我们看出，文化传统是有其自身的现代价值。"在人类学的视野中，现代化作为一种文化发明具有一定的社会、文化和权力向度，决定这个向度的就是传统。"③ 从这个角度来说，东乡族移民的社会适应的关键在于，东乡族移民主体实现文化自觉。何谓文化自觉？按照费孝通教授

---

① 郑丹丹、雷洪：《三峡移民社会适应中的主观能动性》，《华中科技大学学报》（人文社会科学版）2002 年第 3 期。

② 郝玉章、风笑天：《三峡外迁移民的社会适应性及其影响因素研究——对江苏 227 户移民的调查》，《市场与人口分析》2005 年第 6 期。

③ 杨文炯：《城市界面下的回族传统文化与现代化》，《回族研究》2004 年第 1 期。

的理解，文化自觉是指生活在一定文化中的人对其文化有"自知之明"，明白它的来历、形成过程、所具有的特色和它发展的趋向。不带任何"文化回归"的意思，不是要复旧，同时也不主张"全盘西化"或"坚守传统"。自知之明是为了增强对文化转型的自主能力，取得为适应新环境、新时代而进行文化选择时的自主地位。[①] 这是东乡族移民进行社会适应的前提，这是构建东乡族移民社会适应模式的理性之举。芝加哥学派的帕克和沃斯强调"城市社区"和"传统社区"的差别，而雷德菲尔德则提出了"城乡连续统"的概念。在此基础上，他们提出了移民的适应模式。他们认为，迁移人口的适应模式主要有两种：一是改变自我，用较长的时间进行调适。调适包括：①改变职业；②改变生活方式；③调整社会关系；④参与社交活动；⑤改变居住环境；另一种适应的模式是重建原有的生活环境和文化。当移民形成一个移民网络的时候，迁移者会在新的社区中重建原有的生活方式和文化，如海外华人在中国人聚居区建立起来的唐人街。

　　这就需要东乡族移民在新的生存空间，这个新的空间是一个异质化程度的现代社区，并以其开放性经受着现代化的直接涤荡，其中所具有的机遇和挑战是并存的。面对新的生存境遇，东乡族移民就要有主动自我调适和自我适应的自觉，关键是实现自身传统的现代化是东乡族生存与发展的必由之路。张岱年、方克立主编的《中国文化概论》中认为："任何一个民族的文化体系，均可成为不同的层面，每一层面又可分为许多要素。有的文化要素可脱离原来的体系并经过改造而被纳入新的文化系统；而有的文化要素则不可能脱离原来的文化系统而存活，当原来的文化系统被新的文化系统所取代时，这些文化要素必然消亡。换言之，民族传统文化中有的要素经过改造后可与现代化适应则应继续保留，有的文化要素与现代化难以适应而走向消亡。"[②] 这种转型不是以虚无东乡族文化传统本位为代价，而是在保持其实质性传统的基础上，赋予东乡族文化传统以现代品质，这种时代转型，既是一种传统的发展，也是一种对传统的提升。东乡族移民只有走出这一步，才会为其社会适应打造出一个良性机制。

　　事实上，东乡族移民对外来文化的调适方式或为接受，或为排斥，或

---

① 费孝通：《反思·对话·文化自觉》，《北京大学学报》1997年第3期。
② 张岱年、方克立：《中国文化概论》，北京师范大学出版社1997年版，第477—485页。

为改造利用。东乡族移民并不表现为被动适应，更多地表现为主体性的"理性选择"。随着民族自觉和文化自觉意识的提高，东乡族在努力采借以汉文化为主体的外来文化的同时，对本民族传统文化资源价值的认识也更为深刻，借助于文化传统进行文化再造的愿望更为强烈。面对外来文化的冲击，关键在于能否在文化互动中进行扬弃、采借和创造，从而丰富自身文化。一个民族要使自己的传统文化不断获得生机和活力，就必须顺应时代潮流的发展，积极主动地去对自己不断做出相应的变革和调适，以适应现代化不断创造和革新的要求。

二 促进东乡族生态移民社会适应的策略

生态移民是我国一项利国利民的重要举措，西北地区的少数民族生态移民意义更重要。在国家的宏观指导下，西北各个地区政府大力实施生态移民政策，移民安置了很多少数民族，也取得了一些可喜的成绩。通过实地田野调查研究，我们认为生态移民社会适应程度高低是直接影响西北生态移民工程效果的一个关键因素。如何解决少数民族移民的社会适应问题，将决定生态移民工程的成败。其实，生态移民的社会适应需要移民主体自身、政府和社会各界等要素相互作用、相互影响来完成。西北地区少数民族社会适应过程中遇到的问题，需要从下文中的三方面实施措施，破解其社会适应过程中出现的困境，不断完善和解决西北少数民族生态移民过程中的社会适应问题。根据上述西北地区少数民族生态移民中存在的问题，笔者认为应从以下几个方面来解决移民的社会适应问题。

（一）主体层面

美国社会学家格斯柴德指出，移民的社会适应是作为适应主体的移民对变化了的政治、经济和社会环境做出反应的一个过程（Goldscheider，1983）。移民社会适应的程度是与移民的能动性、积极性紧密联系的。[①]作为生态移民社会适应主体的人，即生态移民本身，应该从思想上提高认识，行动上采取主动学习的措施，积极参与移民新区建设，摒弃"等、靠、要"思想，在积极寻求、争取外界支持的情况下，努力开拓，奋勇进取，积极主动地为迁入地的建设和发展多做贡献，共同建设美好家园。

[①] 朱力：《中外移民社会适应的差异性与共同性》，《南京社会科学》2010年第10期。

1. 转变观念

由于各种历史原因，我国西北地区少数民族群众，大多数集中分布在环境比较恶劣、交通不便的地区。这样的环境塑造了一些少数民族保守、封闭的传统思想。首先，从经济生活方式来看，很多少数民族长期从事单一的农业或牧业，以及半农半牧等生产生活。他们世代居住在一起，过着自给自足的生活。然而，市场经济以来，传统的生产生活方式，已经不能完全适应新时代社会发展的要求。改变生存环境，提高生产效率是改变传统生产生活方式的重要途径和时代要求。移民新区的要求是，要改变传统的生计方式，不能仅仅依赖于传统的农业或者牧业，多元化的职业是移民必须接受的，只有这样才能改变生存现状，才能更好地发家致富，也才能实现生态移民的真正目的。新移民搬迁至新的环境，很多都一时难以改变传统的单一的、以家庭为单位的生产生活方式，对新的多元的生计方式不能接受，造成他们思想上的恐惧，甚至是反抗。所以，改变传统的经济生活思想，是新移民适应新时代生活发展的必然要求。

其次，从社会交际圈看，因为生存环境和分布格局的限制，很多少数民族都是以一个家族或部落为核心，交际圈的范围比较狭窄而不宽泛，很多都以村落为准，跨民族甚至跨区域之间的人口流动和社会交往都比较少见。特别是一些信仰伊斯兰教的民族，居住环境的封闭性和社会活动的单一性使他们的活动主要限定在家庭和宗教的范围内。一个人在家庭中出生，在家庭中长大和受教育，又在家庭所有（或租种）的土地上度过一生。他们的社会交往主要在其所属的宗教教派门宦内参加有关宗教活动，而其他社会交往非常有限。如此一来，很多少数民族，几乎都被以土地为生存根基的生产生活方式所限制，一生都不离开家庭所在地。狭小的社会交际圈塑造了大多少数民族故步自封、循规蹈矩的个性特征，缺乏积极、主动的与外界交往的意愿。新形势下，人口流动和社会交往的频率越来越高，跨区域之间的社会交流程度越来越密切。这样的社会发展趋势，已经将传统封闭保守的欠发达地区卷入，孤立、保守、不走出去已经不能实现西北地区少数民族的社会发展。所以，少数民族要改变传统的社会交往思想观念，扩大与外界的联系，走出去获取更好的生存条件和资源，是改变新移民思想观念的重要途径。

再次，从原住地与新移民区的民族分布格局看，由于长期的封闭环境原因所致，原居住地的民族比较单一，特别是少数民族大多数以本民族为主，微观上（比如村落）都是单一民族，而民族杂居现象比较少见。这样的民族分布格局，造成了民族认同的单一性，进而也形成了文化认同的单一性，缺乏对其他民族及其文化的认同。所以，很多少数民族的思想观念中缺乏多元民族以及多样文化的接受意识，坚守自身民族文化是他们重要的文化心理，乃至生存心理，思想观念一时难以改变。新移民区改变了很多移民的分布传统，多民族杂居现象比较普遍，尤其是一些信仰伊斯兰教的民族，移民至与非伊斯兰教民族杂居的环境中，对他们的传统思想观念是一次巨大的冲击，正是由于长期生活于"熟人社会"和深厚的宗教氛围当中，才使得他们在搬迁之后产生巨大的不安全感，并经历传统到现代的割舍与阵痛。东乡族生态移民社会适应需要一个过程，在此过程中，移民需要破除陈旧思想，转变观念，主动迎接挑战，努力实现自身的社会适应。尤其要消除"等、靠、要"、小富即安、自满自足的思想，力图在移民新区创大业，谋发展，唯有如此，移民才能适应新区生活，融入当地社会。

2. 调整心态

心理学研究表明，当个体长期在某种环境中生活，并逐渐适应这一环境以后便形成一种思维方式和行为的固着化状态，当其转移到一个新的环境时，便会出现一定的心理不适应，影响自己的生产和生活。西北地区的少数民族，由于长期封闭的、保守的生存环境的作用，与外界之间的联系非常有限，又因依赖于土地的不同生产生活方式的影响，"故土"情结既是他们的生存根据，也是他们的心理归宿。依恋"故土"是他们不能走出去的重要心理常态化的东西，一直影响着他们的生产生活，对移民新区不感兴趣。通过研究表明，大多数对移民新区的新生活心理充满抵触，甚至提起异地搬迁，很多少数民族都表现出了很多担忧，更严重者表现出了很鲜明的恐惧心态。比如一些依赖于土地的移民担忧新开发的土地，是否适合种植粮食；一些有宗教信仰的民族担忧移民新区的宗教生活能否全面实践；一些人又担忧，如果移民新区生活不好，老家的庄稼等一切都耽误了，可能搬迁会变得越来越穷，在他们心里认为，搬一次家穷三年，等等。诸如此类的担忧，是很多少数民族不愿意移民的重要心理表现。

东乡族生态移民异地搬迁，必然使他们产生困惑、迷茫、矛盾冲突等心理问题，并由此而出现心理失衡和行为偏差。因此，我们需要调整自己的心态，以积极、乐观、平和的心态面对新的环境和事物，需要在思想上走向开放,感情上富于理性,行动上积极向上。

3. 融入当地社会

生态移民在生产、生活上最终要达到融入当地社会,适应当地社会生活,是生态移民工程的最终目的和预期目标。这一目标的实现,无不与当地社会发生关系,能否融入当地社会,是新移民必须面临且处理好的关键之一。

通过实地调查,生态移民过程中的新移民,如何能够全面融入当地社会,需要从这几个方面来习得一些生存新知识。首先,要抛弃原住地的社会交往对象和交往方式。要不断建构新的社会网络与关系,实现不同民族间的友好交往。其次,要抛弃原居住地的生产生活观念。充分利用新居地各方面的资源与优势,发挥吃苦耐劳的拼搏精神,积极向别人学习先进的知识与技能,不断创新生活生产方式,以饱满的热情去迎接新的挑战。最后,由于原有的社会结构因为移民搬迁而被无情的瓦解,所以在新移民区必须重组社会结构。由于各方面现实条件的改变,原有的社会生活结构已不能适应新的社会发展。从基于生存之上的资源获取角度看,移民新区的社会结构的重组是移民融入当地社会的重要条件。

(二)政府层面

政府是生态移民的组织者和推动者,生态移民所产生的生存和社会适应问题理所当然需要政府给予积极的关心和救助。虽然政府在生态移民过程中不能包办,但政府在生态移民社会适应方面还是可以有所作为的。

1. 加大教育培训力度和产业培植扶持力度

甘肃省东乡族生态移民主要来自东乡自治县贫困山区,搬迁到河西地区之后,仍然居住在远离经济比较发达的中心城市,是典型的农业区,第二、三产业十分落后,尤其是第三产业行业过小,行业结构失调,主要集中于饮食服务业、商业零售业等传统行业,而县农业社会化服务的产业以信息、咨询、科技等发展严重不足。毋庸置疑,移民的社会适应与经济发展水平之间存在着强烈的互动关系,一般而言,经济发展水平越高,移民的社会适应性就越高。甘肃省东乡族生态移民新区落后的经济导致第二、三产业发展滞后,严重制约着他们的社会适应进程。

东乡族生态移民搬迁 20 年来,移民区的经济发展已经迈出了坚实的步伐,取得了一定的进展,但相对于当地汉族聚居区来讲,还存在很大的差距。其原因是多方面的,如移民区水利灌溉设施标准低,导致涝不能排、旱不能浇的现象十分严重，是制约移民区经济发展的重要因素；再如，劳动力文化水平偏低，主要表现在，由于移民收入水平低，加之传统观念在一定程度上对子女上学以及今后的发展问题迷茫或信心不足，移民仍然存有让孩子早劳动、早挣钱、早顾家的思想观念，导致部分适龄儿童不能完成国家规定的义务教育阶段的学习。文化教育的落后决定了劳动力素质的低下，从而严重影响到农业科技的推广和地区经济发展。这些因素严重制约移民区的经济发展，从而成为移民社会适应的最大障碍之一。

众所周知，在生产力诸要素中，人是最积极、最活跃，也是最重要的因素。在移民新区建设和移民社会适应中，作为行动主体的人起着最重要的作用。而从上文中我们得知，东乡族生态移民的文化素质普遍偏低，生产技能相对较差，这是由于长期的历史及原居住地自然环境条件等多方面的因素造成的。当地政府必须加大移民教育培训力度，使他们尽快解决这一适应与发展的瓶颈问题。

生产发展是移民社会适应的基础。因此，移民区需要着力加大农业产业培植、扶持和发展力度，从而提高移民的经济发展能力。一是大力培育和发展移民区特色产业，促进经济发展；二是实施以龙头企业带动下的特色种养业；三是着力围绕脱贫调整产业，促进增收；四是强化农村市场经济基础，构建市场体系；五是提高农业科技服务质量；六是加大金融对移民区建设的力度。

2. 完善制度，构建平台，保障生态移民利益

笔者在调查中了解到，生态移民搬迁过程中，存在管理"缺位"，制度不完善等情况，特别是在移民初期，管理平台并没有有效搭建起来。比如，重有形投入，轻管理等方面。东乡族生态移民区政府职能"缺位"，主要是对移民区经济与社会发展的管理不到位，对其移民的民生问题关注力度不够。主要体现在：一是基础设施载体较为脆弱。作为移民社会适应的基础设施载体，农田水利、交通、通信、市场软硬件等设施滞后于移民新区农业发展、农业市场化建设的要求，基础设施的脆弱，制约了该地区农业市场化长足发展。二是基层党组织建设滞后。全面建设小康社会和建设社会主义新农村，关键在党。作为重要的组织载体——基层党组织建设，是确立移民与当地农业政治主体地位的重要途径与措施之一。建设中国特色社会主义新农村，关键在于加强和改善党的领导，充分发挥乡镇党

委和农村党支部的领导核心作用，建设一支高素质的农村基层干部队伍。然而，移民迁入地基层党组织建设滞后，缺乏主心骨的少数民族移民区，在全面建设小康社会和推进社会主义新农村建设过程中，缺乏凝聚力、战斗力和强有力的组织保障，是很难打开新局面的。

移民工作是一项全局性的工作，特别是少数民族移民工作，是做好移民区其他工作的基础，切不可"以点带面""挂一漏百"，不可对移民的生产生活现状熟视无睹。因此，各级政府要从构建社会主义和谐社会的角度去感悟东乡族生态移民的社会适应问题；将移民群体的发展放在民族团结、社会稳定的全局性工作中的重要一环来看；从长治久安的高度，充分认识少数民族移民区工作是民族工作中的一部分，充分认识做好该项工作的重要性和紧迫性。

中央在制定少数民族移民区发展政策时，要把"共同富裕"目标摆在更加突出的位置，强化政府对东乡族移民新区社会公平的责任，以促进政府，特别是少数民族移民地的各级政府职能转变，提高政府部分促进民族移民区的责任意识，增加资金投入，搞好服务工作，大力发展移民区的公共事业，促进其经济社会协调发展。

3. 完善服务，加强沟通，促进移民社会适应

一是促进文化重塑，提高东乡族生态移民主体文化地位。通过发展文化教育、文化交流等多种多样的途径，实现东乡族传统文化的创新发展；加强公共文化建设，提高移民的公共参与水平，等等。

二是加强社区建设，增强移民的归属感。生态移民离开了原来建立在血缘、地缘和教缘关系上的生活保障网，造成了他们生活模式和社会关系的"脱臼"，心理上难免会产生焦虑不安和失落感。事实上，社区恰好是一种把人们结合在一起的特殊的社会整合机制。为此，政府应该在生态移民聚居区开展丰富多样的文化活动，动员和吸引广大移民参与其中，在共同的活动过程中增进彼此的了解、沟通和信任，促进移民新区人际关系的形成，培育移民对当地的认同感和归属感。

(三) 社会层面

西北地区生态移民的一个主要特殊性在于民族的多样性，尤其从原居住地单一民族移民至不同民族共聚的地区，民族差异所带来的民族交往过程中，难免会产生一些误解，会带来新移民的不适应性。这就需要全社会从不同的角度对新移民进行人文关怀。

1. 消除社会偏见与排斥，让当地社会尽快接纳生态移民

由于历史、经济社会发展不平衡等原因，少数民族与汉族之间存在某些方面的隔阂。加之生态移民的到来本来就给当地居民造成一定的竞争，当地人往往会以"当地人"的优势自居，甚至对生态移民进行贬低性的"形象模塑"；东乡族移民也往往会由于经济发展落后、文化水平偏低等原因，以"低人一等"的自卑心理面对新的生产生活，这也造成了他们与外界社会联系缺乏。这种状况迫切需要改变。首先呼吁当地汉族居民纠正对少数民族移民的不正确认识，消除"当地人"的优势意识，平等对待生态移民。同时，呼吁东乡族生态移民，要树立主人翁意识，积极发挥自身的积极性、主动性和创造性，努力融入当地社会，成为当地真正的主人。

2. 倡导社会关怀，让全社会都来关心生态移民的生产和生活

生态移民在移民新区的生产、生活，需要得到社会各界的共同关注、支持和帮助。社会各界都要行动起来，发挥各自的作用，这不仅有利于移民的发展，更有利于移民新区地方社会的发展和繁荣。政府要本着公正的理念在制度设计上充分考虑少数民族生态移民的特殊性，在同等条件下优先考虑少数民族生态移民；当地汉族居民要以开放、宽容的心态对待少数民族生态移民并与之交往；当地企业要在接受和安排少数民族生态移民工作方面承担应有的社会责任，并在条件允许的情况下，充分考虑少数民族的风俗习惯和宗教信仰。毋庸置疑，少数民族生态移民为当地社会发展做出了巨大贡献，每一个当地人都有责任也有义务伸出援助之手关心帮助他们，全社会都要真诚善意地为他们排忧解难，共同关心他们的生产、生活，使他们尽早适应新区社会，融入新区的大家庭。

附录Ⅰ 调查问卷

问卷编号：_____

东乡族移民调查问卷

调查时间：201_____年_____月_____日

调查地点：_____省_____市（县）_____乡（镇）_____村_____（队/小组）

敬爱的居民：

您好！我是一名大学老师，感谢您阅读这份调查问卷。此卷是为全面了解东乡族移民的日常生产生活、教育、卫生、宗教信仰、民族关系及目前生产生活中存在的主要困难和问题而专门设计的。请您仔细阅读此调查问卷，在每个问题所给出的答案中选择一个您认为合适的答案打钩，或者在_____上填写您的答案。

衷心感谢您的支持和协助！

祝您身体健康，工作顺利，万事如意！

一 个人与家庭特征

A1 您的性别：

1. 男　　　2. 女

A2 您的年龄：_____

A3 您的文化程度：

1. 文盲　　2. 小学以下　　3. 初中生　　4. 高中或中专

5. 大专以上

A4 您的民族：

1. 东乡族　　2. 汉族　　　　3. 维吾尔族　　4. 回族

5. 其他

A5　您配偶的民族成分是：

1. 东乡族　　2. 汉族　　　　3. 维吾尔族　　4. 回族

5.　　　　　6. 其他

A6　您爱人与您是：

1. 同村　　　2. 同乡　　　　3. 同县　　　　4. 同州

5. 同省（区）6. 跨省

A7　您的职业是：

1. 党政企事业单位人员　　　2. 农民

3. 工人　　　　　　　　　　4. 商业人员

5. 服务人员　　　　　　　　6. 其他职业人员

A8　您的户口类型是：

1. 农业　　　2. 非农　　　　3. 其他

A9　您有政治面貌是：

1. 中共党员　2. 共青团员　　3. 民主党派　　4. 群众

A10　您有否宗教信仰：

1. 有　　　　2. 无

＊A11　信仰哪种宗教？

1. 伊斯兰教　2. 佛教　　　　3. 基督教　　　4. 其他

A13　您的家庭人口数是：_____个

A14　您有几个孩子？_____个，其中儿子_____个，女儿_____个。

A15　您会说：（可多选）

1. 东乡语　　2. 汉语　　　　3. 其他

A16　您掌握东乡语的程度是：

1. 很好　　　2. 一般　　　　3. 差　　　　　4. 不会

A17　您掌握汉语的程度是：

1. 很好　　　2. 一般　　　　3. 差　　　　　4. 不会

二　文化教育卫生

B1　当地学校教育采用哪种语言教学：

1. 汉语　　　　　　　　　　2. 汉语东乡语双语教学

3. 其他

B2　您希望当地学校学的语言是：

1. 汉语　　　　　　　　　　2. 东乡族

3. 东乡语和汉语双语教学　　4. 无所谓

B3　您认为当地学校教学质量与原居地相比：

1. 比原居地好　　　　　　　2. 差不多

3. 比原居地差

B4　您的孩子享受"两免一补"了吗？

1. 享受了　　2. 没享受

B5　您对东乡语发展的看法是：

1. 要保留　　　　　　　　　2. 没有必要保留

3. 随便　　　　　　　　　　4. 没想过

5. 不知道

B6　公共场合您主要使用的语言是：

1. 汉语　　2. 东乡语　　3. 其他语言

B7　在家里您主要使用的语言是：

1. 汉语　　2. 东乡语　　3. 其他语言

B8　您认为下列事情值得您重视的是（可多选）：

1. 保持民族传统　　　　　　2. 有宗教信仰

3. 受现代文化教育

4. 掌握一种谋生技能

5. 赚钱

B9　您知道新型农村合作医疗保险吗？

1. 知道　　2. 不知道

B10　您和您的家人参加农村合作医疗保险了吗？

1. 参加了　　2. 没参加

B11　您得到过农村合作医疗保险的补偿吗？

1. 得到过　　2. 没有

B12　您认为你所在地乡镇卫生院的设备条件：

1. 很好　　2. 一般　　　3. 不好　　　4. 很差

B13　您认为你所在地乡镇卫生院医务人员的技术：

1. 很好　　　2. 一般　　　　3. 不好　　　　4. 很差

B14　　您认为你所在地乡镇卫生院医务人员的服务态度：

1. 很好　　　2. 一般　　　　3. 不好　　　　4. 很差

三　政治参与、民族关系和宗教信仰

C1　　您通过什么了解国家大事？

1. 开会　　　2. 报纸　　　　3. 广播　　　　4. 电视
5. 聊天　　　6. 其他

C2　　您对政治感兴趣吗？

1. 很感兴趣　2. 感兴趣　　　3. 一般　　　　4. 不感兴趣

C3　　您和周围不同民族的村民能不能友好相处？

1. 能　　　　2. 不能　　　　3. 一般

C4　　如果您是穆斯林，比起老家，您们的宗教生活受到影响吗？

1. 没有影响　　　　　　　　2. 受到一些影响
3. 比以前还好　　　　　　　4. 不如以前

C5　　您如果信仰伊斯兰教，每年封斋：

1. 坚持一个月　2. 半月　　　3. 几天

C6　　您每周去清真寺做礼拜的情况：

1. 每天都去　2. 有空就去　　3. 很少去　　　4. 不去
5. 在家中做

C7　　您家的老人做"主麻"吗？

1. 坚持经常做　2. 偶尔做　　3. 从不做

C8　　您家的年轻人做"礼拜"吗？

1. 坚持经常做　2. 偶尔做　　3. 从不做

C9　　如果您做"礼拜"，一般在哪里做？

1. 家里　　　2. 清真寺
3. 在家里和清真寺都做，但多数在家里
4. 在家里和清真寺都做，但多数在清真寺

C10　　您认为不同民族信仰的人住在一起怎么样？

1. 能和睦相处　　　　　　　2. 容易引起矛盾，最好分开住
3. 住在一起，但不要往来　　4. 无所谓

C11　　您乐于跟哪种信仰的人交往？

1. 伊斯兰教　　2. 藏传佛教　　　3. 基督教　　　4. 佛教

5. 无所谓

C12　选择交往的人主要因为：

1. 宗教因素　2. 工作关系　　　3. 生活环境　　　4. 其他

C13　当地汉族的家庭举行婚礼式节庆等活动时，是否经常请你参加：

1. 是　　　　2. 否

C14　您家里举行婚礼式节庆等活动时，是否请当地汉族的成员也来参加：

1. 是　　　　2. 否

C15　您家里或身边有没有东乡族与汉族通婚的现象：

1. 有　　　　2. 没有

C16　如果有，东汉通婚的现象多吗：

1. 很多　　　2. 比较多　　　　3. 比较少　　　　4. 很少

C17　您赞同东乡与汉之间通婚这种事吗：

1. 赞同　　　2. 不赞同　　　　3. 无所谓　　　　4. 没想过

5. 不知道

C18　您认为族际通婚所遇到的最大压力来自：

1. 生活习惯不同　　　　　　2. 心理上有差距

3. 亲友之间难以走动、沟通　4. 其他

C19　选择您的宗教信仰的原因是：

1. 父母信仰　　　　　　　　2. 自己的选择

3. 其他人的影响　　　　　　4. 没有考虑过

C20　和不同宗教信仰人在一起：

1. 有隔阂、不愉快　　　　　2. 没有隔阂，可以接受

3. 无所谓

C21　您每年的家庭宗教开支：

1. 100 元以下　　　　　　　2. 100—500 元

3. 500—1000 元　　　　　　4. 1000—1500 元

5. 1500—2000 元　　　　　　6. 2000 元以上

C22　您是否经常参加宗教活动？

1. 经常参加　　　　　　　　2. 节假日参加

3. 偶尔参加   4. 很少参加

5. 从不参加

C23　您认为影响当地民族之间的关系的重要因素是：

1. 各民族宗教信仰、风俗习惯不同
2. 各民族经济发展不平衡
3. 各民族教育发展有差距
4. 民族平等政策没有得到很好的贯彻
5. 各民族思想观念不同
6. 其他

C24　如果同村人有生产生活困难，您认为：

1. 最好自己解决   2. 尽量互相帮助

3. 能帮就帮   4. 以我为中心，不管别人的事

C25　如果村民有纠纷，您们如何处理：

1. 由宗教人士解决   2. 由村组织解决

3. 向司法部门投诉   4. 自己解决

四　生产、日常生活及态度

D1　您经常外出吗？

1. 经常外出   2. 不经常外出

3. 说不定

D2　您外出的目的是：

1. 外出打工   2. 做生意、搞运输

3. 走亲戚或其他

D3　您外出务工所从事的行业是：

1. 建筑业   2. 住宿和餐饮业

3. 工业   4. 批发业

5. 零售业   6. 运输业

7. 其他行业

D4　当您遇到困难时，首先帮助您的人是：

1. 本家亲属　2. 亲戚　3. 同教派的人　4. 邻居

5. 其他人

D5　在日常空闲的时候，您经常从事什么娱乐休闲活动？（可多选）

1. 聊天　　　　　　　　　2. 扑克或麻将
3. 看电视或电影　　　　　4. 到城镇游玩购物
5. 看书读报　　　　　　　6. 闲逛
7. 外出旅游　　　　　　　8. 其他

D6　您最喜欢的电视节目是：
1. 新闻联播　2. 电影类　　3. 文艺类　　　4. 体育类
5. 其他

D7　如果您有一笔钱，您打算主要用在什么方面？（最多可选三项）
1. 日常生活消费　　　　　2. 购买农牧机具
3. 购买耐用消费品　　　　4. 银行储蓄
5. 供子女上学　　　　　　6. 经商开厂
7. 购建房屋　　　　　　　8. 用于婚嫁
9. 其他

D8　您平时怎样与外地的人联系？
1. 打电话　　　　　　　　2. 写信
3. 让别人捎口信　　　　　4. 自己去
5. 其他

D9　您出行乘坐的交通工具主要是：
1. 公共汽车　2. 摩托车　　3. 自行车　　　4. 步行

D10　当您有困难时，您认为最有可能帮助你的人是：
1. 家族（父母兄弟等）　　2. 亲朋好友
3. 政府　　　　　　　　　4. 其他

D11　当您的利益受到侵害时，您会主动去找：
1. 政府　　2. 法院　　　　3. 宗教组织　　4. 亲友

D12　您朋友主要是：
1. 东乡族　　2. 汉族　　　3. 其他

D13　目前您关心或担心的问题有哪些？（最多可选三项）
第一关心问题（D13）_____第二关心问题（D14）_____第三关心问题（D15）_____
1. 农村土地承包政策　　　2. 农产品价格问题
3. 农资价格问题　　　　　4. 看病医疗问题
5. 学生学费问题　　　　　6. 富余劳动力转移

7. 农民负担问题　　　　　　8. 农民增收问题

9. 优质种子和新农牧技术推广问题

10. 其他问题

D14　您家在农业生产中经常遇到什么困难：（最多可选三项）

1. 土地不足　2. 劳力不足　　3. 资金不足　　4. 机具不足

5. 科技缺乏　6. 加工难　　　7. 出售难　　　8. 交通不便

9. 农资涨价　10. 农产品价格低　11. 雨水不足

D15　您家在日常生活中经常遇到什么困难：（最多可选三项）

1. 口粮不够　2. 现金不够　　3. 缺日用品　　4. 交通不便

5. 燃料不足　6. 缺电　　　　7. 饮用水难　　8. 住房不好

9. 治安不好　10. 看病难　　　12. 物价太高　　13. 其他

五　移民安居情况及态度

E1　您搬来后是否安心？

1. 安心　　　　2. 不安心

＊E2　不安心的原因是什么？

1. 想老家　　　　　　　　　2. 生活过不下去

3. 对环境不满　　　　　　　4. 其他

E3　移民新区的生产条件是否比老家好：

1. 一样（差不多）　　　　　2. 好多了

3. 不如老家

E4　您搬到这儿以后生活是否改善了：

1. 改善了　　2. 没改善　　　3. 不如以前

E5　比起老家，您感觉致辞富路子：

1. 多一些　　2. 多得多　　　3. 不如老家　　4. 差不多

E6　有人认为，要想致富生活好，主要靠自己；另一些人认为靠国家和集体，您认为：

1. 完全靠自己　　　　　　　2. 完全靠国家和集体

3. 主要靠自己，也需要政府帮助

4. 大部分靠国家和集体

E7　如果有灾荒，您该怎么办？

1. 等政府解决　　　　　　　2. 向朋友借钱粮

3. 用自己的劳动想办法度荒

4. 政府帮助也需要，但最终要自力更生

E8　总的来说，您对目前的状况，比起以前在老家的满意程度：

1. 很满意　　2. 比较满意　　3. 一般　　　　4. 不太满意

5. 很不满意

六　总体评价

F1　降低少数民族大学生录取分数线的政策有助于民族平等吗？

1. 是的　　　2. 不是　　　　3. 很难说　　　4. 不愿回答

F2　移民到本地以来，您认为东乡族和汉族的整体生活水平哪一个提高得快？

1. 东乡族快　2. 汉族快　　　3. 差不多　　　4. 不清楚

F3　您认为在你所在地汉族与东乡族的收入差距大吗？

1. 很大　　　2. 没有差距　　3. 差距很小　　4. 不清楚

F4　您认为当地东乡族与汉族关系如何？

1. 非常好　　2. 好　　　　　3. 一般　　　　4. 不好

F5　您对目前的生活水平满意吗？

1. 非常满意　2. 基本满意　　3. 不太满意　　4. 不满意

＊F6　择（12）主要原因是

1. 自己头脑灵活，工作努力的结果

2. 政府的政策好

3. 上交的负担比以前轻的结果

4. 其他

＊F7　择（34）主要原因是

1. 政策不落实　　　　　　2. 上面的领导瞎指挥

3. 自己不会经营　　　　　4. 上交的负担太重

5. 贫富差距大　　　　　　6. 其他

F8　您认为东乡族发展需要优先做好哪几件事：（可选三项）

1. 发展农牧业　　　　　　2. 能源交通通信

3. 教育卫生　　　　　　　4. 农牧结合

5. 乡镇工业　　　　　　　6. 民族手工业

7. 基层政权建设　　　　　8. 科技下乡

9. 安定团结　　　　　10. 反对分裂

11. 反腐倡廉　　　　　12. 加快改革进程

F9　目前您对下列状况是否感到满意

项　　目	1. 非常满意	2. 比较满意	3. 一般	4. 不太满意	5. 很不满意	6. 无所谓
家庭经济状况						
土地质量						
雨水情况						
灌溉情况						
劳动强度						
家庭成员之间关系						
邻里关系						
当地的社会治安						
工作劳动条件						
工作劳动收入						
职业的社会地位						
居住地的交通条件						
住房条件						
文化娱乐条件						
购物的方便程度						
孩子上学的方便程度						
看病就医的方便程度						
自己及家人的健康状况						
国家移民的总体政策						
当地的农业发展状况						
从总体上来看，您对国家当前的移民政策						

再次感谢您对我们工作的帮助，如果您有其他意见或建议，请写在下面。

附录 Ⅱ　东乡自治县历史上的自然灾害

时　　间	事　　件
永元五年（93年）农历四月九日	东乡地区地震
永和三年（138年）二月二十八日	东乡发生地震
中平十年（193年）二月十七日	东乡发生6-7级地震
长庆十九年（839年）	东乡洮河沿岸地震
政和七年（1117年）	东乡地区地震，人畜有伤亡
元统三年（1335年）农历三月十日	东降大雪，冻伤庄稼，牛、马、羊冻死十之八九，百姓遭饥荒。
洪武十三年（1380年）六月二日	东乡地震，人畜有伤亡。
洪武十三年（1380年）十二月八日	东乡又震
成化十三年（1477年）三月二十九日	东乡地震，声如雷，后不时续余震，到五月二十日止。
弘治五年（1492年）九月二十日	东乡地震
康熙四年（1665）八月	因雷雨引起山洪暴发，东乡甘土沟二山相合，压死哈刺里群众71人，牲畜百十头。
雍正十三年（1735年）夏	阴雨连天，庄稼歉收，百姓遭饥荒。
同治十三年（1874年）春	东乡北庄一带瘟疫流行，患者流鼻血，立刻死亡。
光绪三年（1877年）六月	东乡红崖子山崩，压死82人，河道堵塞，黄河断流20分钟，牲畜、财产损失无算。
光绪十八年（1892年）	东乡地区大旱，庄稼晒死，斗麦价1800钱。百姓饿死者不计其数，多向宁夏海固一带逃荒。
光绪二十二年（1896年）	东乡大旱，田禾全部晒死。
光绪三十年（1904年）六月	黄河水涨三丈余，淹没红崖子、白塔寺田禾3000亩，民居20余家。

续表

时　　间	事　件
宣统三年（1911年）	大旱，每斗麦子涨至5000麻钱。
民国三年（1914年）五月五日	东乡下大雪一昼夜，约7寸厚，田禾全部冻死，人畜平安。
民国四年（1915年）秋	东乡遇来自西北方的罕见大风，树枝多被刮断，部分屋顶被毁，三日后为止。
民国五年（1916年）六月	遭雹灾，锁南坝、达板空有甚，七成庄稼绝收。
民国六年（1917年）六月十三日	东乡降大冰雹，那楞沟、仓房、宋家岭一带打得寸草不留。同日，山洪暴发，唐汪川上下滩一百多亩地、20多院房屋淹没。
民国六年（1917年）冬	瘟疫流行，那楞沟50户中30户人全部死亡。
民国八年（1919年）十一月八日	发生地震，房屋倒塌许多，人员无伤亡。
民国九年（1920年）十一月	流行瘟疫，死300余人。
民国九年（1920年）十二月十六日	发生地震，连续一整夜。考勒阴洼山体滑坡，压埋20余人。坪庄潘不池阴山下崩；震后在陈家湾出现一个水池。白马庙山山神庙被摇塌，大塬山出现裂缝。
民国十二年（1923年）	大旱，田禾晒死，斗价暴涨。
民国十六年（1927年）四月八日	北方隆隆大响三声后地震，持续1小时，人无伤。
民国十七年（1928年）	大旱，田禾晒死，伤寒病流行，民众灾病交加，饿死者甚多。
民国十八年（1929年）	大旱继续，粮食奇缺，农民向外逃荒，人相食。
民国二十年（1931年）夏	东乡发生大雹灾，冰雹大如鸡蛋，田禾尽毁。
民国二十一年（1932年）七月十八、十九日	东乡锁南坝、柳树等地遭雹灾，大如鸡蛋，庄稼全被打光。
民国三十三年（1944年）十月	喇嘛川及黄河北岸，遭重雹，大如鸡蛋，秋禾打尽。
1951年	东乡自治区受雹灾，面积达16300垧（一垧合三亩或五亩），关卜、百和二乡绝收。
1953年	元月，唐汪区发生麻疹、百日咳、肺炎等传染病并蔓延到八个区，死亡555人；3—6月，全区出现大旱，无法下种；春、夏受旱，又遭冰雹、洪灾，部分地方降雹1尺多厚，大如鸡蛋，平地水深3尺，人畜有伤亡。
1956年	2月，锁南等地发生麻疹，死亡500余人。是年，受旱灾、雹灾，面积达7万亩。
1957年	受旱灾、雹灾，受旱灾面积为10万亩，雹灾面积7000亩。
1959年	10月，东乡自治县部分地区受雹灾，面积达5万亩。
1963年	6月5日，柳树等乡遭雹灾，持续一小时，大如鸡蛋，部分地方积雹达尺。

续表

时　间	事　件
1964 年	董岭等四乡发生伤寒，以病 161 人次，死亡 22 人。
1965 年	全县大旱，201 个生产队农田无收，人畜饮水发生严重困难，死亡大牲畜 663 头，羊 6821 只。
1966 年	8 月 2 日，暴雨引起洪灾，受灾面积 1 万亩，死伤 15 人，冲毁房屋 50 间；是年，全县大旱，灾情持续 260 天，死亡大牲畜 660 头，羊 6800 只，董岭乡全年未落雨。
1968 年	全县受旱灾，受灾面积 7 万亩。
1969 年	8 月 18 日，春台乡周家村发生滑坡，压死 21 人，大小牲畜 87 头，毁坏房屋 51 间；是年，锁南高门大队暴发中毒性痢疾，发病 95 人，死亡 10 人。
1971 年	5 月 4 日至 7 月 4 日，连续 61 天未降雨，7371 亩夏粮减少三成以上，秋田无法下种，人畜饮水发生严重困难；是年，全县受雹洪灾，面积达 2 万亩，果园"九二"水库排洪道 2.2 万方工程填方被冲毁。
1972 年	7 月 11 日，河滩乡 6 万亩农作物受风灾；8 月 27 日至翌年 4 月 29 日因未降雨，7 万亩夏粮改种秋田物，干旱山区人畜饮水发生严重困难。
1973 年	7 月初，春台乡周家村发生山崩，有 8 户遭难，27 人死亡，农舍田俱毁；7 月 27 日，达板乡下特大暴雨，山洪冲毁各式涵洞 8 处，淹没人家 17 户，羊 21 只，冲走粮食 1.65 万公斤；是年，东乡 240 天未下雨，人畜饮水发生困难。
1975 年	春，董岭、考勒受旱灾，受灾面积 3 万亩，人畜饮水发生严重困难，夏又受雹灾 8000 亩；1—6 月，全县发生各类传染病 4000 例，死亡 69 人；5 月，因雨水过多，洋芋严重腐烂，面积达 5700 亩；是年，全县痢疾流行，共发病 3509 人，因治疗入时无死亡。
1976 年	全县受雹灾，面积达 1 万亩。
1977 年	3 月 21 日，寒潮入侵，气温急骤下降，全县农作物大面积受冻，洋芋种子腐烂；是年，受雹灾，面积达 2 万亩。
1978 年	9 月 7 日，连下大雨，洮河水上涨 4 米多，达板、唐汪发生水灾，总受灾面积 2.6 万多亩，倒塌房屋 1463 间，冲走小麦 3.5 万公斤，木料 300 方，毁渠 20 公里，达板乡税务所被淹没；是年，受旱灾和雹灾面积达 16.4 万亩。
1979 年	8 月上旬，汪集乡的盘子、新庄两村先后滑坡压死一人，毁房屋 96 间，牲畜 52 只；是年受雹灾，受灾面积达 3 万亩。
1980 年	受雹灾，面积达 1.7 万亩。
1981 年	6 月 7 日，受雹灾，面积达 1 万亩；7 月因连降大雨，洪水成灾，受灾面积达 2 万亩。
1982 年	5 月 11 日，全县突降大雪，气温急剧下降形成强霜冻，农作物大面积受灾，树木压折无数，大牲畜、羊只均有死亡，农电、广播、邮电线路损失严重；8 月，全县受雹灾，面积达 2 万亩。

续表

时 间	事 件
1983年	3月7日17时46分，果园乡洒勒山体发生罕见的大型重力滑坡，滑落土方5500万立方米，有4个生产队遭到毁灭性灾害，70余户人家房屋被毁，237人死亡、27人重伤、235人无家可归，毁川水地885亩、山地308亩、苗圃50备，压死大牲畜153头、羊280只、房屋585间、机房4座，"九二"水库被埋，王家水库严重受损，财产损失120万元；6月24日，降大雹雨，洮河水位上涨，淹没达板乡农田2200亩，冲毁河堤1500米；7月1日，全县受重雹灾，面积达3万亩。
1985年	7月13日22时，全县有15个乡受重雹灾，坪庄乡地埂雹厚1尺，冰雹直径达4厘米，受灾面积达4.2万亩，8000亩农田绝收；7月，春台乡北庄村果园社马国成一家因山体滑坡，8口人遇难，无一幸免。

资料来源：由《东乡自治县志》有关资料整理。

附录Ⅲ　相关文件1

古浪县人民政府文件

古政发（1994）129号

古浪县人民政府
关于从冰草湾乡给东乡县调地的决定

有关乡镇单位：

　　为了全面贯彻落实上级下达的景电二期古浪灌区的移民计划，根据省地有关精神和目前我县黄灌区的实际情况。在多次与冰草湾乡领导协商的基础上，经县政府研究决定，从冰草湾乡土地面积中调出约3000亩土地给东乡县，具体是，二咀子支渠4斗调出面积范围，东至古浪县和景泰交界处，西至二咀子支渠，南至4斗2分斗17农底止支渠中。东西平行线4斗3分斗全部划给东乡县，北至新7斗斗渠，二咀子支渠新7斗2分斗。在2分斗上留给冰草湾乡150亩，其余全部调出划东乡县。四至为：东至古浪县和景泰县交界处，西至新7斗1分斗斗渠，南至2分斗冰草湾所留面积，北至农丰村旁配水点向东的平行线往下推150米处。

一九九四年九月三十日

　　主题词：土地、调整、决定

　　抄报：人大、县委、省移民安置处

　　抄送：政协、法院、检察院、东乡县政府

古浪县人民政府办公室
一九九四年九月三十日印发

共印二十份

附录Ⅲ　相关文件 2

景电二期古浪灌区东乡县移民开发指挥部　文件

景电东移指发（1994）10 号

关于请求解决开荒平地补助经费的报告

省两西指挥部：

一九九四年，古浪县给东乡县移民基地划拨荒地五千亩，其中总四支二咀子3000亩，总四支十三、十四斗2000亩。

我们从九月初开始，雇用8台推土机进行平田整地，截至目前已平耕地3204亩，其中：二咀子1850亩，总九支十三斗1200亩，加上今年春季在总四支四十二斗平地154亩，九四年度共平耕地3204亩。

这次划拨面积地形复杂，沙大地陡，工程量大，加之今年柴油等费用大，亩造价相对比去年提高，除景电补助外，亩还需要50元，区需补助费16.02万元，请求省上给予解决。

以上请求妥否，请批示。

景电二期东乡县移民开发指挥部
一九九四年十一月二十四日

抄报古浪县农建指挥部　东乡县移民办各（一）存档（二）
共印十份

附录Ⅲ 相关文件 3

古浪县直滩乡移民土地纠纷协调会议纪要

(2004年4月10日)

2000年4月10日,省两西移民安置处处长李坚召集武威地区扶贫办、古浪县政府和古浪、东乡两县扶贫、移民等有关部门负责同志,在古浪县直滩乡政府召开会议,就古浪县直滩乡西分支村群众与东乡移民土地纠纷问题进行了协调处理。现纪要如下:

一、会议首先听取了古浪、东乡两县移民部门和古浪县直滩乡关于直滩乡西分支村群众与东乡移民土地纠纷情况的汇报。会议认为,近年来,古浪、东乡两县政府及移民部门在景电灌区移民工作上共同配合,做了大量工作,取得了一定成效。此次东乡移民与当地群众发生土地纠纷,严重影响了当地群众及移民正常生产生活,两县政府必须高度重视,积极协调,妥善处理。

二、会议在进行实地详细勘察了解,广泛听取两县有关部门、乡镇及群众意见,并经两县互相协商的基础上,会议议定:

(一)为了从根本上解决直滩乡西分支东乡移民与当地群众土地纠纷,也利于两县做群众工作,继续维持《古浪县人民政府关于在总十支十斗给东乡县移民划拨土地的报告》(古政发〈1995〉44号)和《古浪县人民政府关于在总十支十斗给东乡县移民划拨土地的决定》(古政发〈1995〉45号)为东乡县移民所确定的土地权属关系,在此基础上,北面界限具体确认为,沿一分斗西分水尾段倒数25农上地埂,从农口起向西370米为止,向南至本斗18农(农宽为35米)下地埂。

(二)凡直滩乡西分支群众在一分斗西分水尾段倒数25农土地埂以上开发耕种的土地和东乡移民在本斗18农一下耕占的土地,均无偿退回,双方平整开发土地及今年春种费用均不予补偿。

（三）直滩乡群众在东乡移民划定土地上开发耕占的土地均无偿退出，现有机井、井房、输水渠、道路及其所占耕地继续由直滩乡政府管理使用，待东乡移民筹集资金后，可由双方协商并经有关部门评估作价后，售给东乡移民使用。

（四）本斗18农下地埂一下未开发的国有荒地，由古浪县政府统一管理，今后若移民有条件开发，可提出申请，由古浪县政府确权划拨使用，不得随意开发使用。

三、会议要求：

（一）古浪、东乡两县政府及移民部门和有关乡镇要认真做好各自群众的思想疏导，坚决杜绝和防止矛盾激化和新的矛盾纠纷发生。

（二）为了切实搞好移民搬迁和灌区开发建设，在移民未正式移交之前，东乡县政府及移民部门要加强对移民的管理教育，严格遵守灌区开发建设的有关政策规定，严禁破坏灌区基础设施和生产生活秩序行为的发生，否则，依法追究有关责任。

（三）古浪县政府及当地乡村，要积极关心支持东乡移民的生产生活，帮助移民搞好开发建设和定居。

参加会议人员

姓名	单位	职务	本人签名
李坚	省两西移民安置处	处长	
张学仁	武威地区扶贫办	副主任	
李秀娟	古浪县政府	副县长	
尉伯锦	景电古浪指挥部	副指挥	
王治安	古浪县农林办	主任	
杜泽秀	古浪县政府办公室	副主任	
刘有贤	古浪县移民办	主任	
王会贤	古浪县直滩乡	党委书记	
王安俊	古浪县直滩乡	乡长	
穆政权	东乡县移民办	主任	
董致和	东乡县移民办	副主任	
马维斌	东乡县移民办古浪工作站	站长	
郑宗德	古浪县土矿局		

附录Ⅳ 移民申请书

申请书

东乡移民负责领导：

我东乡峰山移民，已移到古浪直滩乡有十年的时间。在这十年中，种三坬、五坬的种地户，浇水困难，特别是第五坬。第三坬受沙严重。因为第四坬地是原有国家给推成的耕地，大概有18亩，直到现在荒废无人种，若现在不推成耕地，种三坬地的庄家被四坬荒废地的黄沙吞噬，庄家年年受影响；种五坬地的无渠难浇水，且运输困难，走道被四坬荒地的沙淹没。更重要的是四坬荒地的黄沙年年侵害周围的庄家；再加上我们有些移民户土地少，倒茬困难，庄稼年年枯死，所以峰山四十三独斗移民户特此申请把荒废了的第四坬土地在今年秋后推成，减轻种地户的以上困难。

特望移民负责领导批准为盼。

申请人：东乡峰山四十三独斗全体移民

2006年11月18日

附录Ⅴ 甘肃省酒泉市移民安置区位置

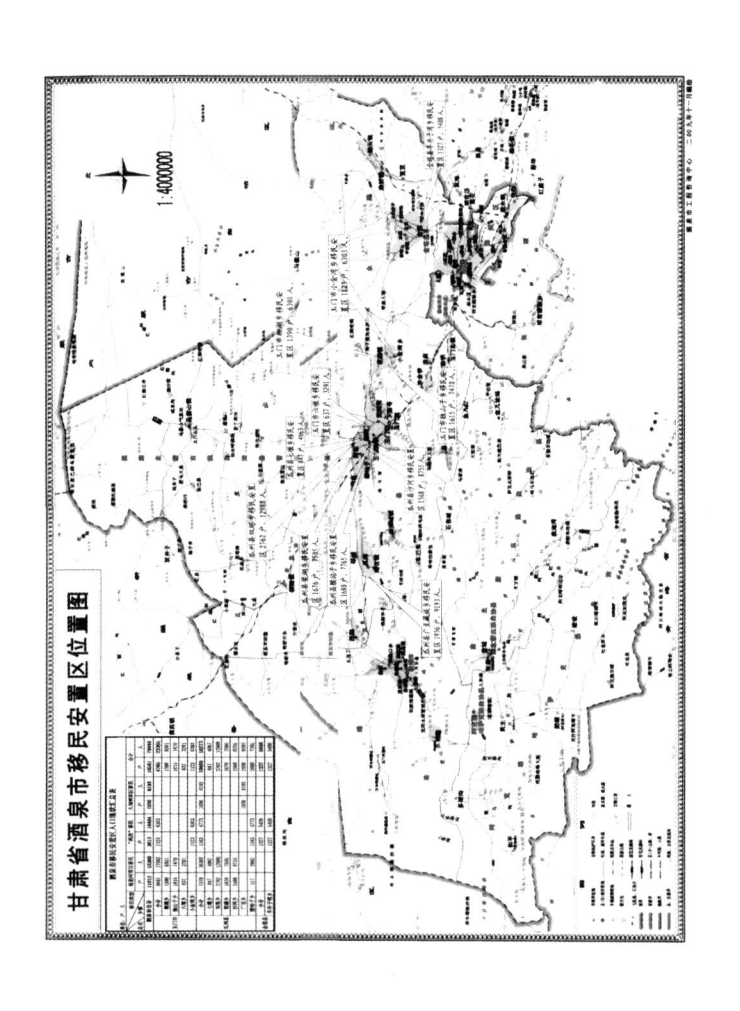

附录Ⅵ 瓜州县腰站子乡集镇建设规划

附录Ⅶ 小金湾东乡族乡村庄、集镇管理办法

根据《小金湾东乡族乡村庄、集镇规划管理暂行办法》的规定，现将有关事项公告，有关单位和广大农户认真执行。

第三章第12条村庄、集镇规划区范围内各项建设必须符合村庄、集镇规划。新改建、扩建的建筑物、构筑物及其他建筑设施，都必须在村庄、集镇规划区范围内进行，统一放线、统一规格和标准。

第三章第17条因实施村庄、集镇规划，需要拆迁村庄、集镇规划区内原有建筑物其他设施的，任何单位和个人不得阻挠。未经批准，任何单位和个人不得在已确定拆迁的庄、集镇区域内进行房屋的新建、改建和扩建。

第四章第19条未经批准，任何单位和个人不准在村庄和集镇规划区的街道、广市场和车站等场所修建临时建筑物、构筑物和其他设施。

第四章第20条在村庄、集镇规划区内严禁下列行为：

（一）不准擅自占道经商；

（二）不准在道路及公共场所堆放建筑材料、垃圾、肥料、柴草及其他杂物；

（三）不准损坏或者砍伐村庄、集镇道路两侧及公共场所的花草树木；

（四）不准向村庄、集镇道路及公共场所抛洒杂物，排放、倾倒污水；

（五）不准损坏村庄、集镇公共设施；

（六）不准擅自在街道两侧建筑物上悬挂、涂写、张贴广告和宣传品；

（七）不准有违犯其他法律、法规规定的行为。

第四章第21条任何单位和个人不得破坏或损毁村庄和集镇的道路、

桥梁、供水、水、供电、绿化、防汛等设施。

第五章第 22 条在村庄和集镇规划区内未按规划审批程序进行建设的，由乡政府按下列规定予以处罚：

（一）严重影响村庄、集镇规划的，责令停止建设，限期拆除违法建筑；

（二）影响村庄、集镇规划，尚可采取改正措施的，责令其限期改正，并按违法建筑构筑物建筑面积处以每平方米 10 元以上 50 元以下的罚款。

第五章第 23 条违反本办法第十九条、第二十条规定，有下列行为之一的，由乡政按照下列规定予以处罚：

（一）擅自修建临时建筑物、构筑物或者其他设施的，责令限期拆除，可并处 100 元上 500 元以下罚款；

（二）乱堆乱放建筑材料、垃圾、肥料、柴草及其他杂物的，责令限期清除，逾期不正的，处 5 元以上 100 元以下罚款；

（三）损坏村庄、集镇公共设施的，责令赔偿，可并处 50 元以上 500 元以下罚款。

小金湾东乡族乡人民政府
二〇〇七年七月一日

附录Ⅷ　古浪县东乡族移民区民族关系调查与研究

在人类历史上和现实社会中，人口的跨地域迁移与族群关系之间存在着十分密切的联系。① 学术界对于迁移与族群关系的研究颇多，认为，民族关系是一种社会关系，是民族发展过程中相关民族之间的相互交往、联系和作用与影响的关系。它是双向的、也是动态的。在移民工程中，民族关系是衡量移民工程质量的重要指标之一。② 移民与当地居民的关系是反映移民社会适应性的重要指标，也是影响移民心理归属的重要因素。风笑天教授在《落地生根：三峡农村移民的社会适应》中曾指出移民建立新的社会资本的途径有三种。第一，情感交流；第二，通过创造新的社会关系形成新的社会资本，即移民和当地人通婚，成立"跨身份家庭"，为移民带来新的社会资本；第三，建立了以姓氏为基础的类似家庭血缘的新社会关系。

东乡族世居河州"东乡"，与四周相邻地区的回族、汉族有着长期、密切的经济联系与往来，民族关系向来友好。东乡族是信仰伊斯兰教的民族，他们搬迁到古浪县纯汉民区，必然产生新的民族关系。一个族群人口的一定规模迁移会直接导致迁入地各族群人口相互比例的变动，增加对迁入地自然资源（耕地、草场、水源、矿藏等）的压力，导致族群之间在资源配置方面的竞争关系，这种物质利益的竞争关系常常与族群之间的其他冲突（如文化）结合在一起。在古浪县东乡族移民区，东乡族移民与当地人关系实际上族群关系的重合。一方面，当地原有居民与外来移民之间会发生资源分配等方面的竞争，形成"本地人—移民"这样一组矛盾；

---

① 马戎：《民族社会学——社会学的族群关系研究》，北京大学出版社2004年版，第326页。
② 周传斌：《宁夏吊庄移民的民族关系和宗教生活》，《宁夏社会科学》2001年7月。

另一方面，当地原居民基本上是汉族，而移民绝大多数为东乡族，他们之间存在着族群文化方面的差异，这样就出现了"汉族—东乡族"这样第二组矛盾。鉴于古浪县东乡族移民区的这种特殊情况，本文主要从移民区基本情况、对古浪县东乡族移民区民族关系的变量和民族关系的特点分析来考察移民与安置地居民的人际关系状况。

一　古浪县东乡族移民区基本情况

古浪县位于河西走廊东端，乌鞘岭北麓，腾格里沙漠南缘，居甘肃省中部，属祁连山高寒亚干旱区和河西冷温干旱区，适合多种作物生长。该县虽土地肥沃，但严重缺水。20世纪70—90年代，由国家投资，景电二期黄河水提灌工程建成，为灌区农业和其他行业的发展提供了十分有利的条件。在甘肃省委、省政府确定的"兴河西之利，济中部之贫"等扶贫开发建设方针指导下，东乡族移民搬迁到这样一块肥沃的土地上生产生活的。

东乡族移民村所座落的大靖镇、海子滩镇和直滩乡三乡镇相接，地处古浪县东北部，东邻景泰县，北靠腾格里大沙漠，处景电二期工程古浪灌区腹地。这一带地势平坦，总面积达654.7平方公里，居民9万多人，均为汉族居民，主营农业。

古浪县东乡族移民是在政府组织、移民自愿原则下进行的。从1992年开始陆续搬迁来此，主要以零星个体和家庭形式进行的搬迁。由于迁出地区和迁入地区自然环境、人口资源、宗教信仰、民族风俗以及经济和社会发展差异较大，政府主要采取移民集中安置，现聚居于三个乡镇的五个独立村落，均坐落于古浪县景电二期工程黄河水灌溉区。虽处于腾格里沙漠边缘，土地荒凉、沙化严重，但这里土地宽广、平整，底层土层深厚，有较为充足的黄河水源，非常适宜农业生产。东乡县、广河县、古浪县政府先后共投资数十万用于移民安置和新区建设。现安置来自东乡、广河等地的移民218户，共计1056人，已开发种植土地2650亩。数十年来，东乡族人民艰苦创业精神，忘我奋斗，坚持不懈，终于使亘古荒原变成阡陌纵横、麦浪翻滚的农业灌溉区，东乡族移民现已基本解决温饱问题，并有力地促进了当地经济发展，为改变贫困落后面貌做出了不懈的努力。

移民基本情况如下所示：

古浪县东乡族移民基本情况一览

村名	户数（户）	人口（人）	古浪批地（亩）	批地时间	实际开发种地（亩）	开始开发时间
海子滩二咀村	81	380	2000	1991 年	800	1992 年
海子滩土沟村	57	238	1600	1995 年	700	1997 年
海子滩西分支	25	150	900	1995 年	550	1997 年
大靖红柳湾村	20	117	400	1994 年	200	1995 年
直滩乡龙泉村	35	171	800	1994 年	400	1995 年

二 对古浪县东乡族移民区民族关系的变量分析

对于古浪县东乡族移民区的民族关系，作者从以下几个变量：居住格局、个体态度和行为、通婚状况等方面进行分析。

（一）居住格局

东乡族移民搬迁来此，改变了当地纯汉民的居住格局，形成了新的民族居住格局。所谓民族居住格局是指一定区域内不同民族在空间上的排列与组合情况，它反映一个民族所有成员在居住地与其他民族相互接触的机会。在民族社会学研究中，民族居住格局通常被视为民族交往的一种场景、一个变量，用来观察和调节民族交往的内涵、形式及质量。民族居住格局还是构成影响民族关系的人文生态环境的因素。

本文所论述的民族关系主要是"东乡—汉"关系，东乡族移民的分布状况直接影响到新区的民族关系状况。移民改变了人口地理分布和民族居住格局，移民与迁入地周边地区存在一定的文化差异，容易引发隔阂与矛盾。在以东乡族为主的移民新区中，"移民村—周边地区"关系必然表现为民族关系。

古浪县东乡族移民的居住格局有"大分居小聚居"的特点。五个移民村分别聚居于三个乡镇的五个独立村落，其中二咀子村、龙泉村、土沟村与当地汉族居民相连，红柳湾村与最近的汉族村落有两公里之隔，西分支村与最近的汉族村落相隔五公里。尽管相隔而居，但由于经济、社会等方面的原因，他们在日常生活中的接触还是很容易的；近年来，随着汉族和东乡族对相互文化的了解和人们思想观念的开放，这里的东乡族和汉族之间的交往已经非常普遍了。

（二）个体态度和行为

笔者在五个移民村实施了抽样问卷调查。共发放调查问卷 145 份，其中东乡族 142 份，回族 3 份，占被调查者总数的 97.9%。对问卷的分析如下：

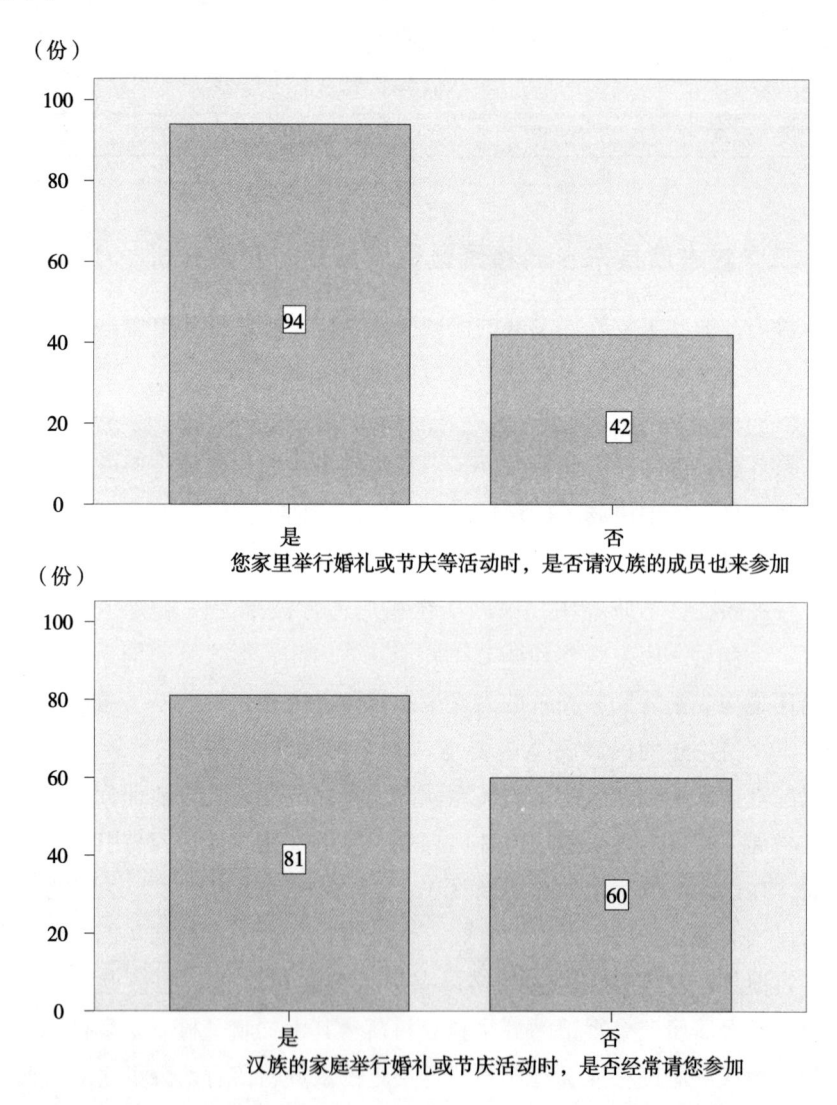

（份）

您家里举行婚礼或节庆等活动时，是否请汉族的成员也来参加

（份）

汉族的家庭举行婚礼或节庆活动时，是否经常请您参加

在"汉族的家庭举行婚礼或节庆等活动时，是否经常请你参加"这一问题中，有 69.1% 的答案是"是"，在"您家里举行婚礼式节庆等活动时，是否请汉族的成员也来参加"的问题中，有 57.4% 的答案是"是"。

这充分说明，在东乡族移民中，有一半以上的人与当地汉族居民关系良好。这也许可以提供一个很好的例子，即传统的追求人际关系、天人关系之和谐与协调的中国传统文化的世界观、人生观仍然在社区建设和人际关系改善上发挥自己的作用。笔者这些简单的调查或许可以表明中国传统的价值观至少在国民的意识中仍起着潜移默化的作用。

宗教信仰是区分东乡族和汉族的重要标志。很多时候，东乡和汉民族问题集中表现在宗教信仰及其衍生问题上。在第三个问题"不同宗教信仰的人在一起"时，有8.5%的人认为"容易引起矛盾，最好分开居住"，这反映了宗教信仰在民族关系中的敏感程度和重要性。当然绝大多数人（61.7%）认为"没有隔阂，可以接受"，这说明移民中宗教信仰状况在民族关系上的反映总体上是好的。

和不同宗教信仰的人在一起

		Frequency	Percent	Valid Percent	Cumulative Percent
Valid	容易引起矛盾，最好分开住	12	8.5	8.5	8.5
	没有隔阂，可以接受	87	61.3	61.7	70.2
	住在一起，但不要往来	28	19.7	19.9	90.1
	无所谓	14	9.9	9.9	100.0
	Total	141	99.3	100.0	
Missing	System	1	0.7		
Total		142	100.0		

（三）通婚状况

费孝通先生在江村和禄村调查时注意到："怎样才能成为村子里的人？"他给出两个条件：第一是要生根在土里，在村子里有土地；第二是要通过婚姻进入当地的亲属圈子。由此可见，实现与当地居民的通婚，对于移民在安置地建立新的社会关系具有至关重要的作用。

但这里的通婚状况并非如此，究其原因，主要还是宗教信仰不同的缘故。在"您赞同东乡与汉之间通婚这种事吗"问题上，"赞同"的仅占14.8%，而"不赞同"的占54.2%。

您赞同东乡族和汉族通婚这种事吗

		Frequency	Percent	Valid Percent	Cumulative Percent
Valid	赞同	21	14.8	14.9	14.9
	不赞同	77	54.2	54.6	69.5
	无所谓	19	13.4	13.5	83.0
	没想过	15	10.6	10.6	93.6
	不知道	9	6.3	6.4	100.0
	Total	141	99.3	100.0	
Missing	System	1	0.7		
Total		142	100.0		

东乡族是一个实行民族—宗教内婚制的民族。根据《古兰经》的规定，穆斯林不能与非穆斯林（犹太人、基督徒除外）缔结婚姻，除非他（她）皈依伊斯兰教。东乡族中存在的异族（教）通婚，基本上是"只进不出""只娶不嫁"的单方向的异族（教）通婚，这从一个侧面反映了民族—宗教内婚制是保持本民族传统的另一道长城。据笔者了解，有两个当地汉族男青年入赘到东乡族移民家庭中，可见他们与当地汉民的通婚是很少的。在问到"您认为族际通婚所遇到的最大压力来自哪里"时，有63.4%的人认为是"生活习惯不同"，有6.3%的人认为是"心理上有差距"，有18.3%的人认为是"亲友之间难以走动、沟通"（见下表2-4）。可见，民族、宗教问题是这里最为敏感的问题，也是影响当地民族关系最重要的因素。

您认为族际通婚所遇到的最大压力是来自

		Frequency	Percent	Valid Percent	Cumulative Percent
Valid	生活习惯不同	90	93.4	65.2	65.2
	心理上有差距	9	6.3	6.5	71.7
	亲友之间难以走动、沟通	26	18.3	18.8	90.6
	其他	13	9.2	9.4	100.0
	Total	138	97.2	100.0	
Missing	System	4	2.8		
Total		142	100.0		

三 古浪县东乡族移民区民族关系的特点

从总体上来看,古浪县东乡族移民区东乡—汉民族关系受经济因素、社会因素、文化因素和政策因素等诸多因素的影响。各种因素的综合作用使古浪县东乡族移民区东乡—汉民族关系呈现出一定的特点来。

(一) 整体的和谐性

与大规模集体移民相比,由于对当地自然资源、就业市场、政治权力分配、文化传统与习俗的影响很小,东乡族移民以零星个体和家庭形式进行的移民搬迁活动更容易被当地汉族居民所接受。

东乡族移民搬迁来此十几年的时间,由于经济利益、宗教信仰、风俗习惯、民族文化等方面的因素,时有争斗之事发生,但这仅仅是民族关系发展中的迂回,民族交往主要还是以和平、友好为主。党政有关部门对该地区进行的移民、民族政策宣传,以及对东乡族移民给予的优惠政策,使东乡族移民与汉族之间的民族关系得到了升华。"汉族离不开少数民族,少数民族离不开汉族"的观念深入到每一个东乡族与汉族居民心中。民族间的平等、团结、互助是构建和谐社会的一部分,是每一个汉族与少数民族追求的目标。从总体来看,古浪县东乡族与汉族之间的民族关系体现了整体上的和谐性。

(二) 逐渐开放性

东乡族移民与本地汉族之间在整体素质方面存在着一定的差距,属于典型的本地人素质高于移民的一个例子。东乡族移民教育水平低、组织能力、纪律性差、水田农业劳动经验不足,他们与本地人之间没有真正意义上的相互竞争,彼此可以相安无事。由于生产生活所需,他们主动积极向当地人学习,表现出极大的开放性。

民族关系由封闭性走向开放性是历史发展的趋势,也是社会进步的呼唤。一个民族的发展往往是与它的开放程度成正比,也与其他民族关系的和谐与否、密切与否成正比。

古浪县东乡族移民的开发性主要彰显在两个层面,移民社区范围内东乡族与汉族的开放与对外的开放。第一个层面主要表现为该地区的东乡族与汉族成员交往密切、经济互动往来、民族文化趋同化发展、族际通婚比例不断上升、民族偏见和歧视随着接触、交往、交流慢慢减弱。第二层面表现为与外地的民族交往，包括民族成员逐渐走出家门，与外地交往和密度与幅度加大。以特色的民族文化带动经济发展，如古浪县东乡族移民的特色饮食、善于经商，汉族通过劳务输出等方式使民族关系的广度和深度不断加强。民族关系的逐渐开放性，使"民族文化成为不同民族的人民共同分享的财富；同时，在这个过程中，又刺激着人们的创造性，使各族人民在相互平等，相互尊重的基础上交往、互利、互惠，使民族文化更加繁荣。"[①] 应该强调的是古浪县东乡族移民社区民族关系的逐渐开放性是一个历史渐进的过程，它的开放性及程度是相对而言的。

(三) 文化的交融性

社会变迁加快，民族文化依然。民族文化的交融性是民族文化相互接触、吸收、融合的结果，也是历史、社会发展、文化变迁的结果。古浪县东乡族移民区东乡族与汉族民族文化的交融性既体现在价值观念、民族性等隐形的东西，也包括衣、食、住、行等显形的东西。随着两族文化的交融，移民区居民的认同感正在逐年增强。

(四) 民族之间的差异性和矛盾性

东乡族移民在语言、宗教、生活习俗、价值观念、行为规范等方面与本地汉民之间存在着明显的差异。如在移民初期，语言方面的差异带来交流的困难，造成彼此的距离与隔阂，有时因语言不同造成交流双方之间的误解；尤其在宗教信仰方面的差异，增加了他们之间的文化隔阂。影响了东乡族移民与当地人成员的日常交往与合作，从而影响了民族关系。可以说，东乡族移民和当地汉族的文化差异性的存在，儒家文化和伊斯兰文化是古浪县东乡族移民社区差异性和矛盾性的核心所在。当然，在古浪县东乡族移民区，东乡族受汉族的影响较深，因此东乡族受汉文化影响下的民族趋同点在增多，人口的增加和经济的发展还会继续加深两民族的文化交往。和而不同是古浪县东乡族移民区东乡族和汉族关系长期的特点。

结 语

古浪县东乡族移民是通过异地经济开发，走上脱贫致富之路的。由于这次搬迁是在政府组织、自愿原则下进行的，规模小，主要以零星个体和家庭形式进行的搬迁，在资源、权力等方面没有与本地人形成真正意义上

---

① 赵利生：《民族社会学》，民族出版社2003年版，第96页。

的相互竞争，宗教信仰、风俗习惯等方面能相互尊重，所以东乡族与汉族之间的民族关系体现了整体上的和谐性。当然，搬迁使移民原有社会关系网络遭到解体，许多无形资产一下子丧失殆尽，移民获得信息变得困难，新的社会关系网和信任机制的恢复和重建，需花费许多精力与时间。同时，这并不意味着移民和当地居民已经完全突破了族群内部社会交往的偏见，移民和当地居民的来往仍有待加强。

附录Ⅸ　东乡族移民东乡语使用变化及其成因
——以甘肃省古浪县东乡移民为个案

语言是人与人沟通的工具之一，社会发展是语言演变的基本动力，语言是社会文化变迁的一面镜子。某一时代社会生活决定了那个时代的语言内容，语言可以反映特定时代的社会现象、经济生活及社会意识。[1] 某种语言总是与操此语言的人联系在一起的，因此，不同的民族有不同的语言，语言是区分不同民族的显著标志之一。[2] 但是，随着市场经济的发展，民族接触、文化交流已成为发展趋势，语言不再是识别民族的唯一标准。

东乡族是我国 56 个民族大家庭中的一员。据 2000 年第五次全国人口普查资料，全国东乡族人口有 513805 人，占全国少数民族的 4.88%，占全国总人口的 0.41%，[3] 总人口数还是处于绝对少数。其中 87.89%，451622 人聚居在甘肃省内，而甘肃东乡族的 96.99%，438012 人聚居在临夏州所属的七县一市。

东乡族有自己的语言，属阿尔泰语系蒙古语族，但没有相应的文字。该民族的历史文化主要是通过东乡语民间口头文学的形式传承的。自 20 世纪 50 年代以来，由于自然条件恶劣等多方面的因素，东乡族人民不断向外移民。目前，已有十万以上的东乡人移民到新疆、青海等省及甘肃的其他地方。在这些移民中，东乡语的使用人口减少，使用范围变窄，使用功能弱化，某些地区的东乡语有濒于消亡的趋势。

---

[1] 罗常培：《语言与文化》，北京出版社 2004 年版，第 109 页。
[2] 孙秋云：《文化人类学教程》，民族出版社 2004 年版，第 90 页。
[3] 田雪原：《中国民族人口》，中国人口出版社 2003 年版，第 371 页。

一 古浪县东乡族移民东乡语使用状况

古浪县东乡族移民搬迁是在政府组织移民自愿原则下进行的。从1992年开始陆续由甘肃省临夏州东乡、广河、康乐等县搬迁来此。由于迁出地区和迁入地区自然环境、人口资源、民族风俗、宗教信仰及经济和社会发展差异较大，主要采取移民集中安置，现聚居于五个独立村落（海子滩镇二咀子村、土沟村、西分支、大靖镇红柳湾村和直滩乡龙泉村），均坐落于古浪县景电二期工程黄河水灌溉区。共安置移民1056人（96.31%是东乡族）。具体情况如下表所示：

村名	户数（户）	人口（人）	其中东乡族人口（人）	东乡族人口所占比例（%）
海子滩二咀村	81	380	380	100
海子滩土沟村	57	238	219	92.02
直滩乡龙泉村	35	171	171	100
海子滩西分支	25	150	130	86.67
大靖红柳湾村	20	117	117	100
Total	218	1056	1017	96.31

1. 抽样方法及主调查对象的确定

古浪县东乡族移民主要分布在海子滩镇、大靖镇和直滩乡的五个聚居村。共218户1017人，占移民总数的96.31%。根据户数、人口数、民族成分以及调查对象的特点，我们原则上按照等距抽样的方法，分别在二咀子村抽取27户、土沟村抽取20户、西分支村抽取9户，龙泉村抽取10户，红柳湾村抽取8户，共抽取了74户作为深度访谈和入户问卷调查对象，并从每户中抽取一名主调查对象填写问卷，获得有效问卷69份。在主调查对象中男性48人，女性26人；东乡族70人，汉族1人，回族3人；没有上过学的49人，读过小学（含肄业）的18人，读过初中（含肄业）的5人，读过高中（含高中、中专、技校肄业）的1人，另有1人为西北师范大学的在校学生。

2. 母语习得和语言能力

在调查中我们看到：古浪县东乡族移民从原来说自己民族的的语言——东乡语，逐渐改说汉语，同时对东乡语的熟练程度一代比一代差，对汉语的熟练程度一代比一代强。这种变化，在调查材料中表现为年龄越大对东乡语能力越强，年龄越小东乡语能力越差（见下表）。

年龄与东乡语能力

年龄组（岁）	人数	掌握东乡语不同程度所占有百分比（%）			
		很好	一般	差	不会
0—5	20		39.5	25	34.5
6—20	30		20.5	32	47.5
21—30	20		60	35	5
31—40	12	34	40	26	
41—50	8	78	22		
51—60	8	92	8		
60以上	11	100			

从上表可以看出，高年龄组比低年龄组东乡语熟练程度高。而古浪县东乡族移民汉语能力则正好相反（见下表），即低年龄组的汉语能力比高年龄组的强。

年龄与汉语能力

年龄组（岁）	人数	掌握东乡语不同程度所占有百分比			
		很好	一般	差	不会
0—5	20	68		32	
6—20	30	100			
21—30	20	100			
31—40	12	74	26		
41—50	8	75	25		
51—60	8	50	50		
60以上	11		36	64	

可见，下一代的汉语能力提高了，但却逐渐丢掉了本民族语言。从表二的数据来看，40岁以上的东乡移民的东乡语都很好，说明这些人在40年前都使用东乡语。

从总趋势上看，高年龄组比低年龄组的东乡语能力强，1—5岁年龄组的比6—20岁年龄组的东乡语能力强，而汉语能力差。这实际上反映了一个社会学的命题：对学龄儿童的社会化来说，家庭起着重要作用。我们考查的东乡族移民家庭，而在家庭的社会化中语言环境以东乡语略占优势。另外，低年龄组东乡语能力的分布不均匀，主要是由于家庭语言环境不同造成的。这里所指的家庭语言环境主要有两方面的含义：（1）生活在核心家庭还是扩大家庭；（2）母亲的东乡语能力如何。从表二还可以看出，40岁以上的东乡族移民东乡语能力都不错，因此其子女所处的家庭语言环境不论家庭类型如何，基本上是一样的。年龄在20—40岁的家庭成员东乡语能力则有一定的差异。尤其是妇女因出生地、本人民族成分不同而造成了东乡语能力的很大差异。年龄、家庭与东乡语能力的关系在一定程度上反映了古浪县东乡族移民民族语言逐渐衰退的趋势。

二 造成语言转用和双语形象的原因

1. 文化原因。文字的产生是文化发展至较高阶段的重要标志，无文字民族的语言和历史文化只能靠口耳相传，很容易被打断，进行正规的学校教育也是困难重重，同时，语言本身也无法得到有效规范。东乡语没有文字，本民族语言无法在学校教学中得到传承。广播、电视现在是人们获取知识、信息的重要途径，但广播、电视也使用汉语，这也对东乡语产生了巨大冲击，作为东乡族民族文化瑰宝的东乡语在移民中将逐渐退出历史舞台。

2. 语言在社会中的价值取向。语言的发展同社会的发展密切相关。语言发展的动力是语言的应用，是这种语言在社会中存在的价值取向。语言按其应用场所和环境可以分为：工作语言、生活语言、家庭语言等三个层次。除了工作语言外，生活语言和家庭语言都难以在社会广大人群中行使交际职能，已丧失了社会使用价值。古浪县东乡族移民除了主要从事农业活动之外，经商也是他们的重要经济来源，而商业也主要是牛羊肉与皮毛生意，也无疑要大量与当地汉民经常接触。所以，这些移民为了就业、工作就必须掌握汉语。

3. 移民人口较少且居住分散。这五个东乡族移民村总人口只有1056人，最多的移民村有380人，最少的只有117人，且分布在古浪县的三个乡镇，与汉族处于交错杂居的状态。因学习、工作和生活的需要，这些东乡族移民在掌握母语的同时，也需掌握与当地人通用的汉语。

4. 语言特点相似。东乡语中有近50%的汉语借词，这给移民学习汉语提供了有利条件。语言词汇相近，掌握起来也较为容易。

5. 学校教育原因。在五个移民村中，有一个移民小学，但由于师资的原因，也只办了一年的学，大量移民学生到当地学校就学，当地学校只用汉语教学。这使得移民学生只能学习汉语。

6. 开放包容的民族性格特点。每个民族都有自身的性格特点，有些民族是较为保守封闭的，有些民族则是较为开放包容的。开放包容的民族性格特点会使东乡移民容易接受先进的文化科技，促进该民族的经济文化发展。东乡族移民在商业活动中与汉民经济往来频繁，对其汉民族容易持有宽容、接纳的态度，因而在转用汉语言时心里较为适应。

三　结语

语言并非民族构成的主要特征，不同民族可以选用同一种语言，分布在不同地域的同一民族也可以选用不同的语言。这是我国少数民族的语言现状，也是当今社会语言发展的普遍情况。列宁说过："因为经济流通的需要总是要迫使住在一个国家的民族（只要他们愿意住在一起）学习多数人的语言。"[①] 东乡族移民"因为经济流通的需要"为了交际生活的需要"学习多数人的语言"，这也是民族善于接纳包容的表现。古浪县东乡族移民的语言使用特点恰好说明了列宁所说的这条真理的正确性。

从东乡语在移民中的社会功能衰退的背景我们可以看到，在社会变迁的过程中，人口较少族群的语言丢失和濒危是同其社会的发展、进步交织在一起的，而这种"得此失彼"的结果当然是我们所不愿意看到的，但这似乎是历史发展的必然。目前，随着经济的发展和文化意识的增强，人们对生态环境和濒危物种、自然遗产和文化遗产的保护已达成共识。对于濒危语言的态度也是如此。因此，包括东乡族移民中的东乡语在内的每一种语言的消失，对于人类文明无疑是一个重大的损失，人类有必要对其进行抢救和保护。

[①] 新疆维吾尔自治区民族语言文字工作委员会：《新疆民族语言分布状况与发展趋势》，北京语言文化大学出版社 2005 年版，第 4 页。

参考文献

地方志：

[1] 东乡族自治县志编纂委员会编：《东乡族自治县志》，甘肃文化出版社1996年版。

[2] 广河县志编纂委员会编：《广河县志》，兰州大学出版社1995年版。

[3] 瓜州县志编纂工作委员会：《瓜州县志1086—2005》，甘肃文化出版社2010年版。

[4] 古浪县志编纂委员会编：《古浪县志》，甘肃文化出版社1996年版。

[5]《玉门县志》，《中国西北文献丛书》第一辑《西北稀见方志文献》第四十八卷，兰州古籍书店1990年版。

[6] 东乡族自治县统计局编：《东乡五十年（1950—2000）》（内部资料），甘肃省统计局，2000年。

[7] 甘肃省扶贫开发办公室编：《甘肃省扶贫开发资料汇编》（内部资料），2002年。

[8] 黄南藏族自治州志编纂委员会编：《黄南州志》，甘肃人民出版社1999年版。

[9] 同仁县志编纂委员会编：《同仁县志》，三秦出版社2001年版。

专著：

[1] Kim, StePhen5. A Study of Dongxiang morphology. Ph.D. dissertation [M]. Beijing: the Central University for Nationalities. 1998.

[2] Foggin, J.M. "Highland Encounters: Building New Partnerships for Conservation and Sustainable Development in the Yangtze River Headwaters,

Heart of the Tibetan Plateau". In Innovative Communities: People-centred Approaches to Environmental Management in the Asia-Pacific Region, J.Velasquez, M.Yashiro, S.Yoshimura and I. Ono (eds) [M].Tokyo: United Nations University (UNU) Press, 2005.

[3] Breivik, I.The Political Ecology of Grassland Conservation in Qinghai Province: Discourse Policies and the Herders [M]. Master's thesis, Department of International Environment and Development Studies, Norwegian University of Life Sciences, Norway, 2007.

[4] Angelo, Jampel Dell'. Abusing the Commons? An Inte-grated Institutional Analysis of Common - pool Resource Governance in Conflict Situations [M]. La Sapienza Universitadi Roma and Universitat Antonoma de Barcelona, 2013.

[5] Ptackova, Jarmila.The Great Opening of the West Development and its Impact on the life and livelihood of Tibet-an pastoralists: Sedentarisation of Tibetan Pastoralists in Zeku County as a result of implementataion of socioeconomic and environmental development projects in QinghaiProvince, P. R. China [M]. Zur Erlangung desakademischen Grades Dissertation, 2013.

[6] CHOEKYI, Tenzin.Rethinking Grassland Policies: The Case of Environmental Justice of Tibetan Nomads [M]. A thesis submitted to the Department of Environmental Sci-ences and Policy of Central European University in partfulfillment of the Degree of Master of Science, 2014.

[7] 杨堃:《民族学概论》,中国社会科学出版社 1984 年版。

[8] 杨建新:《裕固族、东乡族、保安族社会历史调查》,甘肃民族出版社 1987 年版。

[9] 马自祥:《东乡族》,民族出版社 1987 年版。

[10] 威廉·A. 哈维兰:《当代人类学》,王铭铭等译,上海人民出版社 1987 年版。

[11] 绫部恒雄:《文化人类学的十五种理论》,国际文化出版公司 1988 年版。

[12] 埃弗里特·M.罗吉斯、拉伯尔·J.伯德格:《乡村社会变迁》,王晓毅、王地宁译,浙江人民出版社 1988 年版。

[13] 威廉·费尔丁·奥格本:《社会变迁》,王晓毅、陈育国译,浙

江人民出版社 1989 年版。

　　[14] 吕大吉：《宗教学通论》，中国社会科学出版社 1989 年版。

　　[15] 克莱德·M.伍兹：《文化变迁》，何瑞福译，河北人民出版社 1989 年版。

　　[16] 郗慧民：《西北花儿学》，兰州大学出版社 1989 年版。

　　[17] 田方、张东亮：《中国人口迁移新探》，知识出版社 1989 年版。

　　[18] 张跃东、束锡红：《移民与宁夏区域文化》，宁夏人民出版社 1994 年版。

　　[19] 杨云彦：《中国人口迁移与发展的长期战略》，武汉出版社 1994 年版。

　　[20] 《马克思恩格斯选集》，人民出版社 1995 年版。

　　[21] 迈克尔·M.塞尼：《移民与发展——世界银行移民政策与经验研究》，水库移民经济研究中心编译，河海大学出版社 1996 年版。

　　[22] 葛剑雄：《中国移民史》，福建人民出版社 1997 年版。

　　[23] 马戎编：《西方民族社会学的理论与方法》，天津人民出版社 1997 年版。

　　[24] 张岱年、方克立：《中国文化概论》，北京师范大学出版社 1997 年版。

　　[25] 李兴华、秦惠彬、冯今源、沙秋真：《中国伊斯兰教史》，中国社会科学出版社 1998 年版。

　　[26] 费孝通：《乡土中国、生育制度》，北京大学出版社 1998 年版。

　　[27] [法] 安德烈·比尔基埃等：《家庭史》（上册），袁树仁等译，生活·读书·新知三联书店 1998 年版。

　　[28] [美] C.恩伯、M.恩伯：《文化的变异》，杜杉杉译，辽宁人民出版社 1988 年版。

　　[29] 迈克尔·塞尼：《移民·重建·发展：世界银行移民政策与经验研究》（二），河海大学出版社 1998 年版。

　　[30] 许德祥：《水库移民系统与行政管理》，新华出版社 1998 年版。

　　[31] 张宝欣：《开发性移民理论与实践》，中国三峡出版社 1999 年版。

　　[32] 庄孔韶：《银翅——中国的地方社会与文化变迁》，三联书店 2000 年版。

［33］全国 21 世纪初扶贫开发（广西百色）研讨班会务组：《扶贫移民搬迁参考资料选编》，2000 年。

［34］妥进荣主编：《东乡族经济社会发展研究》，甘肃人民出版社 2000 年版。

［35］陈林：《移民合法化、迁徙自由与要素流动》，中国科学院 2000 年版。

［36］何顺果：《美国边疆史——西部开发模式研究》，北京大学出版社 2000 年版。

［37］佟新：《人口社会学》，北京大学出版社 2000 年版。

［38］司马云杰：《文化社会学》，中国社会科学出版社 2001 年版。

［39］马戎：《民族与社会发展》，民族出版社 2001 年版。

［40］麻国庆：《走进他者的世界》，学苑出版社 2001 年版。

［41］宋蜀华、陈克进：《中国民族概论》，中央民族大学出版社 2001 年版。

［42］E. A. 韦斯特马克：《人类婚姻史》（全 3 卷），李彬等译，商务印书馆 2002 年版。

［43］国务院扶贫办外资项目管理中心、亚洲开发银行：《中国农村扶贫方式研究》，中国农业出版社 2002 年版。

［44］黄承伟：《中国反贫困理论、方法、战略》，中国财政经济出版社 2002 年版。

［45］王晓菊：《俄国东部移民开发问题研究》，中国社会科学出版社 2003 年版。

［46］江帆：《生态民俗学》，黑龙江人民出版社 2003 年版。

［47］李宁：《宁夏吊庄移民》，民族出版社 2003 年版。

［48］费孝通：《社会学初探》，王延中、张荣华整理，鹭江出版社 2003 年版。

［49］蔡俊生等：《文化论》，人民出版社 2003 年版。

［50］罗常培：《语言与文化》，北京出版社 2004 年版。

［51］黄承伟：《中国农村反贫困的实践与思考》，中国财政经济出版社 2004 年版。

［52］马正亮：《甘肃少数民族人口》，甘肃科学技术出版社 2004 年版。

［53］黄荣清、赵显人：《20 世纪 90 年代中国各民族人口的变动》，民族出版社 2004 年版。

［54］孙立平：《转型与断裂——改革以来中国社会结构的变迁》，清华大学出版社 2004 年版。

［55］黄承伟：《中国农村扶贫自愿移民搬迁的理论与实践》，中国财政经济出版社 2004 年版。

［56］马戎：《民族社会学——社会学的族群关系研究》，北京大学出版社 2004 年版。

［57］高永久：《西北少数民族文化专题研究》，民族出版社 2004 年版。

［58］赵利生：《民族社会学》，民族出版社 2004 年版。

［59］高宣扬：《布迪厄的社会理论》，同济大学出版社 2004 年版。

［60］杨善华、谢立中：《西方社会学理论》（上卷），北京大学出版社 2004 年版。

［61］杨建新：《中国少数民族通论》，民族出版社 2005 年版。

［62］王朝良：《吊庄式移民开发——回族地区生态移民基地创建与发展研究》，中国社会科学出版社 2005 年版。

［63］范玉春：《移民与中国文化》，广西师大出版社 2005 年版。

［64］陈其斌：《东乡社会研究》，民族出版社 2006 年版。

［65］林志斌：《谁搬迁了——自愿性移民扶贫项目的社会、经济和政策分析》，社会科学文献出版社 2006 年版。

［66］程瑜：《白村生活》，民族出版社 2006 年版。

［67］徐平：《文化和适应和变迁——四川羌族调查》，上海人民出版社 2006 年版。

［68］杨文炯：《互动、调适与重构》，民族出版社 2007 年版。

［69］罗康隆：《文化适应与文化制衡——基于人类学文化生态的思考》，民族出版社 2007 年版。

［70］张利洁：《东乡族贫困与反贫困问题研究》，民族出版社 2007 年版。

［71］李并成：《敦煌学教程》，商务印书馆 2007 年版。

［72］郭建斌：《文化适应与传播》，云南大学出版社 2007 年版。

［73］王茂福：《水库移民返迁——水库移民稳定问题研究》，华中科

技大学出版社 2008 年版。

[74] 叶继红：《生存与适应——南京城郊失地农民生活考察》，中国经济出版社 2008 年版。

[75] [美] 克利福德·格尔茨：《文化的解释》，韩莉译，译林出版社 2008 年版。

[76] 色音、张继焦：《生态移民的环境社会学研究》，民族出版社 2009 年版。

[77] 切排：《河西走廊多民族和平杂居与发展态势研究》，民族出版社 2009 年版。

[78] 陈建文：《人格与社会适应》，安徽教育出版社 2009 年版。

[79] 阿布力孜·玉素甫：《新疆生态移民研究》，中国经济出版社 2009 年版。

[80] 徐黎丽：《走西口——汉族移民西北边疆及文化变迁研究》，民族出版社 2010 年版。

[81] 同春芬：《农村社会学》，知识产权出版社 2010 年版。

[82] 李培林：《村落的终结：羊城村的故事》，商务印书馆 2010 年版。

[83] 车裕斌：《村落经济转型中的文化冲突与社会分化——楠溪江上游毛氏宗族村落个案分析》，中国社会科学出版社 2010 年版。

[84] 张畯、刘晓乾：《黄土地的变迁——以西北边陲种田乡为例》，甘肃人民出版社 2010 年版。

[85] 潘兴明、陈弘：《转型时代的移民问题》，上海人民出版社 2010 年版。

[86] 张嘉选：《穿越时空——东乡 60 年发展的多重审视》，人民出版社 2010 年版。

[87] 李爱慧：《文化和移植与适应——东欧犹太移民的"美国化"之路》，光明日报出版社 2010 年版。

[88] 李志刚：《河西走廊人居环境保护与发展模式研究》，中国建筑工业出版社 2010 年版。

[89] 谢元媛：《生态移民政策与地方政府实践》，北京大学出版社 2010 年版。

[90] 童星：《交往、适应与融合：一项关于流动农民和失地农民的

比较研究》，中国社会科学出版社2010年版。

［91］白友涛、尤佳等：《熟悉的陌生人：大城市流动穆斯林社会适应研究》，宁夏人民出版社2011年版。

［92］罗遐：《流动与定居——定居农民工城市适应研究》，社会科学文献出版社2011年版。

［93］葛剑雄：《民族大迁徙》，江苏人民出版社2011年版。

［94］陈文祥：《分化、调适与整合——新疆多民族杂居区东乡族移民文化变迁研究》，民族出版社2011年版。

［95］包智明、任国英：《内蒙古生态移民研究》，中央民族大学出版社2011年版。

［96］郭星华等：《漂泊与寻根：流动人口的社会认同研究》，中国人民大学出版社2011年版。

［97］张体伟：《西部民族地区自发移民迁入地聚居区建设社会主义新农村研究》，中国社会科学出版社2011年版。

［98］马伟华：《生态移民与文化调适——西北回族地区吊庄移民的社会文化适应研究》，民族出版社2011年版。

［99］刘建娥：《中国乡——城移民的城市社会融入》，中国社会科学出版社2011年版。

［100］刘翠芬、王振刚：《少数民族地区移民安置可持续发展研究》，黄河水利出版社2011年版。

［101］［美］詹姆斯·C.斯科特：《国家的视角——那些试图改善人类状况的项目是如何失败的》，中国社会科学出版社2011年版。

［102］马莉：《美国穆斯林移民——文化传统与社会适应》，中央民族大学出版社2011年版。

［103］李培林：《生态移民与发展转型——宁夏移民与扶贫研究》，社会科学文献出版社2013年版。

［104］王永平、周丕东：《生态移民与少数民族传统生产生活方式的转型研究——基于贵州世居少数民族生态移民的调研》，科学出版社2014年版。

［105］侯东民：《西部生态移民跟踪调查述评》，中国环境出版社2014年版。

［106］张丽君、刘云喜等：《牧生态移民安置的效益评估及其指标体

系研究》，中国经济出版社 2015 年版。

［107］彭洁、冯明放：《告别贫困的抉择——陕南生态移民可持续发展研究》，西南交通大学出版社 2015 年版。

［108］李媛媛、李伟：《少数民族地区生态移民政策研究——以内蒙古为例》，经济科学出版社 2015 年版。

［109］达瓦次仁：《藏区生态移民与生产生活转型研究 西藏日喀则市生态移民案例研究报告》，社会科学文献出版社 2015 年版。

［110］桑才让：《中国藏区生态移民问题研究》，中国社会科学出版社 2016 年版。

［111］冯雪红：《三江源藏族生态移民三村》，社会科学文献出版社 2016 年版。

论文：

［1］Lee E S.A theory of migration［J］.Demography，1966，3（1）.

［2］Yeh，Emily T. Tibetan Range Wars：Spatial Politics and Authority on the Grassland of Amdo［J］. Development and Change，2003，34（3）.

［3］Richard，Camille. Developing Alternatives to Resettlement for Pastoralists on the Tibetan Plateau［J］. Nomadic Peoples，2005，9（1/2）.

［4］Ptackova，Jarmila. The Campaign to "Open Up the West"：New Settlements in Qinghai in the Area of the Three River Sources［J］. Cultural Heritage and Sustainable Development of Historical Cites in Asian：Berlin，2007（4）.

［5］Gruschke，Andreas. Nomads Without Pastures？Globalization，Regionalization，and Livelihood Security of Nomads and Former Nomads in Northern Khams［J］. Journal of the International Association of Tibetan Studies，2008（4）.

［6］Foggin，J. M. Depopulating the Tibet Grasslands：National Policies and Perspectives for the future of Tibet Herders in Qinghai Province，China［J］. Mountain Research and Development，2008，28（1）.

［7］Sulek，Emilia. Disappearing Sheep：The Unexpected Consequences of the Emergence of the Caterpillar Fungus Economy in Golok，Qinghai，China［J］. Himalaya，the Journal of the Association for Nepal and Himalayan

Studies, 2011, 30 (1).

[8] Gongbo Tashi and Foggin, J. M. Resettlement as Development and Progress? Eight Years on: Review of Emergingsocial and development impacts of An "Ecological Resettlement" Project in Tibet Autonomous Region, China [J]. Nomadic Peoples, 2012, 16 (1).

[9] Yeh, Emily T. The politics of Conservation in Contemporary rural China [J]. The Journal of Peasant Studies, 2013, 40 (6).

[10] Bessho, Yusuke. Migration for Ecological Preservation? Tibetan Herders' Decision Making Process in the Ecomigration Policy of Golok Tibetan Autonomous Prefecture (Qinghai Province. PRC) [J]. Nomadic Peoples, 2015 (19).

[11] Ma, Shuang and Ma, Sa. The Environmental Justice in Ecological Immigration: A Case Study of Sanjiangyuan Area [J]. Architectural Research, 2015, 17 (4).

[12] 陈忠祥:《西北移民问题之探讨》,《宁夏大学学报》(社会科学版) 1986 年第 1 期。

[13] 马通:《中国伊斯兰教门宦与西北穆斯林》,《西北民族研究》1989 年第 4 期。

[14] 马侠:《人口迁移的理论与模式》,《人口与经济》1992 年第 3 期。

[15] 方素梅:《生态环境与少数民族——广西少数民族社会发展诸种外部因素探讨之一》,《广西民族研究》1992 年第 4 期。

[16] 任耀武:《试论三峡库区生态移民》,《农业现代化研究》1993 年第 1 期。

[17] 董天恩:《通婚圈过小影响优生》,《现代农业》1994 年第 3 期。

[18] 常青、尹伟先:《东乡族自治县教育发展情况的调查与思考》,《甘肃民族研究》1997 年第 2 期。

[19] 王旭:《我国西南石灰岩山区异地移民开发初探》,《资源科学》1995 年第 2 期。

[20] 费孝通:《反思·对话·文化自觉》,《北京大学学报》1997 年第 3 期。

［21］张志良、张涛、张潜：《中国贫困山区开发性扶贫移民研究》，《中国人口科学》1997年第1期。

［22］陈忠祥、秦和国：《宁夏吊庄移民效益浅析》，《宁夏农业经济》1997年第2期。

［23］阎全山、娄彬彬：《西部贫困地区环境移民研究》，《中国人口科学》1998年第2期。

［24］秦均平：《宁夏农村开发移民的人口结构及社会影响》，《宁夏大学学报》（哲学社会版）1998年第6期。

［25］秦均平：《农村吊庄移民机制述论——对迁入区拉力因素的分析》，《宁夏大学学报》（哲学社会科学版）1999年第2期。

［26］谭克俭：《贫困村移民与可持续发展问题思考》，《经济问题》1999年第9期。

［27］巴斯（Fredrik Barth）：《族群与边界》，高崇译，《广西民族学院学报》（社会科学版）1999年第1期。

［28］李江涛：《流动人口对广州社会的适应程度调查》，《岭南学刊》1999年第3期。

［29］东日布：《生态移民扶贫的实践与启示》，《中国贫困地区》2000年第1期。

［30］陈建林：《外迁型移民与移民文化融合——丹江口水库之淅川县移民迁置荆门研究》，《中国民族学院学报》（人文社会科学版）2000年第3期。

［31］冯世平：《三西移民：迁移的意愿与预期的希望》，《开发研究》2000年第5期。

［32］孙炜莉：《宁夏吊庄移民研究综述》，《宁夏社会科学》2000年第6期。

［33］汪小洋：《试论西部开发中的移民课题》，《现代经济探索》2000年第9期。

［34］王培先：《生态移民：小城镇建设与西部发展》，《国土经济》2000年第6期。

［35］雷洪、孙龙：《三峡农村移民生产劳动的适应性》，《人口研究》2000年第6期。

［36］杜健梅、风笑天：《人际关系的适应性：三峡农村移民的研

究》,《社会》2000 年第 8 期。

[37] 周传斌:《宁夏吊庄移民的民族关系和宗教生活》,《宁夏社会科学》2001 年第 4 期。

[38] 贾晓波:《心理适应的本质与机制》,《天津师范大学学报》(社会科学版) 2001 年第 1 期。

[39] 苗艳梅、雷洪:《对三峡移民社区环境适应性状况的考察》,《华中科技大学学报》(社会科学版) 2001 年第 1 期。

[40] 刘成斌、雷洪:《三峡移民的角色行为障碍》,《社会》2001 年第 8 期。

[41] 方兵:《加大生态移民力度 切实保护西部生态环境》,《广西经济管理干部学院学报》2001 年第 4 期。

[42] 冯世平:《三西移民:走出贫困的特殊利益群体》,《甘肃社会科学》2001 年第 1 期。

[43] 安树伟:《21 世纪初叶中国贫困形势与反贫困对策研究》,《中州学刊》2001 年第 1 期。

[44] 徐红罡:《"生态移民"政策对缓解草原生态压力的有效性分析》,《国土与自然资源研究》2001 年第 4 期。

[45] 郑丹丹、雷洪:《三峡移民社会适应中的主观能动性》,《华中科技大学学报》(社会科学版) 2002 年第 3 期。

[46] 王晓朝:《文化视域与新世纪宗教文化研究的基本走向》,《世界宗教研究》2002 年第 3 期。

[47] 刘学敏:《西北地区生态移民的效果与问题探讨》,《中国农村经济》2002 年第 4 期。

[48] 侯东民:《草原人口生态压力持续增长态势与解决方法——经济诱导式生态移民工程的可行性分析》,《中国人口科学》2002 年第 4 期。

[49] 王永顺、杜玉:《沈阳市城市居民社会适应状况研究》,《中国健康教育》2002 年第 8 期。

[50] 刘学敏:《西北地区生态移民的效果与问题探讨》,《中国农村经济》2002 年第 4 期。

[51] 杨龙、曹毅:《宁夏移民区可持续发展模式研究》,《宁夏大学学报》(人文社会科学版) 2002 年第 4 期。

[52] 刘新芳、解新芳、王鲜苹、王振刚:《中国移民政策与亚洲银

行移民政策的比较研究》,《华北水利水电学院学报》(社会科学版) 2002 年第 3 期。

［53］皮海峰:《小康社会与生态移民》,《中国农村经济》2002 年第 4 期。

［54］葛根高娃、乌云巴图:《内蒙古牧区生态移民的概念、问题与对策》,《内蒙古社会科学》2003 年第 2 期。

［55］潘蛟:《"族群"及其相关概念在西方的流变》,《广西民族学院学报》(社会科学版) 2003 年第 5 期。

［56］李宁、龚世俊:《论宁夏地区生态移民》,《哈尔滨工业大学学报》2003 年第 1 期。

［57］秦均平:《贫困移民的人力资源开发问题研究》,《西北第二民族学院学报》2003 年第 2 期。

［58］马亚萍、王琳:《20 年来东乡族研究述评》,《西北第二民族学院学报》2003 年第 3 期。

［59］乌力更:《试论生态移民工作中的民族问题》,《内蒙古社会科学》2003 年第 4 期。

［60］杨文炯:《城市界面下的回族传统文化与现代化》,《回族研究》2004 年第 1 期。

［61］孟琳琳、包智明:《生态移民研究综述》,《中央民族大学学报》(哲学社会科学版) 2004 年第 6 期。

［62］池永明:《生态移民是西部地区生态环境建设的根本》,《经济论坛》2004 年第 16 期。

［63］李笑春、陈智:《对生态移民的理性思考——以浑善达克沙地为例》,《内蒙古大学学报》2004 年第 5 期。

［64］黄俊芳、王让会等:《塔里木河中下游生态移民的意义及模式探讨》,《新疆环境保护》2004 年增刊。

［65］覃明兴:《扶贫自愿性移民研究》,《求索》2004 年第 9 期。

［66］续西发:《新疆贫困地区移民搬迁效益分析》,《新疆社会科学》2004 年第 10 期。

［67］徐黎丽、陈文祥:《当代西北少数民族地区移民对民族关系的影响》,《兰州大学学报》(社会科学版) 2004 年 5 月。

［68］黄承伟:《扶贫自愿移民搬迁效果与影响的参与式评价方法》,

《江西行政学院学报》2004年6月。

［69］文冰、宋缓:《生态移民的搬迁形式研究——云南永善县马楠乡案例分析》,《前沿论坛》2005年第1期。

［70］郝玉章、风笑天:《三峡外迁移民的社会适应及其影响因素研究》,《市场与人口分析》2005年第6期。

［71］唐丽霞、林志斌、李小云:《谁迁移了——自愿移民的搬迁对象特征和原因分析》,《农业经济问题》2005年第4期。

［72］王益谦:《治理西部贫困问题的思路》,中国西部经济发展报告2005,社会科学文献出版社2005年版。

［73］倪厚明:《效益及开放区移民政策建议》,《上海经济研究》2005年第5期。

［74］陈文祥:《1950年后东乡族移民新疆原因探析》,《新疆大学学报》2005年第5期。

［75］张茂林、张志良:《开发性扶贫移民过程中的综合效益评价——以甘肃河西走廊农业灌溉移民安置综合开发建设项目为例》,《中国人口科学》2005年第5期。

［76］马桂芬、赵国军:《甘肃东乡族人口变迁、分布及特点》,《西北人口》2005年第6期。

［77］曾富生:《整村搬迁移民扶贫中存在的问题及对策》,《西北农林科技大学学报》2006年第3期。

［78］陈忠祥:《宁夏移民问题的深层透视——对移民安置地后续发展的研》,《宁夏大学学报》(人文社会科学版)2007年7月。

［79］张高翔:《认同的困境》,《思想战线》2008年第6期。

［80］杨桂萍:《宁夏吴忠市伊斯兰教教派、门宦关系调查研究》,《中国穆斯林》2008年第3期。

［81］石德生:《三江源生态移民的生活状况与社会适应——以格尔木市长江源生态移民点为例》,《西藏研究》2008年第4期。

［82］王永平、袁家榆等:《贵州易地扶贫搬迁安置模式的探索与实践》,《生态经济》(学术版)2008年第1期。

［83］解彩霞:《三江源生态移民的社会适应研究——基于格尔木市两个移民点的调查》,《青海统计》2009年第5期。

［84］谷桂华:《新农村建设中农民主体性研究》,《经济研究导刊》

2009 年第 8 期。

[85] 哈正利、马威：《日常生活中的教派差异——关于甘肃临潭旧城伊斯兰教的人类学田野报告》，《宗教学研究》2010 年第 3 期。

[86] 解彩霞：《三江源生态移民社会适应与回迁愿望分析》，《攀登》2010 年第 6 期。

[87] 赛汉：《生态移民政策的文化根源分析——基于内蒙古自治区通辽市 W 村的调查》，《贵州民族研究》2010 年第 2 期。

[88] 桑才让：《对三江源生态移民文化适应性问题的调查与思考》，《攀登》2011 年第 6 期。

[89] 梁福庆：《中国生态移民研究》，《三峡大学学报》（人文社会科学版）2011 年第 4 期。

[90] 尕丹才让、李忠民：《牧区生态移民述评——以三江源国家级保护区为视角》，《青海师范大学学报》（哲学社会科学版）2011 年第 4 期。

[91] 廖双双：《生态移民研究综述》，《农村经济与科技》2012 年第 4 期。

[92] 张凯、孙饶斌：《生态移民基本社会保障效益分析——以三江源地区为例》，《安徽农业科学》2012 年第 16 期。

[93] 杨小柳：《建构新的家园空间：广西凌云县背陇瑶搬迁移民的社会文化变迁》，《民族研究》2012 年第 1 期。

[94] 丁士仁：《中国经堂教育溯源》，《回族研究》2012 年第 2 期。

[95] 向德平、王志丹：《社会化视角下失地农民的社会适应》，《河北学刊》2012 年第 2 期。

[96] 马凤鸣：《农民工城市社会适应的影响因素——基于重庆和珠三角的比较研究》，《西南大学学报》（社会科学版）2012 年第 2 期。

[97] 邹立君、段兴华：《市场经济条件下新生代农民工社会适应问题探讨》，《内蒙古农业大学学报》（社会科学版）2012 年第 4 期。

[98] 张丽君：《中国牧区生态移民可持续发展实践及对策研究》，《民族研究》2013 年第 1 期。

[99] 周立梅：《马克思主义人学视域下三江源生态移民后续发展问题研究》，《青海师范大学学报》（哲学社会科学版）2013 年第 4 期。

[100] 孙燕一：《政府主导型生态移民的实效、问题与对策：宁夏西

海固山区生态移民调查分析》,《西部论坛》2013 年第 2 期。

[101] 马晓梅:《宁夏生态移民社会适应性问题的调查研究》,《中共银川市委党校学报》2013 年第 2 期。

[102] 闫丽娟、张俊明:《少数民族生态移民异地搬迁后的心理适应问题研究——以宁夏中宁县太阳梁移民新村为例》,《中南民族大学学报》(人文社会科学版) 2013 年第 5 期。

[103] 杨显明、米文宝、齐拓野等:《宁夏生态移民效益评价研究》,《干旱区资源与环境》2013 年第 4 期。

[104] 周华坤、赵新全、张超远等:《三江源区生态移民的困境与可持续发展策略》,《中国人口·资源与环境》2013 年第 1 期。

[105] 王永平、吴晓秋等:《土地资源稀缺地区生态移民安置模式探讨——以贵州省为例》,《生态经济》2014 年第 1 期。

[106] 冯雪红、聂君:《宁夏回族生态移民迁移意愿与迁移行为调查分析》,《兰州大学学报》(社会科学版) 2014 年第 3 期。

[107] 祁进玉:《三江源地区生态移民的社会适应与社区文化重建研究》,《中央民族大学学报》(哲学社会科学版) 2015 年第 3 期。

[108] 王丽萍、曾祥岚:《宁夏生态移民社会适应与心理健康现状调查——以杨显村等 10 个移民点为例》,《宁夏社会科学》2015 年第 3 期。

[109] 杨未:《构建少数民族生态移民社区的"杂糅空间"》,《贵族社会科学》2015 年第 2 期。

[110] 祁进玉:《三江源地区生态移民的社会适应与社区文化重建研究》,《中央民族大学学报》(哲学社会科学版) 2015 年第 3 期。

[111] 冯雪红:《三江源生态移民的"边缘人"处境》,《广西民族研究》2015 年第 4 期。

[112] 韦仁忠、唐任伍:《社会资本与移民适应:三江源生态移民的文化失调与修补》,《北方民族大学学报》(哲学社会科学版) 2015 年第 4 期。

[113] 饶凤艳、张文政:《中国西部生态移民的时空跨域比较研究——对双海子和黄草川的个案比较研究》,《西北民族大学学报》(哲学社会科学版) 2016 年第 1 期。

[114] 王平、牛慧丽:《适应、整合、创新与发展:三江源自然保护区生态移民研究的分析和思考》,《广西师范学院学报》(哲学社会科学

版) 2016 年第 2 期。

[115] 张瑜:《宁夏生态移民政策供给缺陷与原因分析》,《北方民族大学学报》(哲学社会科学版) 2016 年第 5 期。

[116] 索南多杰:《三江源生态移民村落研究——以果洛州玛多县河源新村为例》,《中国藏学》2016 年第 3 期。

[117] 黄立军、李胜连、张丽颖:《少数民族地区生态移民发展绩效指标体系优化与实证评价——基于因子分析结果与需求层次论契合的视角》,《湖北农业科学》2016 年第 1 期。

[118] 武永亮、李沐凌:《三江源生态移民的社会适应与思想政治教育》,《青海师范大学学报》(哲学社会科学版) 2016 年第 6 期。

学位论文:

[1] 张小明:《西部地区生态移民研究》,西北农林科技大学,2008 年。

[2] 赵丽丽:《城市女性婚姻移民的社会适应和社会支持研究》,上海大学,2008 年。

[3] 刘琴:《三峡水库移民社会心理健康问题、相关因素及其干预对策研究》,重庆医科大学,2009 年。

[4] 刘学武:《生态移民中政府权威与民间社会运作体系的互动》,中央民族大学,2011 年。

[5] 李生:《当代中国生态移民战略研究》,吉林大学,2012 年。

[6] 李军:《甘肃省东乡族生态移民社会适应研究》,兰州大学,2013 年。

[7] 周鹏:《中国西部地区生态移民可持续发展研究》,中央民族大学,2013 年。

[8] 刘希磊:《少数民族生态移民经济发展与文化变迁研究——以贵州紫云苗族布依族自治县苗族生态移民为例》,贵族财经大学,2013 年。

[9] 郑昊:《我国西部地区生态移民小城镇化问题研究》,西南财经大学,2014 年。

[10] 金升菊:《喀斯特地区生态移民的社会心态适应性研究——以普定县清山村为例》,贵族民族大学,2014 年。

[11] 周霞:《人类学视野下宁夏回族生态移民社会文化适应研究》,

博士学位论文，宁夏大学，2014年。

［12］马妍：《宁夏回族生态移民社会适应问题研究——以平罗县两个回族生态移民村为例》，博士学位论文，宁夏大学，2015年。

［13］黄倩雯：《少数民族生态移民的文化适应研究——以贵州T地生态移民点为例》，贵族民族大学，2015年。

［14］马妍：《宁夏回族生态移民社会适应问题研究》，博士学位论文，宁夏大学，2015年。

［15］马金涛：《宁夏女性生态移民社会适应性研究》，博士学位论文，宁夏大学，2015年。

［16］陈菲：《生态移民的适应性研究——以银川市滨河家园为例》，中央民族大学，2016年。